陳國綱著

文學叢刊

一心文集

文史哲出版社印行

國家圖書館出版品預行編目資料

一心文集 / 陳國綱著. -- 初版. --臺北市：文史哲, 民 97.11

頁： 公分. --（文學叢刊；208）

ISBN 978-957-549-820-7(平裝)

1.言論集

078　　　　97020117

文學叢刊 208

一心文集

著者：陳國綱
出版者：文史哲出版社
http://www.lapen.com.tw
e-mail：lapen@ms74.hinet.net
記證字號：行政院新聞局版臺業字五三三七號
發行人：彭正雄
發行所：文史哲出版社
印刷者：文史哲出版社
臺北市羅斯福路一段七十二巷四號
郵政劃撥帳號：一六一八〇一七五
電話886-2-23511028 · 傳真886-2-23965656

實價新臺幣四二〇元

中華民國九十七年（2008）十一月初版

ISBN 978-957-549-820-7

自序

我雖然未曾學過影劇，卻常說：「人生如演戲，演唱要認真。」回憶從獻身軍旅開始，儘管我的「演唱技藝」不很亮眼，對國家也無驚人的貢獻，可是我扮演的角色，自信是中華民國的忠實國民，是中國國民黨的忠貞黨員，是國民革命軍的忠誠戰士。一路走來，無論環境如何困難，工作多麼艱辛，生活何等清苦，但始終未曾改變忠黨愛國的志節；也就是無論在任何工作崗位，歷練任何職務，我一直是專心致志、鍥而不捨、無怨無悔、一以貫之的盡心、盡力、盡責地為國家奉獻犧牲。尤其在民國八十五年至九十年間，許多同志因不滿本黨主席的領導風格和黨的政策路線，而紛紛參加新黨和親民黨時，我仍堅持留在中國國民黨，並很熱情地提出了許多口頭和書面的改革建言。因此，本書之所以定名為「一心文集」，其意義也就在此。

本書概分為七個部分即：

壹、八十簡述：說明自己是出身於一戶農家子弟，因家境清寒，養成了勤勞、儉樸的生活習慣，於完成中等教育時，即握筆從軍來台，打從二等兵逐次升到陸軍少將退伍，奮鬥過程雖很艱苦，但家庭幸福美滿，子孫也很努力上進，深感欣慰。

貳、論說習作：在保存二十餘篇文稿中，審慎選載了十三篇，其中「二十世紀是三民主義世紀的真義」、「論當前革命情勢與今後努力方向」二篇，曾於民國四十八年先後參加中國國民黨和國防部新中國出版社國魂月刊的徵文比賽，經評審為佳作獎與第四名。當時我只是一個三十歲的上尉軍官。其餘各篇都在軍中各報刊登載過的文章。總結這一部分的重要內容，概分為：

一、闡揚三民主義的精義，宏揚　國父孫中山先生救國救民的大志。和先總統　蔣公中正先生完成北伐、剿共、抗戰、光復台灣、保衛台灣、建設台灣，厲行民主法制的豐功偉業。

二、分析民國四十七年「八二三」台海戰役勝利的因素，及其對世界反共局勢與大陸反共革命運動的影響，並把握今後努力的方向。

三、強調反共戰爭是雪恥復仇的戰爭，全國軍民應認清「大愛」與「大恨」的真諦。

四、認清反共革命戰爭，在武力上「以寡擊眾」，在政治上「以眾擊寡」的道理，全國軍民同胞更應確認國家自由重於個人自由，做到對內團結一致，對外同仇敵愾，時刻以雪恥復仇為己任。

五、實踐「革新、動員、戰鬥」號召，推行陸軍「忠誠軍風」，培養精神戰力，積極加強建設台灣，激發大陸反共革命，並團結國際反共力量、粉碎中共陰謀。

六、針對今日是非不明、善惡不分、誠信盪然的社會歪風，貫徹「守時、守分、守法、守信、守密的「五守」要則，才是進德修業，改造社會風氣的根本。

七、效法先烈犧牲奮鬥精神，認清革命大業須經得起時間的考驗，痛苦的煎熬。

參、記敘習作：把我當年在陸軍裝甲兵司令部服務，承辦蔣司令緯國將軍信函的心得，與任職政戰學校政戰研究班時期所作的興革事項，和踐履「復興崗精神的幾則小故事」，以及對馬故中將家珍學長待人接物的風範等有所追憶，這四篇也曾在有關刊物（專輯）登載過的文稿。

肆、講演實錄：這部分是我在本職工作崗位，或應邀出席有關單位講演的重要紀錄。就項目言，概分為思想教育、精神教育、時事教育、敵情教育和專題研究。就內容言，包含宏揚　國父孫中山先生「公而無私」的情操（從幾個小故事說起）、先總統　蔣公反共抗俄的歷史經驗和教訓、中國國民黨的光輝歷史和偉大成就、剖析俄共「和平共存」的策略、勉勵青年砥礪生活修養、認識交友的意義，和堅定信心、保持安靜的重要性。另有保健專題「防治糖尿病」兩次講演比賽，（先後獲得第二名的講稿內容）與專題研究「怎樣健全官兵心理從而建設軍中倫理觀念」、「從政治作戰觀點研析英國和阿根廷福克蘭群島之戰的影響和教訓」；以及在國衛電視頻道「政論節目」中分析當前老兵（榮民）的共同心聲，和黃復興選票的取向。

此外，還將恭賀中華電視公司董事長周世斌將軍華誕與前國安會副秘書長梁孝煌將軍華誕；以及黃邦宿先生長孫彌月之喜等宴會會場敬致賀辭的講稿，一併輯成二十三篇，作為紀念。

伍、書牘存真：書信是社交活動的一種，我在這方面的交遊範圍，雖然不甚廣泛，但在收藏的信稿中，一共選載三十二封，其中除向尊長、同學、同事、友好、晚輩等傳遞訊息、感謝（表達）關注、增進情誼（互動）之外，並以誠懇、務實、嚴謹的態度和立場，正告當年增額立法委員洪性榮先生支持李登輝先生競選連任的不當言辭。另向國民黨主席連　戰先生、親民黨主席宋楚瑜先生參選第十一屆總統、副總統時提出的建言。以及懇請立法院院長王金平先生，於參選國民黨主席受挫後，應具有精誠服輸的雅量，為求挽救台灣的頹勢，請與前國民黨主席馬英九先生搭配參選第十二屆總統和副總統，藉以滿足國民黨和社會大眾的期待。

陸、修身自省語：我始終認為保持身心平衡，才有真正的健康，常懷愉悅心情，才能減少疾病的威脅。基於這一體認，所以將民國八十二年至八十五年春節賀年片上印製的那幾句話，再度和至親好友分享。

柒、附錄：民國九十一年初印行「歲月留痕」拙著之後，立即榮獲諸多尊長、友好的熱烈迴響。謹將惠賜的函札和電話紀要，一併作為附錄。這絕非有意高抬身價，或臉上貼金，而只是敬向鼓勵、關懷我的長官、學長和友好，表達衷心的感激，並作為永恆的紀念。

我是一個出身於農家子弟的退伍老兵，才疏學淺，見寡聞陋，除在高中二年級承國文老師教過一本「國學概論」之外，對文學是毫無素養的。本書各部分的習作，無論是「論說」、「記敘」、「講演」文稿、「專題研究」等，在著筆時雖曾參閱過名家的論文、著作，可惜當初都未把篇目、書名、出版者的名號和作者的姓名一一記下，深感歉疚。現今輯成「文集」，儘管有著孤芳自賞、敝帚自珍的意味，可是一定會有許多自我察覺不到的錯誤，敬請方家指教。

本書的出版，荷承王教授宗漢學長，對編輯方針的指導，和序文、編後感言的輔正。長男定輝、次男建宏利用公餘時間精心校對，以及文史哲出版社發行人彭正雄先生的熱心協助，都致以誠摯的感謝！

陳國綱　謹識

中華民國九十七（西元二〇〇八）年二月二十二日
於台北市健安新城寓所

一心文集目次

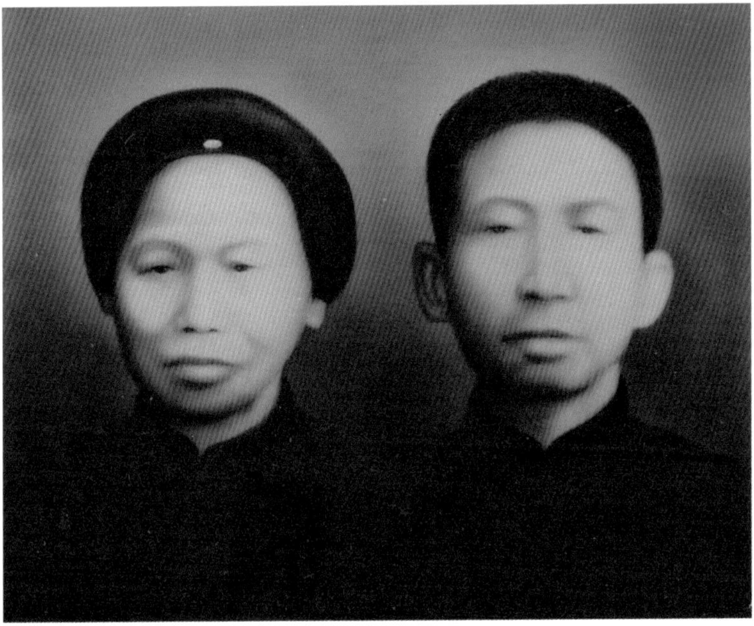

先父新甲公遺像

先母譚太夫人遺像

作者著學士服的儀態
（民 71 年攝）

作者著戎裝的儀態
（民 73 年攝）

陳國綱陳程梅結婚時合照（民49年）

陳國綱晉任陸軍少將時夫妻合照（民72年）

作者晉昇陸軍少將時舉杯向陳程梅祝賀並表達感謝內助的摯誠（民72年）

作者年晉八十歲與家人合照留念
（前排左長孫女、中長孫、右次孫女、
第二排爲作者夫婦、第三排左長媳、右次媳，
第四排左長男，右次男） 民 970803 攝

作者晉升陸軍少將時的全家照片
（民 72 年）

作者民國五十八年的全家照片

作者出生於湖南省茶陵縣的農村故居土磚房屋全貌

作者夫婦（右二、三）與外甥女婿李文武君（右一）全家合照
（民 96.09.25）

作者（左二）偕長男定輝（右一）於 1996 年 9 月 28 日訪妹夫家合照

作者（左立者）回故居紀念先父新甲公百歲誕辰，向親友致謝詞
（民 88.09.20）

作者（中）偕胞妹夫婦遊上海灘合照（民 89.02.01）

長男定輝結婚時作者向親友致謝詞（左立者）陳程梅（民 78.07.18）

長男定輝（左後五）結婚日作者（中）偕全家陪內親等在台北慈光五村寓所前合照（民 78.07.18）

陳程梅享含飴之樂
（民 90 年）

次男建宏（右三）結婚，前巴拉圭大使
王昇上將（左三）蒞臨福證時合照留念
（民 86.02.27）

作者休閒於北投建民公
園練太極拳
（民 92 年）

作者退休後在家享含飴之樂
（民 91 年）

陳程梅（中）參加社區媽媽教室舞蹈演出（民 71 年）

作者徜徉於高爾夫球場揮桿（民 93.06）

陳程梅徜徉於高爾夫球場揮桿（民 96.06）

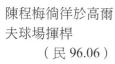

作者與堂姐秀蘭合照於故居前
（民 88.09.20）

作者戍守金門（烈嶼）時，陸軍總部政戰部主任張其黑中將（右一）陪總司令馬安瀾上將（左二）蒞臨寓所慰問家屬　　　　（民 66.03.11）

作者夫婦（二排中）民 81 年第一次返鄉探親時和迎迓的親友在茶陵車站前合照留念（民 81 年 9 月）

作者與程梅（二排右二、三）結婚四十週年的全家照
（民 89.11.18）

作者（左）和陸軍軍法預官少尉（長男定輝）合照於寓所
（民 74 年）

作者夫婦（左四、五）陪親家翁周宗榮先生夫婦（左二、三）等親屬在桃園中正國際機場送長男定輝夫婦（右四、五）出國深造
（民 78.07.28）

作者夫婦（左一、二）欣見長男定輝在美國南美以美大學獲法學碩士時合照

（民 79.05.19）

作者夫婦（中）欣見長男定輝（右一）得國立台灣師範大學法學博士時合照（左一）長媳周芷巧

（民 94.06.17）

作者夫婦欣見次男建宏（中）得國立政治大學法學碩士時合照

（民 84.06.18）

作者（右一）在陸軍裝訓部任參謀時和政戰部全體軍官（中爲主任周國煌上校）合照
（民 54 年）

作者（後排左一）任上等兵時與茶陵鄉親合照
（民 40.09.04）

作者任連指導員時在裝甲砲車旁留影
（民 46 年）

作者（立於後排右二）入政工幹校受入伍訓練時和全班同學合影於北投溫泉瀑布
（民 40.12）

作者（左一）任陸軍航訓中心政戰部主任時
陪總司令于豪章上將巡視教學成績展覽
（民 63.12.23）

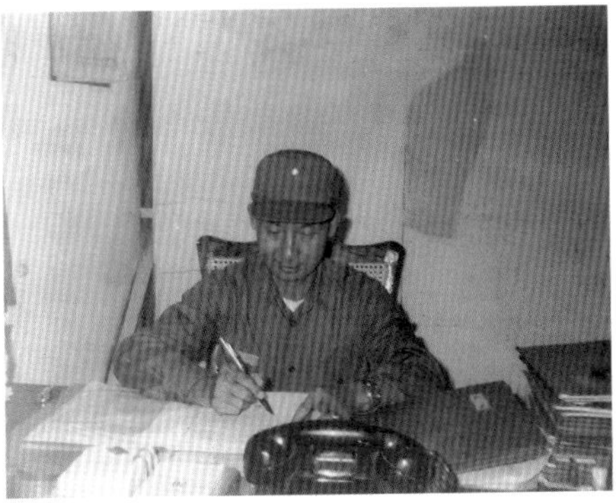

作者在陸軍步兵第九十二師政戰
部主任辦公室（民 64.4～66.7）

作者在陸軍總部政二處任參謀時
的作業神情　　　　（民 61 年）

作者爲新竹軍民國 67 年三民主義
講習分班學員授課的神情

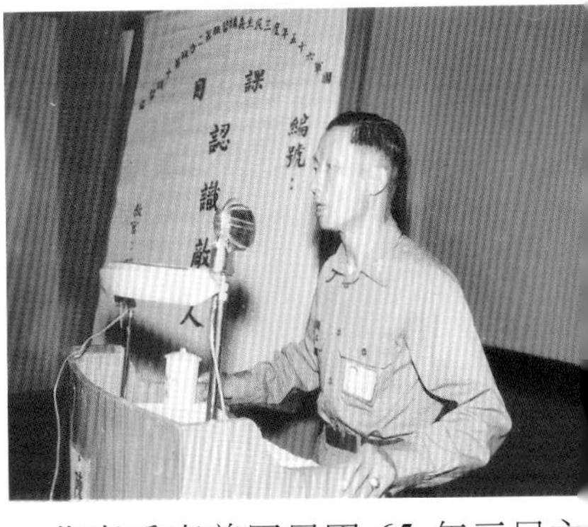

作者爲嘉義軍民國 65 年三民主
義講習分班學員授課的神情

作者（右一）陪同陸軍 32 軍軍長蕭而光中將（前排右四）與新竹各界地方首長民 66 年秋節勞軍團人員合影

作者兼任福建省選舉委員會第一組組長（民 69 年）

作者（前排右二）出席經濟部戰地政務經建專業幹部南投地區研討會人員合影，前排（右三）爲行政院吳祺芳副秘書長

（民 67.11.22）

作者（左前立者）偕政戰研究班45期韓籍學員訪國防部新中國出版社社長劉恩祥上校（右前坐者）（後晉任陸軍少將）親自接待（左上一）爲林武彥指導老師　（民67.10）

作者視察金門選舉委員會的選務工作（民67.10）

作者主持陸軍第八軍團正源專案講演比賽（民73年）

作者代表國防部總政戰部向膺選金馬地區優良教師致賀（民67.9）

作者主持陸軍第101師民73年莒光週政治教育研討會

作者在政戰學校政戰研究班班主任辦公室處理公文（民70.7～71.12）

作者主持台灣南部地區營區福利站工作幹部講習觀摩座談會
（民 73.05）

作者兼任全國漁事指導會報執行秘書時陪同中央各部會代表慰問馬祖福澳港守軍官兵
（民 74.5）

作者訪問金門心戰部隊與該隊主官在湖井頭前合影留念
（民 74.8）

聯勤總部政戰部舉行茶會歡送主任周濤中將（中）榮昇（右一）副主任趙傳芳將軍（左一）爲作者

（民 75.6）

聯勤總部政戰部暨各一級單位政戰部主任及其主眷舉行餐會歡送主任周濤中將榮昇作者（右上角立者）代表致詞（民 75.06）

作者（左一）在聯勤總司令部屆齡退伍前接受總司令溫哈熊上將賜贈紀念禮品

（民 76.2.27）

作者（前排左二）任革命實踐研究院研究班第 24 期輔導委員時偕全體同學陪講座（內政部部長）吳伯雄先生（前排中）合照（民 75 年 11 月）

作者偕陳程梅陪同全國國軍眷村自治會會長訪問金門在民俗文化村前合照（民 75.07.29）

作者於督導聯勤 304 廠列管眷村自強聯誼活動時致詞（民 76.2）

作者偕程梅佇立於陽明山中山樓　蔣公中正先生畫像前（民 75.11）

作者（右一）與國立政治大學教授閻沁恆先生在革命實踐研究院研究班 24 期同學訪台灣省政府時合唱中華民國頌
（民 75.10）

作者主持台北縣軍人服務站常備戰士家屬服務工作座談會　（民 77.6）

作者（右一）陪同台北縣縣長林豐正先生（中）向縣境駐軍將士祝賀春節（民 78.1.3

作者（右一）陪同台北板橋信用合作社邱理事主席到虎嘯部隊宣慰　（民 77.6）

作者夫婦在台北中正紀念堂勝地合照　　（民 74.3.29）

作者夫婦遊北海野柳在「女王頭」旁合照
（民 74 年春）

作者（左一）代表中華民國軍人之友社到台北縣三芝鄉八賢村慰問「琳恩」颱風受災戰士家屬　　（民 76.11.1）

作者夫婦偕定輝（前排右）建宏（前排左）遊南投日月潭　　（民 57 年）

作者懷抱義女黃惠玲偕程梅遊台北指南山莊　　（民 66.12）

作者夫婦於恭謁先總統　蔣公中正先生陵寢後在慈湖門前合照留念
（民 90.3.4）

作者偕全家遊台中中山公園合照留念
（民 65 年）

作者夫婦在南投埔里中台禪寺前合照
（民 95.4.1）

作者偕家人遊台南元寶兒童樂園

（民 63 年）

作者偕全家遊高雄佛光山合照　　（民 72 年）

作者夫婦到嘉義阿里山渡假

（民 74 年）

作者夫婦同遊墾丁公園

（民 72.2）

作者偕全家遊屏東鵝鑾鼻公園合照

（民 72 年）

作者夫婦（立於圍牆右側者）遊長城合照
（民 82.9.22）

作者（左）偕長男定輝遊南京中山陵合照
（民 85.9.22）

作者夫婦遊澎湖跨海大海（民 75.9.12）

作者夫婦在北京天安門廣場合照
（民 82.09.20）

作者（靠右著綠色夾克者）夫婦遊西安兵馬俑合照
（民 82.09.24）

作者（左）偕長男定輝在作者母校（前湖南省立二中）校門前合照　（民 85.9.26）

作者夫婦遊湖北武漢黃鶴樓合照　（民 82.10.3）

作者（中）偕外甥段毛子（左）及其子方毅（左後）與作者侄孫女美玉（右一）遊上海灘合照　（民 91.7）

作者（左）偕次男建宏在作者高中母校門前合照

（民 88.9.22）

作者（著夾克者）與長男定輝遊岳麓山在湖南大學前合照　　（民85.9.30）

作者遊杭州西湖時留影
（民87.3.26）

作者夫婦（中）探視在湖南殘疾學校就讀的視障侄兒柏雨（前排蹲者）合照（民82.10.4）

作者（左一）偕周華先生（右）遊青島嶗山合照
（民91.10.18）

陳程梅（左）與鄰居蒲大嫂遊雲南昆明時穿原住民服裝合照
（民 95.6.22）

作者（左一）偕周華先生遊大連海星公園合照
（民 91.10.17）

作者夫婦遊新加坡在戰史館（臘像館）合照留念　（民 78.1.8）

作者（右一）偕周華先生遊青島五四公園合照　（民 91.10.19）

作者夫婦（中）遊美國好萊塢影城時合照　（民 79.5.12）

作者（右一）偕周華先生遊山東煙台蓬萊閣合照　（民 91.10.18）

作者夫婦旅美（加州）
遊狄斯耐樂園合照
（民 79.5.12）

陳程梅（右一）偕鄰居
黃大嫂（左二）暨其男
女寶寶與詹大嫂（左
一）於民國 78 年旅遊泰
國時合照

作者（中）偕程梅（右二）長男定
輝（左一）在香港與胞弟胞妹遊海
洋公園合照　　　（民 78.1.1）

作者夫婦（右二、一）偕長男定輝
長媳周芷巧（左一、二）旅美遊聖
地雅哥動物園時合照（民 79.5.13）

作者（右一）偕程梅（右二）長男
定輝（左一）長媳周芷巧（左二）
旅美遊大峽谷合照　（民 79.5.14）

作者夫婦旅澳州在雪梨
歌劇院前合照
（民 94.4.8）

作者夫婦旅美遊休斯頓太空中心合照
（民 79.5.15）

作者夫婦旅日遊大阪
市立博物館合照
（民 86.5.19）

作者夫婦旅日程梅（中）
在阪急車站留影
（民 86.5.17）

作者夫婦旅澳時程
梅逗袋鼠的神情
（民 94.4.10）

作者旅澳州時抱著
無尾熊的神情
（民 94.4.7）

程梅遊澳州時抱著
無尾熊的神情
（民 94.4.7）

次男建宏（後左立者）與婉君完婚時前巴拉圭大使王昇上將（右一）和國防部部長蔣仲苓上將（左）親臨致賀倍增榮寵

（民 86.2.27）

前退輔會主任委員許歷農上將（左）歡度八十華誕時作者舉杯恭賀

（民 91.4.16）

作者夫婦旅遊澳州時在藍山國家公園合照

（民 94.4.5）

湖南鄉親遊澳州時在黃金海岸合照從右至左李竟寬先生、徐愼之先生、作者（中）、周 華（左 二、一）、何漢章先生

（民 94.4.13）

週末派同學（前排左起胡樹明、賀雨辰、王子翰、後排左起作者、黃載興、吳仁全、王淼、賈和亭、熊仁義、陳侃偉）假台北彩虹賓館款待王宗漢學長（前排右一）之胞弟（前排右二）來台迎接其萱堂回大陸前合照（民 81.4.25）

政工幹校第一期同學畢業五十週年部分同學合影留念（前排右三）爲作者

前湖南省立二中旅台校友暨其眷屬遊中正紀念堂合照，後排左二爲作者，前排左二爲程梅（民 74.3.29）

梁孝煌將軍（中）歡度九十華誕，週末派全體同學同申慶賀，賀雨辰中將（左）手書般若波羅蜜多心經邀作者（右）一同敬贈　（民 92.10.31）

陳祖耀中將伉儷（中與左二）蒞臨蘇州市甪直鎮鴻運家園度假與王農教授（右一）及其夫人（左一）作者（右二）合照留念
（民 95.09.28）

作者（左一）參加台灣糖尿病協會第一屆健美先生選拔，被評為第五名，接受該會理事長林宏達先生表揚
（民 90.6.17）

壹、八十簡述：農家子弟的來路

——從二等兵逐次升到將軍的紀要——

我原名煥新，譜名志道，民國四十四年一月奉國防部核定更名為國綱。於民國十八年二月二十二日，歲序己巳年正月十三日（今年晉八十歲）出生在湖南省茶陵縣文江鄉（後改為文秦鄉，現為浣溪鎮）楊柳仙石尚村的一戶農家中。祖父茂桂公，累世務農，祖母王氏性情溫淑，樂善好施，皆深得鄰里鄉親敬重。先父新甲公字福星，秉賦剛直，為人誠正，國學根基深厚，是一塾師，亦操持農耕，在鄉梓是具有名望的意見領袖；先母譚氏，仁慈寬厚，克勤克儉，堪稱典型的婦女，育有三男一女，我排行居首；二弟據德，幼年因病不治；三弟依仁，在家務農，自政府開放大陸探親後，於民國七十八年元旦和我在香港會晤，返鄉不久即因病去世；胞妹運蘭，家境小康，溫飽無虞。

自私塾啓蒙到從軍報國

我於七歲啟蒙，初習四書，後讀幼學、詩經、左傳、鑑略等古籍，都從先父新甲公親授。嗣因時序漸進，於民國三十年入文江中心國民小學，兩年畢業。民國三十二年考取湖南私立協均中學，於民國三十五年畢業時，旋即考入湖南頗富盛名的省立二中。回憶從小學到高中，都是在時局動盪的戰爭狀態中度過，對我養成忠誠愛國，刻苦耐勞、節儉樸實的生活習性，有著莫大的幫助。

對日抗戰勝利後，政府正積極加強國家建設，而中共在蘇俄的直接援助和美國的間接支持下，於民國三十七年十一月佔據東北開始，國共兩黨先後歷經五次和平談判，至民國三十八年四月二十日，因政府拒絕中共要求的「八項和平條款」而決裂。當夜共軍即分道渡過長江，不久即逼近上海的外圍，四月二十三日南京陷落，五月二十日上海也相繼失守，於是長沙的秩序大亂，影響所及，茶陵縣城有著山雨欲來風滿樓的變局，人心普遍為之阢隉不安。湖南省立二中逼於情勢提前兩星期畢業，我返家時，父親曾以關切的語氣諭示我說：「當前國家的處境，已到了危急存亡的重要關頭，汝已受完中等教育，應該挺身而出為國家效命。」我遵從父親的指示，立刻前往茶陵縣城瞭解情況時，忽然遇見從台灣奉命回茶陵招收「陸訓學生」的前陸軍訓練司令部的中尉軍官名叫鄧　謹的鄉親，承他將招生宗旨、入伍訓練概況，以及未來的發展等作了簡要的說明。我回家把這些訊息向父親稟報，父親當即露出滿意的笑容，於是在七月二十一日拜別了父母，前往縣城向陸訓部招生處報到，並於次日清晨搭乘前陸軍工兵二十團的工程車直駛耒陽，轉乘粵漢鐵路火車經衡陽抵廣州，停留約三星期，乘「萬民」號商船，經三天兩夜的航行，於同年八月二十七日抵達台灣基隆，當夜搭乘台鐵貨運車，於次日凌晨抵高雄鳳山，旋分發於陸軍總部工兵營第二連任二等兵，至民國三十九年三月一日調陸軍總部警衛營第二連升任上等兵，由於任務單純，有充裕的時間作自我進修，在向上進取心理的驅使下，於民國四十年再度加入了中國國民黨，並於同年八月考取了政工幹部學校（後改為政治作戰學校，現再改隸國防大學政治作戰學院）第一期本科班。打從這時候開始，不只加強了軍人基本動作的訓練，而且在精神教育方面，增進了心性修養，特別是本職學能方面，更奠定了堅實的基礎。自民四十二年四月畢業後，曾先後返校接受初級班、高級班、政戰研究班的正規、專科、深造教育，以及民國七十年至七十二年歷經兩年四個學期的週末和星期假日補修大學學分的大學教育，獲頒法學學士學位。這前後五次返校受教所得的，不僅是畢業文憑，也不只是官階，或學士學位，而是母校師長們身教、心教、言教、法教、事教的寶貴資產，以及創辦人蔣經國先生崇高人格的精神感召。

歷經基層幹部的考驗

自民國四十二年畢業分發於前台中師管區步一團第三營第九連任少尉政治指導員（後改稱輔導長）開始，我便接受了嚴峻的挑戰和考驗。在導正管教方法、淨化貪贓風氣、維護軍紀安全、推展官兵服務等等工作，都遭遇過許許多多的困難，但以嚴正的立場、誠懇的態度、堅強的毅力和嚴格貫徹命令的決心，完成了許多艱鉅的任務，深獲長官嘉許，並於民國四十四年榮獲中國國民黨選拔為第一屆優秀基層幹部，奉總裁　蔣公中正先生頒發證書乙紙，深感榮幸。事實證明我不折不扣的發揚了復興崗精神，那就是「絕對性信仰主義、無條件服從領袖、極嚴格執行命令、不保留自我犧牲」。

民國四十五年調任前陸軍裝甲兵第一師砲四營第十一連輔導長，次年六月，台灣爆發流行性感冒，全連官兵受到感染的高達百分之九十以上，我在感染並不嚴重的情況下，仍能替官兵提供各項服務。為了改善伙食，曾策動弟兄們開墾荒地、種植蔬菜，不僅達成了改善官兵生活的目的，抑且使弟兄們在精神上有所寄託。民國四十六年十月和全連官兵一同參加總統　蔣公中正先生躬親主持的閱兵大典（號稱中興演習），因計畫週詳、準備充分，使演習工作臻於零缺點的要求。回想當年連內有著許多實際困難的問題需要解決，特別是官兵之間的隔閡、誤會、不正常的男女關係、以及久病不癒無法住院治療等等，實在難以計數。可是我都以誠摯的心意，認真的態度，一一給予解決，這都是官兵弟兄們有目共睹的事實。

當年裝一師為了做好思想教育、強化精神戰力，曾以任務編組成立了政治教官組。我原來是一個「新兵」，沒有一個熟面孔的長官或同事，竟意外的把我調去擔任全師軍官級的政治教官，奉指定講授「蘇俄在中國」、「解決共產主義的思想和方法的根本問題」、「時事分析」，以及士官兵級的「人生真諦」等課程。由於準備充分，施教認真，依據聽課官兵和主管單位的調查反映，認定我所主講的各種課程，很受歡迎，且獲好評。實際上我只是在濫竽充數而已。

接受高司幕僚的挑戰

民國四十八年秋，前陸軍裝甲兵司令部政戰部擴編第五科，我奉命調任該科參謀，承辦官兵服務，並兼管婦聯分會的業務。到職後立即成立官兵服務中心，推行急難救助、醫療服務、法律輔導、糾紛調處、疑難解答等工作。其中感到最困難的，就是司令蔣（緯國）將軍交辦的私人函件，平均每天約五至八件，包括請求介紹工作、急難救助、推銷書報、雜誌、協助法律訴訟、著述作序、題辭等等。蔣將軍對於參謀作業的要求甚嚴，標準也很高，不只是標點符號不准有錯，而且在速度方面更是要快。打自民國四十八年八月至五十一年十二月，在處理的案件中，經由蔣將軍親自核批的許多文件當中，幸未發生差錯，更沒有使核稿的主管長官遭受連帶處分，這是我引以自豪的。

民國五十一年一月奉核定晉任陸軍政戰少校，並調任政二科承辦康樂業務，對於推展小型康樂、軍歌教唱、晚會演出和電影放映等工作，都能勝任愉快。至民國五十三年三月，國防部通令撤銷師級單位業餘康樂隊，裝一、二師的「捷豹」、「迅雷」克難樂隊因而裁撤，由司令部併編為國軍藝工第五隊。嗣經三個月的擘劃、協調、奔走，無論人員選拔、編組、器材調撥等困擾工作，都獲得解決。接著制訂了組織規程、作業細則、部隊巡迴演出等規定，使組隊的任務圓滿達成。

民國五十三年十二月，司令部改編為陸軍裝甲兵訓練指揮部，並從台中清泉崗遷到新竹湖口長安基地，司令部政戰部各科全被裁撤，編成一個幕僚群，政二科的成員全部調離，政戰部主任周國煌將軍把我留在政戰部承辦原屬政二科的全部業務。因基地的文康設施都須要新建，而原有政二科的各種工作，並未因裁編而減少，反而在「陸軍總部」和「陸軍訓練作戰發展司令部」如同「雙頭馬車」的指揮下，增加了許多負擔。不過，在責任心的驅使下，我仍然完成了許多艱難而富有意義的任務，並留下了任職長達六年的美好回憶。

在陸軍預訓部隊屢創佳績

民國五十四年秋調任陸軍預備第四師榴砲第十六營輔導長，在職期間對於鞏固部隊團結、凝聚官兵向心、維護主官威信，做好動員召集教育時的思想、組織、安全、服務等工作，克盡了應盡的職責，特別是激勵應召官兵志願留營共計七十二人的勸說工作，更是奉獻了我的心力。次年七月奉師司令部派任政治教官組任總教官，在懇辭不准、盛情難卻的情形下，到職後兩個月內完成了教學的一切準備工作，並親手擬訂了教官組的組織章程、巡迴施教辦法、軍士官政治教育督考實施規定等作業，奉核定頒布後，為預備師政治教育締造了新的模式。從開始巡迴施教後（按當時尚未實施莒光日電視教學），我自任師司令部和各步兵團、砲指部軍官級的政治教學，講授過先總統　蔣公中正先生軍事思想當中的軍事科學和軍事藝術（軍事哲學由葉萬興少校主講）。在講授過程中，經主管單位調查聽課軍官的反映意見，都認為準備週全，施教熱心、很受歡迎，並獲得師長趙　錦將軍和政戰部主任蔣文白上校的多次嘉獎（許）。

民國五十六年初，突然奉命調任陸軍訓練作戰發展司令部政戰部第二組康樂官，承辦部隊康樂與政訓活動，並協辦干城藝工大隊的專業康樂工作。對推展部隊和軍事學校的軍歌教唱、小型康樂活動，計畫週詳，執行認真。依據民國五十六、七年度施政計畫，於辦理競賽評選出的優勝單位，參與陸軍總部複賽時，囊括部隊軍歌演唱的冠、亞軍。小型康樂亞、季軍；學校組軍歌演唱冠、亞軍。關於政訓活動方面，除分別於民國五十六、七年舉行官兵書、畫展覽外，置重點於司令部軍、士官團的社團活動：曾分別釐訂象棋、圍棋、橋藝、書法、國畫、國劇研究社等等組織章程、實行細則與比賽、展覽、演出各種規定，使各社團的官兵，在公餘之暇，精神上都有所寄託。為了增進官兵身心健康，調劑生活情趣，曾於民國五十六、七年先後辦理軍、士官團南投霧社和日月潭郊遊活動各一次，因計畫週密，協調圓滿，準備充分，使每次郊遊都能順利完成。正因我對參謀作業的設想週到、執行認真、績效顯著，奉指示將民國五十六、七年度軍、士官團郊遊活動和軍歌演唱、小型康樂競賽兩大案卷，代表政戰部參加優秀參謀作業績效評比，曾分別獲得民國五十六、七年度優秀參謀的榮譽，並於民國五十八年元旦晉任陸軍政戰中校。

團（旅）處長路程迢遙

民國五十八年四月調任陸軍步兵五十一師一五三團政戰處處長，在克服交通極度不便的困難情形下，到達馬祖北竿島的雷山報到，對於散駐在小丘、高登、亮島的部隊，每月必須前往訪慰一次，凡駐在北竿本島的部隊，每星期都須探看、輔導一次。任職時間雖然沒到一年，但對全盤政戰工作的策劃、執行，都有著優異的績效，經師部多次督考和「毋忘在莒」運動成效驗收，都名列團級之冠，並被選為模範團。在當年缺乏電視機、卡拉OK和藝工團隊的情形下，為了調劑官兵的生活情趣，並迎接馬祖防衛司令部五十九年度小型康樂成果驗收，特組成一支小型克難樂隊，經我親自策劃、編導，於接受成效評比時，獲得團級第二名。

為了奉行「嘉禾案」的實施，五十一師各團行將裁編，我於同年十月奉命調任陸軍步兵第二十六師七十六團（同年十二月十六日改編為二七六旅），到職後每天深入基層闡述國軍「精兵政策」的意義，以及政府對資深官兵編餘後的照顧措施，藉以消除弟兄們的疑慮，並採取各種有效措施，使部隊在整編時不致發生意外事件。

當部隊未輪調返台前，曾舉行海防部隊政治教學示範觀摩，經評為優等單位；參加全師第三、四季軍歌競賽均榮獲冠軍，奉頒獎牌兩面；接受師部時事教育測驗，被評為旅級之冠；參加馬防部五十九年春節民間遊藝競賽，榮獲總成績第一名，奉頒單項冠軍獎牌二面，總項冠軍獎牌一面；參加「長泰演習」——部隊輪調返台，因準備充分，致演習全程無重大違紀、犯法與意外事件發生，奉核定記功乙次。

民國六十年十月二十五日，當我國退出聯合國時，經常利用主持　國父紀念週會和「莒光日」政治教學時間，以「積極備戰、爭取勝利」、「我們的憤慨與努力」兩則專題，巡迴基層部隊實施專題報告，期以強固心防，堅定官兵信心。

回顧在團（旅）處長任職兩年十個月期間，從馬祖北竿、南竿各小島，到台中縣的潭子、大甲，再移防到苗栗大坪頂，著實走過了遙遠的路程，在工作上也確實克盡了應盡的職責。因此於民國五十九年奉陸軍總部核定為陸軍第十六屆優秀政戰幹部。

在陸軍總部服務著有績效

民國六十一年二月調任陸軍總司令部政戰部第二處中校政戰參謀官，承辦三民主義巡迴教育、三民主義學術講演、三民主義講習班，以及特種組織的教育訓練工作，對於堅定官兵信念、強化精神武裝、增進全民認識，裨益至鉅。總結這幾項專案教育的績效，計民國六十一、二年均奉國防部核定為優等，尤其六十二年度三民主義講習班，被評定為陸、海、空軍、聯勤總部與憲兵司令部之冠。此外所研擬「培養陸軍團隊精神」與「培養陸軍官兵典型」實施要點各一種，奉核定頒發實施後，對增強陸軍無形戰力，助益良多。因著有工作績效，曾先後接受優秀參謀表揚一次，並膺選為全軍「無缺點計畫」典型楷模第一名，殊感榮幸。

把陸軍航訓中心的政戰工作從頭做起

民國六十二年七月調任陸軍航空訓練中心政戰部主任，在政戰工作基礎不穩、政治教（訓）育作法欠當、文康與福利設施均感不足的情況下，我以堅強的毅力，願意接受挑戰的勇氣，把政戰工作從頭做起，其具體績效分誌如次：

在飛行軍官與保修軍、士官班隊的政治教（訓）育方面，比照軍事校院專長訓練班隊規定的課程、時數，在無政治教官編制的情形下，聘請陸軍砲兵學校的專任教官施教。並向陸軍總部申請政治教材和訓育方面的專書供學員研讀。

在建制官兵的政治教（訓）育方面，比照一般部隊「莒光日」有關規定，實施電視教學、分組討論、心得寫作，做到一切照規定，一切求正常。

在改善官兵生活方面，整修營區閒置已久的水塘，實施水產養殖、借用民間的豬舍，飼養肉豬十隻，適時屠宰、補充，使地勤官兵與空勤官兵的伙食有所改善，並日益精進。

在革新福利措施方面，請陸軍總部增加提貨資金，加強營站經營人員的監督、考核，防範營私舞弊。為了端正風氣，貫徹福利政策，率先關閉政戰部在飛行軍官待命室中所設置的冷飲部，旋即要求基地各單位自行開設的福利社，限期結束營業，做到營區福利統收統支、公開透明。另設軍、士官兵理髮室各一處，明訂管理規章，要求服務品質。

在增建文康設施方面，設置基地軍、士官兵俱樂部各一處，美化內部裝飾，供應煙酒、飲料、書報雜誌等，並提供各單位聯誼、餐敘的場地，成為基地官兵休閒的好去處。

任師政戰部主任付出了許多心力

民國六十四年四月，調任陸軍步兵第九十二師政戰部主任。到職初期先從疏通人事管道做起，為久任一職的基層幹部作合理的調整。接著辦理連、營輔導長工作講習，對改進工作缺失、傳授工作經驗、提高工作效率、培養團隊精神，均著有實效。此後策畫並參與師的實兵對抗演習，督導嘉義中莊東營區四幢兵舍的改建工程，防杜官商勾結的弊案發生、完成部隊輪調金門的「益陽演習」，復從金門移駐烈嶼（小金門）的「南嶽演習」等等，無論是執行戰備整備、實施政教和心戰示範的觀摩演習、加強教育訓練、協助農民收割、維護部隊安全、辦理官兵志願留營、改善官兵生活、強化敵前心戰（執行空飄、海漂任務）、革新文康福利、促進軍民合作，爭取軍歌演唱、小型康樂、春節民間藝術競賽，以及各種定期性的成果驗收等，都付出了許多的心力，為部隊爭取了許多的榮譽，克盡了應盡的職責。

在新竹軍發憤圖強

民國六十六年七月，調任陸軍第三十二軍政戰部副主任，這雖然是明升暗降的職務，但從到職的當天開始，就決心要發揮「逆流而上」的奮鬥精神，做好本職的工作。當即辦理國民黨提名的地方公職人員選舉，即「光華演習」的輔選工作，我的確盡到了應盡的職責，使新竹縣長候選人林保仁先生、新竹市長候選人劉樹華先生，以及縣議員候選人等，都獲得高票當選，奉核定記功兩次。此後策畫辦理新竹地區眷村聯誼活動，和三民主義講習班的辦班工作，不僅圓滿完成了任務，而且連續奉陸軍總部核定為優等單位。最引以自豪的，是民國六十七年一月三十一日，主辦全國、全軍性的黨、政、軍、民聯合作戰演習，亦即「莒光三號」政治作戰示範演習。打從演習準備到結束，無論計畫作業、狀況和參考案的設計等，我都是全程參與，正式演習之日，復以軍主任的身分參演，對演習構想、演練重點（項目）、狀況處置措施等項，都能面對高級長官、貴賓和國軍部隊旅處長以上的軍事、政戰幹部，暢所欲言，有信心的應對，深受長官讚許，與全體觀摩人員的肯定，這也是我不久調去國防部參謀本部服務的轉捩點。

同年四月軍長王漢增將軍於履新之初，有感於軍官連的伙食亟須改善，特在政策小組會中，指派我擔任該伙食團委員會的主任委員，我敬謹接受了這一任務，經與相關人員檢討、共謀改進的具體作法以後，在副食方面質和量的搭配上，果然顯得有所進步，而主、副食的管理，更有其立竿見影的效果。這是我在新竹軍服務未及一年，所交出的最後一張成績單。

先後兩次奉國防部徵召

民國六十七年五月，第一次調任國防部總政治作戰部戰地政務處副處長，專責督導管、教方面的業務，先後完成了民政、文教工作各種法規的修訂、每年舉行一次戰地政務儲備幹部聯誼活動，並以績效評比方式進行、策畫辦理動員勘亂時期金門、馬祖地區增額中央民意代表的選舉、革新戰地政務通訊（每季發行一期）的內容和編幅、督導（輔助）政治作戰總隊完成為期三天的「漢陽演習」（亦即全國性的防衛作戰演習）。為了因應中美斷交的情勢遽變，在處長出訪日本考察農漁畜牧事業的一個星期內，完成金、馬地區戰地政務戰備整備會議的會前準備工作，對強化各該地區戰地政務的戰備整備，深具積極意義。

最使我引以為傲的，是處在忍受某一長官蓄意打壓、排斥的逆境中，除了完成上述各項重大任務外，還輔導承辦同仁完成了下列幾件大事：一、戰地政務儲備幹部的澈底清理，並納入電腦管制。二、如何以建設台灣的經驗，作為重建大陸的藍圖之研究。三、戰地政務幹部進修專題之研究。四、戰地政務幹部後召教育改訓預備士官方案之確立。五、協助教育部為金門、馬祖地區增加「國立大專校院保送名額」，及為金門、馬祖地區中、小學增加有關經費之補助。特別是「慶祝建國七十年台澎各縣市團結自強文化服務隊」——共計十六個隊的籌備與督導工作，是我第一次在國防部參謀本部服務三年兩個多月，感到最有意義，也是值得回憶的往事。

民國七十三年十一月，第二次調回國防部，擔任總政治作戰部政治作戰計畫委員會委員兼政治作戰組組長，這雖然是一個編階少將一級的職務，但因為沒有發展的機會，多數將級軍官都興趣缺缺；可是，我認為這是一個以政治作戰為專責的單位，能真正為「政治作戰」的實際工作，奉獻一些心力，著實很有意義，所以我全心全力地投入。在服務一年又半個月的日子裡，我以主動負責，積極進取的精神，完成了下列各項重大任務。

一、善用群體智慧，僅以半年的時間，研究完成「國軍政治作戰六大戰結合軍事作戰的重要作為」一書，印發三軍師級（海、空軍比照）以上部隊參考應用。

二、民國七十四年國軍軍事檢討會議時，提報「實踐先總統　蔣公中正先生歷屆軍事會議建軍備戰指裁示事項執行情形」，採用圖表與數據，具體說明參謀本部暨國軍各總部實踐　蔣公建軍備戰指裁示事項的實際情況，深獲與會將校的一致好評。

三、民國七十四年六月，「漢光二號」演習結束後，針對反封鎖作戰可能發生的狀況，彙編「國軍反封鎖作戰政治作戰指導與行動要領」專輯，作為各軍（兵）種未來逐行反封鎖作戰，政治作戰指導的重要參考。

四、國防部參謀本部設置「全國漁事指導會報」，這是一個特殊的單位，我為該單位的執行秘書，任職期間，除訂頒「強化漁民教育，反制中共統戰」與「反制停靠大陸海岸受中共統戰漁（船）民為中共利用對策」兩項作法外，並撰寫「國軍對中共船艦在台灣海峽逐漸增加活動之政治作戰措施」一種，經總政戰部幕僚會報通過後，送請聯三併案頒布實施，對維護我漁民正常活動之自由及其基本權益，是一具體的措施。

五、在加強國軍各軍（兵）種政治作戰戰備與訓練方面，計修訂「國軍部隊訓練要綱——政治作戰訓練要點」，嚴格督導軍團的政戰特遣隊和各步兵師的政戰連，無論基地或駐地訓練，都應明訂課表，加強政治作戰訓練。

六、為體現單兵、伍、班、排、連實施政治作戰六大戰的可行性，特協調陸軍總部舉辦小部隊政治作戰六大戰實驗，在應用效果方面，是一種創新的作法。

七、政戰準則的修訂，是戰備整備最重要的一環。為了結合時代的進展和各部隊實際狀況需要，先後完成了「陸軍步兵師（旅）攻擊政治作戰計畫（命令）範例」、「國軍防衛作戰政治作戰戰備規定」、「戰地政務教則」、「心理作戰教則」、「反情報工作總隊手冊」、「戰場督戰隊手冊」、

「心戰總隊手冊」、「政治作戰總隊手冊」、「女青年工作大隊手冊」，以及陸、海、空軍、聯勤、警備總部作戰準則中有關政治作戰準則之修訂與審查工作。這都是我第二次調回總政治作戰部服務，所付出的心力，應感謝長官們的教導和工作伙伴們的合作與支持。

回復興崗為國育才

民國七十年七月，調任政治作戰學校政治作戰研究班班主任，因第一次回母校服務，在腳踏實地的自我要求下，的確貢獻了一些心力。

在精進教育訓練方面：將政治作戰六大戰原以「五段教學法」改為想定作業方式施教，即在狀況誘導下，以連續想定貫穿全部課程，進行系統化推演教學，並將十二年來未曾修訂的政治作戰「六大戰」教材加以修編，對開拓學員知識領域，磨練戰鬥技能，深具意義；對於戰術課程，以務實的作法，磨練學員對師作戰的各種戰術原則，增進其指參作業能力和用兵技巧，務使學員對政治作戰如何結合軍事作戰作有效的運用。

在強化訓導功能方面：置重點於學員精神氣質的強化，舉凡專題報告、主官講話，以及「重要文獻研讀」等，都以陶鑄學員品格、培養高尚氣質、導正價值觀念、砥礪犧牲奮鬥精神為主題，期使學員真正成為「以國家興亡為己任」、「置個人死生於度外」的典型政戰幹部。在作法上，以加強考核、整飭軍紀校規、嚴格要求服裝儀容與環境內務的整潔，並經常實施查課、查舖，做到公私分明、信賞必罰。

在行政革新方面：誘導官兵與學員建立時效觀念，絕對做到不開無準備的會、不講無準備的話、不授無準備的課。對於環境內務，務必達到不髒不亂、不破不爛。由於官兵與同學們的共同努力，七十一年度全校環境內務檢查總成績，榮獲全校第一名，是研究班成立以來所僅見。

在研究發展方面：曾專責研究共軍在越戰中有關政治作戰的優、缺點，以及國軍今後應採取的政戰措施，提出了具體的建議。民國七十一年英國和阿根廷爆發福克蘭群島戰爭時，即以政治作戰「六大戰」的觀點，針對英、阿在福島戰爭中有關思想、謀略、組織、心理、情報、群眾戰的運用情形，進行學術研究，將研究結果向校務會報提出專題報告，廣獲好評。另為肆應國軍各軍（兵）種及高級政戰幹部的需求，曾提出研究班改制建議，經校部呈奉國防部核定，由原先的二十六週教育時程改為一年，滿足了我當年建議改制與參與策畫的心願。

在研究班任職期間，完成了六期的接訓任務，畢業同學計三五二員，據我所知，在這些同學中，晉任少將的計十六員，晉任中將的有四員，真是人才濟濟，與有榮焉。

難忘於軍團副主任的艱辛

民國七十一年十二月，調任陸軍第八軍團政戰部副主任，到職的翌晨，即指導偵察陸軍裝甲兵岡山旅戰車某營被竊的五〇機槍案，有著突破性的轉機，找到了機槍的流向。此後在繁重的工作負荷中，由於政戰部某主任口是心非，言行不一，意圖推諉責任，堅持要我核批一切經費，又要我認真考核有關承辦業務主管的操守，使我在防貪肅弊方面，特別是督促工作同仁不辦假報銷、不准重複報銷、不向廠商收取回扣等項，遭受極大的困擾；但始終堅持對事不對人、論是非而不計毀譽的原則，一件件地作了明快的處置。對維護團隊榮譽和政府形象，裨益至大。

在任職接近兩年的日子裡，檢討著有績效的工作：

一、協導干城藝工隊參加國軍七十二年文藝金像獎競賽，奉國防部核定為各軍種的第二名，使我有著與有榮焉的感受。

二、處理軍團配屬澎湖防衛司令部政戰特遣隊呂明輝二兵因畏難怕苦而自裁死亡的案件，經與其家屬深夜談判化解爭議後，不僅平息了軍民紛爭，抑且對善後處理工作，深獲呂兵家屬及其親友的感激。

三、民國七十二年十二月，辦理動員勘亂時期增額立委選舉，一本任勞任怨的精神，全力以赴，至開票結果，提名五人當選四人，使艱鉅的政治任務，圓滿達成，深獲長官嘉許，同仁讚佩，奉核定記大功乙次。

四、民國七十三年四月，督導辦理步兵二三四師和二九二師實兵對抗演習，無論計畫作為、圖上推演、地形偵察、裁判規畫等項，都費盡了心血。在實施裁判官訓練，指導兵棋推演的一整天中，將政戰裁判和軍事作戰密切配合的裁判要領和共同注意事項，詳加說明，博得全體政戰裁判四百餘人的一致好評和熱烈掌聲。

五、在第二次奉國防部徵召，即將到職前，除協助中華婦女反共聯合會陸軍分會，在高雄舉行會員手工藝品展覽暨義賣一星期，獲得圓滿成功以外，還把計畫中的干城麵包廠貨品銷售規定、泰山營區軍官俱樂部「鐵板燒」餐飲設置作法，以及干城藝工隊改編陸光藝工二隊的調撥作業等，如期完成。正因為我在本職工作崗位上，能做到盡心、盡力、盡責，所以在民國七十三年元旦，奉核定晉升為陸軍少將。

同年十一月十四日，司令盧（光義）中將在歡送我的餐會中致詞：「副主任在軍團服務將近兩年的時間，作出了許多的貢獻，完成了許多重大的任務，績效非常顯著，幸好榮晉了將軍，否則，對副主任實在無法交代。」當我聽到司令這段慰勉有加的訓話，並接受賜贈「功在干城」的紀念牌時，內心感到無比的溫馨，也特別體會到是非公道自在人心的真實意義。

在聯勤總部屆齡退伍

民國七十四年十二月，調任聯合勤務總司令部政治作戰部副主任，明知這是我軍旅生涯最後的一段里程，可是我仍舊負責盡職、有始有終的做好了下述幾件重大的工作：

一、加強官兵和員工的政治教育：聯勤單位聘雇的員工，比建制官兵多一倍以上，官兵政治教育，照「莒光日」各項規定執行，而員工才是群眾的基礎，因此，如何使員工把「政治教育帶回家去」？也就是要求員工把政治教育的理念、內涵、心得和教材深入其家庭，以擴大政治教育的功效，才是當年著力的重點。

二、要求營區處處有歌聲：聯勤所屬的生產工廠，或服務機構，都是軍事組織。平日只是照表操演、生產作業，談不上朝氣與活力。為了提振士氣，曾建議舉行軍歌教唱與競賽活動，奉核准實施後，無論是幕僚、生產、服務等單位，尤其是各部隊（學校），都掀起了軍歌教唱、競賽的高潮，經由這一舉措，各營區（工廠）經常可以聽到雄壯的歌聲。此外，總部的幕僚和特業單位，不但舉行了軍歌比賽，同時還成立了「明駝」百人合唱團，曾先後兩次在台北國軍文藝活動中心舉行演唱會，都博得觀眾熱烈的掌聲與讚賞。

三、督導富台新村改建工程：依國防部規定先成立「聯建小組」和「工程督導小組」，我奉命任工程督導組組長，面對住戶須按預定進度施工，保證工程品質，嚴格防止弊端、杜絕官商勾結、避免偷工減料。為了眷戶瞭解工程進度及其品質，請承辦單位協調台北市政府提供工程合同、建築圖紙，使改建工程做到透明化。就因這些舉措，奠定了該村改建工程的基礎，使重建工程能順利進行，深得該村全體眷戶的好評。

四、率眷村訪問團赴金門訪問：民國七十五年七月二十七日，奉命擔任「國軍眷村自治會會長金門訪問團」第三梯次總領隊，團員計陸軍、空軍、聯勤總部所屬眷村自治會會長一九四人，於當天下午在高雄國軍英雄館集結，搭乘海軍二五二運輸艦，於二十八日抵達金門訪問三天，因計畫周詳、準備充分、聯繫密切，使訪問工作能做到圓滿無缺，亦使訪問人員對「昔日金門」和「今日金門」在軍、經建設方面，有了一個強烈對比的印象。

來聯勤總部任職時間，雖然只有一年三個月，但因為對任何工作的策畫、督導，都一本負責盡職、有始有終的原則，做到全力以赴，所以深得同仁支持，長官肯定，經統計榮獲嘉獎、記功、記大功各兩次，退役前的二月二十五日，承總司令溫哈熊上將頒授陸光甲種獎章暨聯勤榮譽紀念章各乙座。

回憶自民國三十八年至七十六年，由二等兵逐次升到陸軍少將退伍，在軍中服務長達三十七年又八個月。在這漫長的時日裡，曾在連、營、團（旅）師、軍、軍團、陸軍總部、聯勤總部、國防部，另在陸軍裝甲兵司令（指揮）部、陸軍訓練作戰發展司令部、陸軍航空訓練中心（後改為陸軍航空訓練指揮部）、政戰學校等，歷練各種主官（管）職務，先後奉頒寶星、景風、弼亮、金甌、陸光等一至四星獎章各五座，忠勤及忠勤一至二星勳章三座，總計二十八座，獎狀五幀、另奉頒國防部、聯勤總部服務、榮譽紀念章各乙枚，自信對國家的建軍備戰，確已竭盡心力，毋負國家的栽培和家父家母生我育我的苦心和期許。

民國七十六年二月廿四日，國防部總政戰部主任許（歷農）上將頒授政戰榮譽紀念章時，在政戰部務會報中，當眾讚許我無論歷練任何職務，始終是兢兢業業，無私無我，今天以限齡退役，真是功成身退，為政戰樹立了典範，值得大家肯定。我對許上將這番慰勉有加的話，實在感到無比的榮幸。

出任台北縣軍人服務站站長

民國七十六年七月一日，承國防部總政治作戰部聘任為中華民國軍人之友社台北縣軍人服務站站長，其主要任務，是聯繫黨、政、軍、民等單位，為縣境現役官兵及其家屬服務、籌募勞軍捐款、策畫敬軍、勞軍活動。任職期間使我感覺最有意義的，有下述幾項大事：

一、針對接待差勤官兵住宿率偏低，所收低價服務的費用，難以維持全年所需水、電費、潔具及保修等費開支，建議停辦，奉准後從民國七十七年五月一日起執行，為軍友社減輕了財務負擔。

二、整飭工作紀律，提昇工作效率，對於態度傲慢、行動隨便，工作懈怠、績效差勁，目無法紀的工作同仁，於屢經規勸，仍舊我行我素的人員，任期屆滿，一律停止聘雇，使工作紀律與生活紀律趨於正軌。

三、為使服務站的房舍具有獨立的產權，趁台北縣家畜肉類公會另謀商機，意圖和服務站分割（家）的機會，經建議軍友總社、國防部總政戰部與家畜肉類公會共同研討結果，以新台幣二、六五〇萬元達成協議，復經軍友總社和服務站認定，在台北縣板橋市南雅西路二段，以新台幣一、六〇〇餘萬元，購得電梯大廈的三樓、四樓，合計一三五坪的辦公大樓，使服務站房屋的產權，獲得澈底解決，這是我任職期間最大的一項貢獻。

四、民國七十六年十月廿七日，「琳恩」颱風為台北縣三芝鄉八賢村帶來山洪，有一名叫楊文旺的役男，就因其屋後的土石流，使整幢房屋慘遭吞噬，楊戰士的祖父、祖母和父親、母親，都在睡夢中同被活埋，我聞訊後立即前往探訪，除按權責致送慰問金二萬元外，並向國防部及台北縣政府請求救助。

五、執行常備戰士家屬服務、慰助工作，總計民國七十七、七十八年度，完成急難病困慰助九、八〇六戶。一般服務（含協調管教、連線服務、糾紛協處）三七一戶。連繫訪問二、三一四戶。慰問因公傷亡官兵六〇戶。一般傷亡官兵八七戶。實際慰助訪問一三、五三八戶，超出計畫目標一、五三八戶（件）。而慰助金的發放計新台幣二、〇一八萬七千餘元，歷經軍友總社查驗結果，均無任何差錯和弊端。

六、每年春節、端節、中秋，即策動台北縣黨、政、民意機構及社團，分別組成三至五個勞軍致敬團，向縣境三軍將士致敬，並贈送加菜金及慰問品，任職期間總計慰問三軍部隊、機關、學校共一九一個單位次，贈送加菜金三六五萬六、三八〇元。另策動台北縣有關社團於三節前後，分別前往東沙、澎湖、金門、馬祖、東引等外島，慰勞三軍將士共計四次。

七、委託台北縣二十個銀行，代收生產事業附徵結匯勞軍捐款，三年來共得新台幣三、七〇〇餘萬元，均依規定時限解繳軍友總社，服務站從未經手現金。

從軍職退伍到服務站來服務，雖然沒有超過三年，但在工作成效上都有著滿意的感覺。若是我以得過且過的態度，或抱著「鄉愿」的心理，讓服務站那種「積重難返」的惡習延續下去，對我的薪俸絲毫沒有影響，然而於我的職責卻問心有愧。因此，我以「毀譽聽之於人」的胸懷，盡力整頓了服務站的工作紀律，並超目標達成了任務。在此應感謝當年軍友總社總幹事吳亮生將軍的鼎力支持，和站內工作伙伴的通力合作。

「退而不休」數從頭

民國七十九年四月一日退休後，我仍然秉持「退而不休」的情懷，為國家、社會貢獻一些心力，其重要事項分述於後：

一、應行政院國軍退除役官兵輔導委員會聘任國家建設研究委員，在四年十個月的任期中，於每月第三週星期五出席會議時，針對時政，諸如「如何強化國民文化教育？以增進國民信心」、「對大陸開放政策的檢討和建議」、「國家統一問題的探討」、「如何消弭社會暴戾之氣？」、「我國重返國際社會名稱問題之探討」等，都表述了我對政府的忠誠建言，深得小組召集人和與會先進的好評。（研究專題甚多，未及一一備載）

二、給國民黨提出了誠摯的建言：民國七十九年退休後，適逢政府開放黨禁，本黨在李登輝先生任主席時，黨的政策路線和領導作風，都呈現模糊狀態，使忠貞黨員深感憂心。我以誠摯的心情，敬向黨中央提出了坦率的建言，其主題為：

(一)光明磊落，大公無私，才能贏得民心（指出擴增當然黨代表，勢必違背民意、破壞黨內團結，影響本黨形象。）

(二)發揚「自立、自強、自信、自重」的精神，剷除「黑金」政治，勿和主張「台獨」的民進黨掛鉤。

(三)針對民國八十六年縣市長選舉挫敗的原因，認真提出檢討與諸多建議事項。（詳載拙著「歲月留痕」第三三九至三四〇頁）

(四)先後兩次和退役將校一二〇人連署，推薦連戰與宋楚瑜同志搭配參選中華民國第十一任總統、副總統候選人。

三、老年返鄉得償宿願：從民國八十一年至九十三年九月，曾先後返回故居探親，每一次都有重大意義的工作，即第一次為先父、先母舉行報恩法會。第二次專程瞭解為視障的侄兒柏雨購屋及替先人修墓的實況。第三次是為紀念先父百歲冥誕，並將新建房屋辦理贈與柏雨侄的公證手續。第四次是為紀念先母百歲冥誕，並將祖宗牌位移至茶陵縣城柏雨的房屋。（按：返鄉探親時，第一次偕內子程梅同行、第二次偕長男定輝同行、第三次偕次男建宏同行、第四次偕程　梅與建宏同行。）

四、為成立茶陵同鄉會奉獻了心力：

民國七十八年八月五日，台北市茶陵同鄉會召開發起人會議，我被舉為籌備會委員兼任總幹事。嗣經主持三次籌備會議，先後完成了組織章程和一切會務的準備事項後，於翌年二月十八日舉行成立大會，當年第一、二屆理、監事會的理、監事，都熱誠地勸我承擔理事長一職，都被我婉謝，只同意擔任兩屆常務理事，協助先後兩位理事長推展會務，並主動研擬了「會員慰助、服務工作實施辦法」、「同鄉會經費運用管理實施辦法」草案各一種，均經理、監事會通過實施。至民國八十二年八月成立「茶陵同鄉會實錄編輯委員會」時，被舉為該會的主任委員，歷經四次編審會議討論諸多實際內容後，終使編輯工作圓滿達成任務，也是我對茶陵同鄉會所付出的一點心力。

我對幸福的家庭深感滿意

民國四十九年十一月，與台灣省雲林縣籍的程　梅小姐締結連理，四十餘年來著實走過不平凡的路，憶想當年薪資微薄、居無定所，生活極度貧困。所幸程　梅秉性善良，仁慈寬厚，刻苦耐勞，節儉樸實，無不良嗜好，能使我安心在部隊服務，免除後顧之憂。

民國五十年十月，生長男定輝，資質慧敏，好學進取。從台灣大學法律系畢業後，先後在美國南美以美大學和台灣師範大學取得法學碩士、法學博士學位，現任職於行政院金融監督管理委員會。因工作主動積極，績效優良，曾於民國八十六年膺選為財政部模範公務員。民國七十八年六月和國立台北工專畢業，歷任國內外企業的周芷巧小姐結婚後，於民國八十年二月生長女俐瑛，民國八十二年生次女薇名。我這兩個愛孫聰明伶俐，多才多藝，操行和學業成績都名列前茅，是我陳家最被看好的子孫。

次男建宏，出生於民國五十五年一月，先後畢業於國立台北商專財稅科、中國文化大學政治系和國立政治大學公共行政研究所，取得法學學士、碩士學位，經公務人員乙等特考及格，現任職於行政院農業委員會，因品學兼優，才能卓越，深得長官倚重、同寅讚賞。民國八十六年二月和台灣南投縣籍的李婉君小姐締結良緣。婉君發憤圖強，勇於進取，自淡江大學企管系畢業後，隨即取得財稅行政人員乙等特考及格，現任職於行政院公平交易委員會。建宏和婉君不僅對現職工作勝任愉快，且在心想事成的期盼中，於民國八十九年四月喜得長子暐中，聰明活潑，料想也將是我家可期的好子孫。

我和程 梅雖然是白手起家，結婚初期的生活，用「捉襟見肘」、「寅吃卯糧」來形容當年的處境，一點也不誇張。可是我夫妻倆都有著堅忍不拔的毅力，和奮發向前的勇氣，從不向苦難屈服，也不向窮困低頭。對孩子們的教養，的確是盡心竭力。直到政府逐年調整薪資，軍眷生活也隨之改善，在我退伍前後，因環境許可，才和程梅作選擇性的觀光旅遊活動，行蹤所至特分誌如後：

國內地區：遍及金門、馬祖、澎湖、台東、花蓮、桃園慈湖、頭寮、角板山、石門水庫、六福村野生動物園、小人國、南園。苗栗獅頭山。台中霧峰林家花園。彰化八卦山、公路花園。南投霧社、萬大水霸、日月潭、盧山溫泉、溪頭杉林溪、中興新村。雲林北港朝天宮。嘉義吳鳳廟、關子嶺、阿里山、奮起湖。高雄澄清湖、佛光山、六龜茗濃溪。屏東鵝鑾鼻、墾丁公園。平日休閒除持續有恆的運動外，有時邀約同好到高爾夫球場揮桿，藉以疏解、調劑身心。

國外地區：到過美國十七個州，未回歸大陸前的香港，新加坡、泰國、菲律賓、日本、南韓、澳洲雪梨、墨爾本、布里斯班等地。如套用蔣故總統經國先生「犧牲享受、享受犧牲」的名言來說，觀光旅遊和去高爾夫球場揮桿，總算是享受到往昔「犧牲享受」的樂趣了！如今，定輝和建宏都已取得博、碩士學位，和勝任愉快的工作，眼看著他倆兄弟成家立業，而且都很孝順，特別是長孫女俐瑛，年未及冠即於去年七月信心滿滿地出國求學，這都是非常快慰的事。所以我倆夫婦雖然談不上是苦盡甘來，但著實有著幸福滿意的感覺。

原載湖南文獻第35卷第一、二期（96年1月、4月出版）

貳、論說習作

一、二十世紀是三民主義世紀的真義

——闡揚總統　蔣公民國51 11 12主持國民黨八屆五中全會開幕典禮訓詞的精義——

總統　蔣公於民國五十一年十一月十二日，主持中國國民黨八屆五中全會開幕典禮時，曾剴切昭示：「現在的世紀，就正是三民主義的世紀」。我們深信　總統的訓示不僅祇是根據古今中外的歷史，判定時代潮流的必然趨勢，抑且針對現實的客觀環境，指引我國的前途與世界的出路；同時從總統的堅定信念中，我們更有理由相信在這一驚天動地的革命情勢中，它是成功的指標；在翻雲覆雨的世局變易中，它是光明的前導；而對於被俄共和中共奴役的世界人類，更是撥雲霧而見青天的福音。

然而，面臨此一嶄新世紀的到來，我們對於救國救世的三民主義，除了拳拳服膺，徹底奉行，以實現「以建民國，以進大同」的崇高理想外，尤其對於二十世紀是三民主義世紀的真義，更應有著深刻的認識與透澈的瞭解，而後才能順應時代潮流，開啟我國家民族復興的機運，亦可憑藉我們的信心和努力，拓展當前世紀的光明前途。

一、三民主義的時代背景

在我們未分析二十世紀是三民主義世紀的真義前，首先須要探討的，是三民主義產生的時代背景，這就一般而論，可分為中國與世界的時代背景而言：

就中國的時代背景而言：第一、自滿清入主中原後，二百餘年來，由於滿清以特權階級統治漢族及其他民族，致造成國內民族的不平等，由於國內民族的不平等，因而造成腐敗的政治，落後的經濟和黑暗的文化，是則民族精神日益消沉，民族意識日益喪失。尤其自鴉片戰爭後，中國除受滿清的統治外，還不斷遭受外來帝國主義的侵略與壓迫，相繼簽訂了各種不平等條約，致使整個中國陷於次殖民地的地位。第二、滿清政府為維持其特權，乃實行君主專制，是以政治腐敗，官吏無能，使中國相傳數千年來的民主精神，亦為之喪失殆盡。第三、由於政治未上軌道，滿清官吏享受特權，加之資本帝國主義者藉一切不平等條約的規定，實行對中國的經濟侵略，致使中國陷於貧困的境地。由此三者，我們便可瞭解　國父手訂的三民主義，其所以完全適應於中國的國情：即民族主義可解除中國民族所受的壓迫；民權主義可解除中國政治的專制；民生主義可救濟中國經濟的貧困。

其次就世界的背景而言：第一、自羅馬帝國崩潰後，其間經宗教改革，文藝復興與民族文學的興起，世界許多民族國家紛紛出現，凡此均足以顯示十五世紀至十七世紀，乃民族主義勃興的時代。第

二、自英國的洛克，法國的孟德斯鳩與盧梭等提倡自由及人權的學說之後，世界各國的革命運動即不斷地展開，諸如英國一六四二年和一六八八年的兩次革命，都是反抗君主專制的民權運動；美國一七七六年宣佈獨立，發表「獨立宣言」以及法國一七八九年的流血革命，發表「人權宣言」，更足以顯示出自十七世紀至十九世紀，是民權主義籠罩一切的時代。第三、自十九世紀至二十世紀，世界各國因受工業革命的影響，不僅生產力有著驚人的發展，且生產量亦大為增加，此在人類物質生產過程中，開創了新的紀元；但由於生產大量增加，於是資本集中，而資本家即成為政治上的支配階級與經濟上的剝削階級，是以形成勞資對立與社會貧富懸殊的種種弊病，其影響所及，遂有社會主義思想的興起，主張生產手段與分配之社會化，從此民生主義乃成為人類二十世紀所夢寐以求的理想。

至此，我們可以求得一個結論，世界各國近三百年來的政治環境，無論發生任何重大變化，都是朝向三民主義的目標邁進，質言之，凡有價值的思想，均為三民主義的思想，凡有價值的革命，也都是與三民主義有關的革命。因此我們認為三民主義不僅能在中國生根，而且能在世界成長，其道理也就在此。

二、從時代潮流說明三民主義的價值

須知世界是一個整體，中國祇不過是世界的一環，在此時此地，我們研究三民主義對中國的前途與世界的出路，除根據正確的認識去堅定自己的立場外，尤須客觀的正視現代世界潮流的趨勢：

(一)民族主義已發展至巔峰狀態：翻開世界近代歷史來看，自拿破崙的侵略主義失敗，德意兩國於一八七一年的民族統一獨立運動相繼成功之後，世界民族主義運動的發達，正如江河之就下，及至第一次世界大戰結束，由於奧匈帝國，俄羅斯帝國和德意志帝國的崩潰，中歐諸民族國家的獨立運動，已成為不可遏止之勢。尤其自第二次世界大戰結束後，西方列強均已放棄殖民政策，近些年來亞非各被壓迫的民族國家，其所以能紛紛獨立，即受民族主義思想的激盪所致。

(二)君主和獨裁政治的相繼崩潰，民主政治的怒潮澎湃：誰也不可否認，自美、法兩大民主革命相繼成功之後、中南美諸國均先後於一八一六年至一八二八年相繼脫離宗主國而建立民主共和國，尤其自第一次世界大戰結束後，歐、亞、非許多君主國家亦先後成為民主國家，迄至現在，世界上縱有少數國家的元首仍保有帝王之名，但實際上均實行民主政治。即以迷信馬列共產主義的俄共及其附庸國家而言，雖正實行與民主潮流相反的極權暴政，且將步上法西斯主義滅亡的後塵，但它亦利用「民主自由」為幌子遂行對自由世界的統戰。由此可見民主潮流已為世界人類所公認。

(三)現代世界各國的政治趨向，已從天賦人權走向革命民權，從政府無能走向政府有能的道路邁進：天賦人權乃以往民主國家所普遍採用的一種民權學說，尤其是美國和法國的革命，更是受天賦人權的影響，但此一學說，迄今已失去時效，尤其正值共產主義思想毒素蔓延的今天，許多民主國家均不採用此一學說，如美國曾宣佈共產黨為非法組織，並要剝奪共產黨員的公民權利，即一明顯的例證。至於從政府無能走向政府有能的趨勢，亦至為明顯，誠如英國哲學家羅素所說，希望政府不干涉個人的洛克所提倡的自由主義，業已成為明日黃花，因為洛克的個人自由主義要政府不干涉個人，就是要政府無能。試看今日的民主政治，不僅需要民主，而且需要效率，不僅人民要有權，而且政府要有能，如此權能平衡，人民的的生命財產，才有確切的保障，而國家的意志亦才能徹底的實現。

(四)社會主義思想的發達與社會主義運動的興起：事實告訴我們，由於近代資本主義制度所引起的種種弊病，如勞資階級的對立，社會貧富的懸殊，失業問題的層出不窮，以及經濟恐慌的不斷產生，均為促成各國社會主義思想發達及社會主義運動熱烈展開的主要因素。各民主國家面對此一情勢的開展，均紛紛採用和平的漸進方法，以進於社會主義的領域；而此等和平的漸進方法，　國父孫中山先生在民生主義中均曾列舉，舉凡社會工業的改良，運輸交通收歸國有，實行直接稅制，分配之社會化，以及各種社會福利設施，安全制度的建立，財富的平均等等均為大多數國家所採用，因此近些年來，西方各國的社會其所以普遍呈現一種安定、繁榮、進步的景象，即證明民生主義的社會思想，已成為世界潮流的必然趨勢。

總結上述數端，我們即可瞭解三民主義在空間上不僅適合中國的需要，抑且適合世界各國的需要。在時間上不僅過去與現在需要三民主義，即將來亦同樣需要三民主義，其原因即　國父手訂三民主義時，一方面根據歷史的演變著眼於現在，另一方面亦環顧世界潮流的趨勢著眼於將來，譬如三民主義一方面主張民族主義，而另一方面又主張大同世界的世界主義，這就是一個最好的說明。

三、從當前革命情勢展望三民主義的前途

縱覽近代世界歷史，盱衡當前革命情勢，世界人類渴望和平，乞求民主、自由、平等、幸福的宏願，迄今不但未能實現，且困難之大與痛苦之深，更千百倍於往昔，究其原因，當不外是因民族、民權、民生三大問題未能獲得合理解決所致。蓋第一次世界大戰，民主國家犧牲了無數的生命財產，贏得了最後的勝利，使所謂資本主義的社會發生了整個的變化與解體，殖民地紛紛要求獨立，歐洲帝國趨於衰頹，民族主義因之逐漸抬頭。第二次世界大戰，世界上也同樣犧牲了無數的生命財產，贏得了大戰的勝利，使所謂法西斯的組織崩潰，日爾曼第三帝國與日本帝國主義趨於滅亡，民族民權思想也隨之抬頭。從此以後，美國雖已進步至所謂新資本主義，如對資本家的限制，直接稅的徵收，國營事業與社會福利事業的發展，隨著科學與原子能的發展，均有著相當的進步，但是迄至目前為止，美國本土仍有種族的歧視，白種人對有色人種，還未能完全平等。再就英國工黨執政時期，雖曾大規模的推行與社會主義有關的社會安全及社會福利政策，在稅制上，救貧設施上，工場法規上，工資率及勞動時間上，均有許多改進。然而工黨政策祇能適應於資本主義工業化的民主國家，對亞非經濟落後國家和地區仍無裨益。是則無論美國的新資本主義，抑或英國的社會主義，在戰後的發展過程中，不僅未能使民族、民權、民生三大問題獲得全部解決，且反而使馬列共產主義在落後殖民地國家內，利用「民族意識」的覺醒而到處掀起了反西方「資本帝國主義」的革命高潮，並乘機派遣它的第五縱隊攪

取這些弱小民族國家的政權，進而將其關入鐵幕。如此演變結果，使世界的民族、民權、民生三大問題，愈難獲得解決，這就是二十世紀中的病根所在。

但是根據近幾年來的事實證明，以俄共為首的馬列共產主義者，雖然在鐵幕內外控制或影響全世界三分之一的人口和十分之一的國家，並針對人類心理上的需求，提出解決人類民族、民權、民生三大問題的口號與目標，以欺騙世人，進而奴役世人，但它本身現已成為爭取此三大目標——「民族獨立」，「民主自由」、「民生樂利」的主要鬥爭對象；諸如東歐波蘭、東德與匈牙利的革命，是爭取民族獨立與人權自由的具體表現；蘇俄「齊瓦哥醫生」與「不僅為了麵包」兩文，是爭民主、爭自由的信號；中國大陸自毛澤東實行「三面紅旗」暴政，引起大陸人民反飢餓抗暴與民國五十一年五月香港難民潮的湧現，更是反飢餓、反奴役、反迫害、爭生存、爭自由的民族、民權、民生思想再革命的激盪。因此我們認定共產主義在二十世紀的七十年代，以及未來的世紀中，不僅不能在中國大陸生根、而且永遠不會在世界人類的心目中復活。

然而當共產邪說根絕，整個共產集團崩潰瓦解之後，世界歷史的動向又將如何？我們堅信三民主義是世界人類的光明遠景！因為三民主義是東方文化傳統，西方民主政治與現代科學三者合流的指南針，它有其他各種主義的優點，卻無其他主義的缺點；它涵蓋了其他各種主義之所長，卻無其他各種主義之短；它既能適應於中國的需要，亦能適應於世界人類的需要，它具有解決世界人類民族、民權、民生三大問題的主張和方法，故今後祇要三民主義宏揚於世界，人類才能得到真正的平等、自由、博愛、亦惟有三民主義徹底實現，方能解決人類安危禍福攸關的民族、民權、民生三大問題。因此「總統所昭示的現在的世紀，就正是三民主義的世紀！」這的確是高瞻遠矚，放之四海而皆準的真知灼見。

四、結　論

回顧歷史的發展，默察當前的局面，展望未來的前途，世界人類始終在為追求三民主義的理想與目標而奮鬥，我們生逢此一偉大的世紀，能秉持　國父三民主義的寶典，承擔世界人類的共同使命——反侵略、反極權、反奴役、爭生存、爭自由的反共抗俄大業，該是何等的幸運，尤其身為三民主義的信徒，在　總統蔣公的英明領導下，肩負起拯救人類的重責大任，又該是何等的光榮！然而面臨三民主義新世紀的到來，也同時感到所負責任的重大。因此必須發揮「鐵肩擔主義，雙手挽乾坤」的革命精神為中華民族及世界人類貢獻所有力量，戰勝一切敵人，以進世界大同於無疆之庥。

（本文獲中國國民黨　三民主義論文競賽佳作獎）

二、紀念　國父誕辰感言

民國五十二年十二月十二日，是　國父孫中山先生的九十八歲誕辰紀念日。在這赤禍橫流，河山待復的今天，我們來紀念　國父的誕辰，面對著當前的革命環境，回溯國父當年艱苦奮鬥，手訂三民主義，締造中華民國的經過，真使我們有說不盡的感慨。

一、國父革命奮鬥的經過

距今九十八年前的今天，我們中國正是處於一個動盪不安的時代，在滿清中葉中英鴉片戰爭以後，西方新興的帝國主義勢力東侵，挾其船堅砲利的現代武器，打破了中國固有的社會體制，而不平等條約的締結，勢力範圍的劃定，遂使中國淪于次殖民地的地位，造成千古未有的變局。　國父孫中山先生於這時，眼看著國家處境的艱危，深知非革命無以救中國，因而年僅二十，即立下傾覆清廷，創建民國之大志。民國紀元前十八年（公元一八九四）首在檀香山創立興中會，提出「驅除韃虜、恢復中華、創立合眾政府」的號召。紀元前十六年（一八九六）在倫敦蒙難後，由於研究歐美各國社會主義，並考察社會實際情形，於是採取民生主義，以與民族、民權問題同時解決的辦法，是以三民主義的全部主張完成。紀元前七年（一九〇五）　國父在東京成立同盟會，提出「驅除韃虜、恢復中華、建立民國、平均地權」四大目標，從此三民主義即成為全國人民所夢寐以求的崇高理想，而推翻滿清，建立民國的大業，不久即告完成。民國元年國民黨成立，民國三年改組國民黨為中華革命黨，國父誓詞：「務達民權、民生兩主義，並創制五權憲法，使政治修明，民生樂利，措國權於鞏固，維世界之和平。」民國八年，中華革命黨改組為中國國民黨，黨章第一條即明定：「本黨以鞏固共和，實行三民主義為宗旨」。此後　國父領導中國國民黨，即以三民主義為革命建國的目標。至民國十四年　國父逝世時，仍以三民主義囑託同志，以進世界大同於無疆之庥。這是　國父組黨革命，手訂三民主義，締造中華民國的簡單經過。

二、國父成功的幾個條件

翻開我國近代革命歷史來看，　國父孫中山先生當年在檀香山創建興中會時，贊成革命的志士，僅有十幾人，而出力最大，貢獻最多，且能成敗無間，生死不渝的，則僅有　國父胞兄孫德彰及愛國華僑鄭蔭南兩位先生而已。在國內方面，真正可靠的同志，亦只有陸皓東，鄭士良，陳少白三位志士，由此可知，　國父創建興中會時，真正可恃的幹部，尚不及十人，而　國父竟能鼓動風潮，造成時勢，且經十八年的短短時光，終能推翻二百六十餘年根深蒂固的「大清帝國」，建立亞洲第一個民主共和國，這不能不說是一種奇蹟，而這種奇蹟的出現，固然是有其時代和環境的因素。然而　國父的成功，其主要原因，乃是他本身具有下列幾項最基本的條件：

第一、仁恕之道：我們知道　國父的學說和主義，雖至廣大而精微，但歸納起來，不外仁與恕二字。此就　國父手創三民主義的民族主義來看，一方面主張反抗強權，以求中國民族的自由獨立和平等；但另一方面卻主張中國富強之後，不但不得因襲帝國主義，實行侵略，且進而要援助世界弱小民族，使皆能獲得自由與獨立平等的地位，這就是　國父仁恕之道的高度發揚，亦即是中國儒家所倡「己所不欲，勿施於人」的道理。　國父因深受儒家思想的薰陶，具備此仁恕之道，所以待人接物，立說應世，均能不偏不激，恰合中庸分際，最為人類所適用，這是　國父成功的第一個條件。

第二、深識遠見，智勇兼備：　國父因具有超人的智勇，故能為人所不敢為，言人所不敢言，識人所不能識。中國自太平天國覆滅後，滿清控制中國的權威、業已恢復，當時中國人民在滿清政府的暴力壓迫下，誰也不敢倡言反抗，而　國父以一平民青年，獨敢不顧一切險惡，不但倡言反抗，且能訴之行動，其魄力與勇氣之大，由此即可想見。又當保皇黨猖獗時，康有為，梁啟超等，均認為中國不可革命，只宜君主立憲，若進行革命，則必招致瓜分的局面。而　國父的看法不然，除痛加駁斥康、梁等輩所持的論調外，堅決主張唯有革命，始能避免瓜分，後來事實證明，　國父所持見解的正確。又第一次世界大戰末期，列寧用暴動和欺騙手段，取得俄國政權，對外揚言實行共產主義。當時我國人士，對共黨所持的馬克斯學說，崇奉若狂，幾成迷信，而　國父獨持反對論調，認馬克斯是社會病理學家，而非社會生理學家。馬克斯只見到社會病態的一面，而未看到社會正常的全面，並指責共產主義，根本不能適應於中國。試看　國父這些深遠的見解，無論就今日中共竊據大陸的慘狀而言，或就蘇俄帝國主義的瘋狂侵略，用以擾亂世界的不安情緒而言，我們都不能不佩服　國父的深識和遠見。

第三、永不灰心的奮鬥精神：國父領導國民革命，歷經四十年的艱苦奮鬥，在滿清政府未被推翻之前，固曾遭受十次失敗的教訓，及至滿清政府被推翻之後，中華民國既經建立，則又有討袁護法諸役，討袁之役，雖獲最後的成功，但當初亦曾經過數度的失敗。至護法之役，雖頻年用兵，但迄至民國十四年，國父逝世北平時止，仍未獲致結果，諸此情事，若在他人，是沒有不灰心喪志的，而國父則獨不然，他不但永不灰心，且愈挫愈奮，至死不變。這種長期奮鬥的革命精神，已使全國軍民效法，故於　國父逝世後不到兩年時間，國民革命軍終能完成北伐，統一全國的歷史偉業，這當然是受　國父的精誠感召所致。

第四、無私無我的犧牲精神：國父自二十歲起即立下救國救民的大志，將一切人生應有的個人享受犧牲殆盡。其好學上進的精神，向為人們所稱道，但他所讀的書，無不有益於革命救國的書。除此之外，國父對人才的延攬，亦為人們所欽敬，但所延攬的人才，亦無不有益於革命救國的人才。在四十年革命的過程中，　國父始終以誠待人，信以御下，故凡與　國父接觸的革命志士，無不受其感化，樂於效命，如民國紀元前七年，中國革命同盟會的大團結之所以獲得成功，也就是　國父誠信感人，無私無我的犧牲精神所致。

三、如何紀念　國父誕辰

回顧以往的革命歷史，盱衡當前的革命情勢，今日我們國家的處境，與　國父在辛亥革命以前所處的時代環境相類似。因之，我們在此時此地紀念　國父誕辰，無論在觀念上或行動上，都應從下列幾方面做起：

第一、我們必須認識　國父的誕生，是在一個大時代的先頭，這一個大的時代，無論是在世界或是在中國，都是一個空前的變局。從世界來說，這是民族革命、民主革命和工業革命的大時代。從中國來說，這是農業社會向工業社會轉進的時代，也是中國文化與西方文化接軌的時代，更是中華民族為存為亡具有決定性的時代。是則我們認為倘若沒有　國父倡導國民革命，我們中國早在君主政治之下，淪於異族的奴隸牛馬。古人說：「天不生仲尼，萬古如長夜」。現代的中國如果沒有　國父的誕生，早已在長夜之中，從世界地圖中消失了。這是我們紀念　國父誕辰所必須建立的觀念。

第二、國父當年在內憂外患的苦難時代中，孤軍奮鬥，而卒能推翻滿清專制王朝，祇在爭取國家民族獨立自由的地位，而其所憑藉的力量，祇是三民主義的思想武器和巨大的精神力量。現在我們國家又遭遇到實行極權統治的中共，我們為了爭取反共復國戰爭的最後勝利，應特別珍惜以往的革命教訓，繼續發揮此一思想武器和精神力量的作用。同時我們更應體認今日的反共革命戰爭，與　國父當年的反對滿清的革命，不僅是所處的時代環境相類似，而在思想上和精神上，都是繼承　國父以三民主義為建國目標的政治任務與歷史傳統。因此我們在此時此地來紀念　國父誕辰，更要誠心誠意地效法　國父的革命精神，運用　國父所傳授的思想武器，來重建我們三民主義的新中國。

第三、翻開中外的革命歷史來看，凡是革命戰爭，無不是歷程艱險，困難異常的。但是要如何才能克服困難，戰勝敵人，以實現崇高的革命理想，我們認為最重要的，是決定於樂觀進取和犧牲奮鬥的革命精神。就以　國父的初期革命來看，內有滿清政府的壓迫，外有帝國主義的侵擾，其革命環境的險惡，遠非今日所能比擬，但　國父在革命進程中，雖歷經十次起義，十次失敗，而態度始終樂觀，絲毫未因艱苦危難的環境而動搖其革命的決心與信念，故終能推翻滿清，建立民國。總統　蔣公繼承　國父遺志，領導革命，四十餘年來亦是歷經挫折，備嘗艱苦，但對國家民族的前途，始終充滿著光明燦爛的希望與信心。　國父與　蔣公這種樂觀進取，犧牲奮鬥的精神，就是以「大智，大仁，大勇」的救國救世的理想作基礎，而產生堅強無比的革命意志。　國父說：「吾心信其可行，雖移山填海之難，終有成功之日」。又說：「吾心所向，愈挫愈勇，再接再厲」就是　國父和　蔣公在歷次革命過程中，贏得最後勝利的有力憑藉。所以我們今天紀念　國父誕辰，盡管反共抗俄戰爭所處的環境亦如辛亥革命前夕一樣的艱困，但只要我們抱定樂觀奮鬥的態度，堅定有志竟成的信心，在三民主義的大纛下，精誠團結，服從　蔣公領導，深信中興復國大業，必能提早完成。

第四、十幾年來，臺灣在總統　蔣公的領導下，無論在軍事、政治、經濟、文化各種建設方面，均有顯著的進步，這些進步的成果，不僅為臺灣同胞帶來安定繁榮的生活，而且適與大陸上的黑暗、饑餓、恐怖，形成了尖銳的對比，但是，我們飲水思源，仍須不忘　國父和　蔣公當年光復臺灣的苦心。同時更重要的，是要加強充實自己，努力備戰，秉承　國父的遺志，一致為光復大陸而努力奮鬥，這是我們在紀念　國父誕辰最關重要，而且最有意義的一環。

四、結論

綜覽中華民國的建國歷史，已有五十二年之久，　國父離開我們也已經有三十八年了，緬懷　國父一生，始終未忘救國救民，實行三民主義的革命大業。　國父逝世後，　蔣公繼承遺志，堅苦卓絕，不屈不撓，業已完成東征、北伐、剿匪、抗戰諸役。而現在所進行的反共抗俄大業，又已接近於勝利成功的嶄新階段，祗要我們效法　國父堅忍奮鬥的忠貞志節，砥礪至大至剛的大無畏精神，在英明　領袖的領導下，淬勵奮勉，精誠團結，則反攻復國勝利成功之日，即將到來。讓我們掬以虔誠的心情，瞻拜　國父的陵寢，獻上勝利的鮮花，那才是紀念國父誕辰最有意義的獻禮。

（原載中華民國陸軍裝甲兵月刊52年11月第十三卷第九期）

三、從革命歷史論總統　蔣公連任

中華民國四十九年三月二十一日，第一屆國民大會第三次選舉會議，以一千四百八十一票的絕大多數，選舉總統　蔣公中正先生連任中華民國第三屆總統，以繼續領導完成反攻復國的革命大業。消息傳來，不僅全國軍民及海外僑胞感到歡欣鼓舞，即一般國際友人，乃至被關在鐵幕內的大陸苦難同胞，也無不以發自內心底誠意，為　蔣公的膺選連任，而同申慶賀。

一、國民革命的三大難關

翻開國民革命的歷史來看，我們近六十年來的中國近代史，可說是一部承先啟後，繼往開來的血汗締造史，在這六十年來的奮鬥過程中，首賴　國父領導，推翻滿清，建立民國，為我們東半球啟迪了民族獨立和民主自由底曙光，可是自民國締造以後，我中華民族卻連續遭遇了軍閥割據，日本侵略和中共叛國的三大難關。

首以軍閥來說，這是防礙三民主義實行與中華民國統一的致命傷，幸賴　蔣公的決斷，於民國十五年誓師北伐，不到兩年的時間，終於以十幾萬的劣勢兵力，摧毀了號稱幾百萬大軍的北洋軍閥，這一勝利的得來，當歸功於　蔣公當年為國家民族出生入死，冒險犯難，犧牲奮鬥的精神所致。

次以日本侵略而言，當「七七」事變爆發以後，日本的對華政策，已由蠶食而變為鯨吞，全國人民已陷於惶惶不可終日的困境，然而　蔣公洞察出國家民族的全局，經過深思熟慮之後，認定國家民族的命運，已到了生死存亡的最後關頭，因而明確昭示我們：「現在不僅是中國存亡的問題，也是世界人類禍福之所繫，我們必須全面動員，一致奮鬥，堅持到底，永不妥協。」由於　蔣公此一偉大精神之感召，所以全國上下，地不分東西南北，人無分男女老幼，大家在　蔣公的領導下，經過八年長期血戰，終於洗淨了中國近百年來所受列強侵略底奇恥大辱，收復了今日反攻復國的臺澎基地，同時也取消了一切喪權辱國的不平等條約，這一偉大的功勳和輝煌底成就，也就是　蔣公領導全國軍民，堅苦卓絕，犧牲奮鬥所得來的勝利成果。

再就中共而言，須知　蔣公早在民國十二年，即已認清俄共和中共的陰謀詭計，因而就孕育了反共抗俄的決心，於是有民國十六年的全面清黨和國民政府的對俄絕交，民國十九年到二十三年五次圍剿的全面勝利和民國三十年毅然解散叛亂的新四軍，這一連串的堅決行動和反共措施，對於當時完成北伐，統一全國，乃至後來八年長期抗戰的最後勝利，自具有決定性的影響，相反的，如果當時沒有蔣公這一連串的英勇措施，我中華民族的歷史，恐早已中斷，而世界和平與人類幸福的希望，也恐怕早已幻滅了。

二、大陸沉淪的主要癥結

我們的記憶猶新，當民國三十四年，抗戰大業獲致全面勝利的時候，舉國上下莫不因此而感到歡欣鼓舞，同時也都以為我們有　蔣公的領導，中華民國可以長治久安，中國人民可以永享幸福，然而中共卻施展其一貫的「統戰」策略，一方面和政府敷衍，進行政治協商，和平談判，軍事調處，另一方面又在俄共積極扶持下，盡量發展武力，擴大叛亂，同時當我們國軍在大陸各地的軍事戰場，節節獲勝的時候，中共復偽裝「和平」「民主」的姿態，請求美國盟友進行所謂和平調處，於是一而三，再而四的利用共產國際的同路人，進行虛偽欺騙的宣傳，並將所謂「和談破裂，美援停止」的責任，歸咎於　蔣公一身，以迫使　蔣公離開領導地位。可是事實告訴我們，自民國三十八年元月二十一日蔣公毅然宣佈引退之後，不獨和談終未成功，美援仍未恢復，且由於國家失去領導中心，在政治上群龍無首，宵小猖獗，軍事上是一片混亂，節節敗退，經濟上是通貨膨脹，民生凋敝，而最後的結局，不是　蔣公個人威望的喪失，乃是整個國家民族的遭殃。

三、反共機運的迅速開展

事實不可否認，民國三十八年是我們反共戰爭遭受挫敗的一年，也是自由世界最不幸的一年，回憶當我們政府從大陸撤退來臺的當初，由於政府失去了領導中心，竟使臺灣陷於驚濤駭浪，風雨飄搖、動盪不安的險惡局面，國人憂心忡忡，盟友袖手無策，整個局勢的逆轉，好像是世界的末日即將來臨，幸而　蔣公不忍坐視有四千年悠久文化的國家及和平優秀的四萬萬同胞，在赤禍洪流中從此沉淪滅亡。乃應海內外同胞的籲請，於民國三十九年三月一日復行視事，一肩擔起反共復國的重責大任。十年來，我們全國軍民，在　蔣公領導下，茹苦含辛，自立自強，不僅奠定了反共必勝，復國必成的穩固基礎，而且使台灣成為東亞反共抗俄最堅強的堡壘和自由世界反抗侵略最有力的支柱，尤其是民國四十七年八月二十三日，當中共砲擊金門，挑起臺海戰爭的時候，由於　蔣公的堅定決策與英明領導，不但使我們在臺海贏得了第一回合的勝利，而且促使整個自由世界在近兩年來連續掀起了一片反共底浪潮，同時最重要的，就是自我們臺海戰役獲致勝利之後，竟使中共走上了全面崩潰的道路，例如毛共「一元領導」的垮臺，大陸同胞的紛起抗暴，這是中共倒塌了政治的一面。「人民公社」的失敗和「生產大躍進」的倒退，這是中共倒塌了經濟的一面。還有近兩年來共軍頭目的數次更替及其內部的紛亂不安，以及「反左運動」「反右鬥爭」的相持不下，更說明了中共已面臨著窮途末路的死亡絕境。是則我們可以得出一個總結，即十年來無論我國際地位的提高，國內民心士氣的振奮，臺海戰役的勝利，促進了自由世界反共力量的團結和大陸同胞的紛起抗暴，這都足以證明　蔣公的領導，是促成此一進步與成就的重要因素。

四、總統連任的美麗遠景

觀察過去的歷史，審度當前的情勢，使我們確切地領悟到一個真理，那就是沒有獨立自由的中國，就沒有自由安全的亞洲與世界，同樣的如果我們失去了　蔣公的領導，也就沒有獨立自由的中國可言，因此無論從那一方面來說，　蔣公的進退與國家的安危及革命的成敗已結為一體而不可分，如今，國大代表之選舉　蔣公連任，亦是基於這一慎重的考慮與明智的抉擇而來。

須知，我們今日所處的地位，是無比的重要，而我們所負的責任也是非常的艱鉅，誠如陳副總統（辭修公）所說：「當前我們的地位，就我們自身而論，是復國的基地，等於一條救生艇，我們有光復大陸，拯救同胞的責任，有維護遠東安全，阻遏共產擴張的責任」，事實上中共在大陸的統治如一日不能得以消滅，則亞洲的安全與世界的和平，也就得不到一日的保障，而消滅中共，光復大陸，拯救同胞，維護亞洲安全與世界和平的重責大任，唯有依靠我們自己的努力奮鬥，始克有成，但是我們自己的努力奮鬥，亦唯　蔣公的英明領導是賴，因此這次國大代表之選舉　蔣公連任，不僅只是對　蔣公個人的推崇，也是為我們反攻復國的大業，帶來了勝利的曙光，為自由世界反抗侵略的神聖戰爭，增添了無限的希望。我們應向國大代表諸公的明智抉擇而致敬，為我國家民族未來的美麗遠景而謳歌。

五、結　論

歷史昭示我們，國家的安危與革命的成敗，無不以革命　領袖之進退為依歸。今天正是我們反共抗俄的非常時期，也是我們國家民族生死存亡的重要關頭，國大代表諸公能毅然以明智的抉擇，選舉蔣公連任中華民國第三屆總統，以繼續領導我們完成反攻復國的歷史偉業，這實在是我們中華民族在歷史上值得大書特書的一件盛事。因此正當　蔣公就任第三屆總統的今天，我們應為　蔣公歡呼！為國家民族歡呼！為未來反攻復國的全面勝利歡呼！此外，我們一方面要珍視過去國民革命歷史所給予我們的寶貴教訓，另一方面更應以堅定的信心和積極的行動，在　蔣公的領導下，精誠團結，淬礪奮發，以構成革命　領袖強固的領導基礎。必如此，才不負　蔣公慇切期望，亦才能完成消滅朱毛，光復大陸，拯救同胞的神聖使命。

（原載於中華民國陸軍裝甲兵月刊第十卷第三期）

四、我對總統　蔣公心性修養的體認

近半世紀來，總統　蔣公之所以能成就其垂萬世而不朽的勳業，其因素固然很多，但最重要的是他在三十三歲至三十九歲期間所選定的「靜敬澹一」和「沉潤澹渾」八個字，作為德性修養的座右銘。總統對這八個字，是經常在力行實踐著。

靜——靜的真正意義，是指無論在任何情境中，都能保持著「穩定的情緒」，進而使心靈發生「澄澈明照」的作用。總統對這種修養已到神聖功化的境地，例如在抗戰時期，國難雖甚嚴重，但他始終能心平氣和，並說：「環境雖似驚濤駭浪，心情卻如光風霽月」。這就是「以靜制動」的修養功夫。

敬——敬是表裏如一，實在澈底的意思，大學所謂「擇善固執……必慎其獨」，就是「敬」的最好註釋。總統對這「敬」的修養，常以其自撰「一念之公，即可以民胞物與；一念之誠，則必能貫徹始終」自勉。正因為　蔣公具有這種「敬」的修養，故在領導國民革命的過程中，能始終不屈不撓，犧牲奮鬥。

澹——澹就是澹泊的意思，這種修養，可以使人寡欲節約，亦可以使人擺脫生理上和心理上的桎梏，進而獲得心靈上的快樂。總統對於「澹」的修養，是由消極的寡欲、節約，進而積極的做到「養氣」，這從他兩度下野和一次引退，視名位如敝履的事例，即可以證明其能與「諸葛武侯澹泊以明志」相媲美。

一——一是持志的意思，也就是專心致志，鍥而不捨的意思。總統獻身革命，數十年如一日，他之所以能持志有恆，忍辱負重，無不是為求三民主義的實現。因此，無論環境如何險惡，邪說如何猖狂，但始終未曾改變其革命的志節。

至於「沉潤澹渾」，當然是「靜敬澹一」的發揚光大，這是總統在三十九歲時提出來的。「沉」就是沉著、沉毅、深沉的意思，總統所說「從容乎疆場之上，沉潛於仁義之中」，就是「深沉」的修養工夫。「潤」含有樂觀奮鬥、生機盎然的意思，總統在三十九歲時，正是國父逝世，也正是北伐以前，其所承擔的重責大任，當可想像一般。因此特以「潤」字作為修養的準則。「澹」的意思已如上述，不必重複。「渾」就是圓渾、渾厚，亦兼有擇善固執，通權達變的意思。總統其所以要做到「養天地正氣，法古今完人」，就是得力於這個「渾」字。

總統因有上述修養作基礎，故能始終為救國救民，實現三民主義而奮鬥。現總統雖屆八十高齡，但精力的充沛仍和抗戰時期一樣，這就是由於此種修養所發揮的功效。古人說：「仁者必壽」，這話用於總統　蔣公，的確是最為恰當的。

（原載陸軍精忠日報民國五十五年十月三十一日慶祝總統　蔣公八秩華誕特刊第六版）

五、論國家自由與個人自由

自由是一個多麼動聽的名詞，正因為它的名詞動聽，也因為它的價值可貴，所以早在二三百年前西歐革命時代，就成了一般人民共同嚮往的目標，也成了一般不甘奴役，不堪壓迫人們的一致呼聲。可是到了今天，由於民主憲政時代的來臨，一般人民不僅有了居住，遷徙，信仰的自由，而且更有了言論的自由，正因為有了言論的自由，所以什麼言論，思想也都出現了，例如今日一般自稱為「民主自由」的人士，他們叫了些什麼「個人自由重於國家自由」，「國家為個人而存在」，「個人應有絕對的自由」等等論調，我們想一想，在這生死存亡的鬥爭中，像這種濫用自由，顛倒是非，混淆黑白的論調，如果不加以徹底澄清，那末，我們可以斷言「自由」的前途一定暗淡，自由的命運也一定短暫，甚至到最後也就如羅蘭夫人所謂「自由，自由，天下多少罪惡假汝之名以行」的危險絕境了！

一、自由的真諦

我們所愛好所強調的自由，當然是真正的自由，所謂真正的自由，就是　國父在民權主義第二講所主張的限制個人的自由，以保障人人的自由，以求得國家的自由，同時　國父在論及自由的主張時，還引述了英國學者彌勒氏的話為例，即：「個人的自由以不侵犯他人的自由為範圍，才是真自由」。從　國父這段遺教，我們就可以看出，所謂真正的自由，就是有範圍的自由，也就是有限度的自由。

有範圍，有限度的自由，是我們一般愛國志士所稱羨所嚮往的，然而那些無法無天，自甘墮落的個人自由主義者卻是不願意接受的，因為這些個人自由主義者，是不重視集體的自由，祇重視個體的自由，他們對國家被侵略，民族被壓迫，是無動於衷的，換句話說，他們對於整個國家民族的不自由，是一點也不關心的，他們祇知道個人有了自由，才是自由的主體，試問這種個體的自由是不是真正的永恆的自由呢？我敢說這不但不是真正的自由，而且是糟蹋了自由。

二、宇宙萬物是否有無限制的自由

本來自由是有限制的，宇宙間絕對沒有無限制的自由，例如就太陽系來說，太陽系的九大行星，各有各的軌道繞著太陽而運行，它們是毫無自由可言的。如果各個行星不按它們的軌道而自由行動，那麼宇宙就要動亂，甚至於毀滅。又如物理學上的熱漲冷縮，化學上的氫氧化合成水，數學上的二加二等於四，植物學上的種瓜得瓜，種豆得豆，這些都是必然的現象，而不是蓋然的推理，試問那裡有半點自由可言呢？所以就宇宙中的自然現象說，自由是必然有所限度的。若以人類來說，人類本具有天賦的精神和意識，在宇宙中較之於其他動物，植物，礦物，是更有享受自由的，然而人類所享有的自由，也是非常有限的，他處處受到自然，社會，思維的約束，使其得不到隨心所欲，為所欲為的自由。譬如自然界中的一座高山，一條河流，它就可使得人們沒有往來行動的自由。人們總是好生惡死，古往今來曾不知有多少科學、醫學名流，經常研究長生不老的妙術，想求得一個不死的自由，然而一切的努力到目前為止，仍然是沒有成效，而人類也終於避免不了「人必有一死」的必然法則。可見人類的自由，是受著自然法則的限制。

再就社會來說，人活在社會中總應該較為自由，然而人在社會中的自由，也仍然是有限度的，不須說人在娘胎中就已經決定是男是女而沒有選擇性別的自由，就是出生後，家庭，社會，國家的環境，也處處給予他限制，而社會國家的政治、經濟、教育、法律、道德、以及血統風俗習慣等等也處處範圍他、影響他、鑄造他，使他成為一個一定的人。因此，生長在中國就是中國人，生長在美國就是美國人，生長在英國就是英國人，除了自願放棄國籍的以外，一般人仍須受社會法則所限制。

就思維來說，人類總該有充分的自由，他要想什麼，就得自由自在的去想什麼，可以不受任何限制，然而思維也有思維的規律，這是所謂邏輯，這種邏輯是思維所不能缺少的。而且思維是必須有觀點作嚮導的，也就是有什麼觀點就產生什麼思維的結果，例如用三民主義的觀點作思維的嚮導，必可得到三民主義的結論，用民主主義的觀點作嚮導，必可得到民主主義的結論，這種見解是任何論理學家不能否認的，可見人類的心意自由，也為思維法則所限制。

綜合以上這幾個實例，我們自然可以得到一個結論，那就是人類的自由，受自然法則，社會法則，思維法則的限制，人類的自由是在自然法則，社會法則，思維法則當中，而絕不在這些法則之外。因此，人類要想獲得充分的自由，就必須認識這些必然法則，同時還要順應這些法則，才能自由，否則，那無異於是椽木而求魚。

三、個人與國家的關係——國家自由重於個人自由

要說明國家的自由與個人的自由，就必須同時瞭解個人與國家的關係。個人自由主義者常把國家與個人看成為絕對的對立體，而抹煞了國家與個人之間的共同一致的關係，這實在是一種極大的錯誤。在我們看來，國家是個人組織而成的，它能夠保障我們個人的生存，謀取個人的幸福，這是當然的。不過我們所要強調的，是國家重於個人，因為國家是一個集體，個人只不過是這一集體中的個體而已，幾何學上的「全」其所以大於「分」，也就是這個道理。詳細說來，國家好像是一座房屋，個人就等於這座房屋中的板壁和棟樑，國家又好像一個人的身體，個人就等於這身體中的血液和細胞，任何人都不能說板壁棟樑和房屋相矛盾，也不能說血液細胞和身體相衝突，如果說這兩者中間是有矛盾，有衝突的話，那麼房屋倒了，板壁和棟樑也就自然成了一堆棄木石塊；人體解剖了，血液和細胞也只不過是一些疴膿雜血罷了，同樣的，國家亡了，個人縱算僥倖不隨國家的失敗而死亡，但是存在也是沒有意義，沒有價值，沒有權利可言的。因此我們首先要記住，國家和個人不是絕對對立的兩端，而是休戚相關，成敗與共，同條共貫的和諧體系。尤其處在今天這個天涯淪落，忍辱含羞的苦難

環境中，我們更應該深深體認到國家的重要性，同時更應明瞭個人的利益和國家的利益，國家的前途和個人的前途是永遠不可分的。

四、國家與個人虛實問題的探討

主張個人自由的人，常認為個人自由應先於國家自由，他所持的理由，是個人乃唯一的實在體，應享有充分的自由，而國家是一個空洞不實在的總稱，它如何能享有充分的自由呢？這種錯誤的見解是我們不能同意的，因為：

第一：國家縱算是無數個人的總稱，但總稱是不妨礙其實在的，我們曾知道唯名與唯實主義的論爭嗎，個人是暫時的，一死就沒有，祇有個人的總稱，是永久存在的。我們可以這樣肯定的說，張三或李四將來都會死去，而國家民族萬不能隨張三李四的死亡而同歸於盡的，那麼，國家豈不比個人更為實在嗎。

第二：國家決不是空洞而不實在的東西，社會學家涂爾幹曾經這樣說：「社會這個東西，視之不見，聽之不聞，觸之無感，似乎是不實在的，但是如果你說社會有約章，可見可聞，但約章並不是社會本身，那麼，社會究竟因何而實在呢，就因為它有力量而成為實在」。事實上這話是對的，因為如果你不照社團規程行事，社會就要強制你執行，到那時你就感到強制力的實在，這種強制力的實在，也就是社會的實在。縱然一個社會沒有固定的組織，也沒有固定的章程，但是社會風氣和習尚，同樣的在約束你，你還可以感到他的實在。社團因有強制力的實在，那麼，國家為著行使主權，更有強制個人的力量，你怎能說國家不是實在呢。

第三：國家不僅因有主權的強制力而為實在，就是它構成的要素如土地、人民，又何嘗不是一種實在呢。

五、犧牲個人自由爭取國家自由

國父在民權主義第二講曾經指出：「個人不可太過自由，國家要完全自由」。這話雖然是指民權而說的，但是我們認為與民族主義的要求也是相關連的，這只要研讀 國父另外的幾段話，就可以明瞭全般。 國父說「究竟我們三民主義的口號，和自由、平等、博愛三個口號，有什麼關係呢，照我看起來，我們的民族可以說和他們的自由一樣，因為實行民族主義就是爭取國家的自由」。「我們為什麼要爭取國家自由呢？因為中國受列強的壓迫，失去了國家的地位，不只是半殖民地，實在已成了次殖民地。」又說：「在今天自由這個名詞，究竟要怎樣應用呢，如果用到個人，就成了一片散沙，萬不可再用到個人上去，要用到國家上去。個人不可太過自由，國家要得完全自由」。

國父這幾段話，雖然是見諸於民權主義，但其主旨很明顯的是本於民族主義，因為中華民族受列強的壓迫，處於次殖民地的地位，民族革命為當務之急，因此，國父認為我們不能像外國革命業已成功，國力業已強盛的國家，偏重於個人自由。而中國的革命，也不像歐美近代的革命，專以爭取個人自由為目的。尤其在今天，反共抗俄的戰爭到了一個最新階段的時候，我們所談的自由，所要爭取的自由，決不是僅限於個人的自由，而是要爭取整個國家民族的自由，尤其要積極的使被關在鐵幕內的大陸同胞獲得完全的自由。

由於我們為國家民族爭取自由的責任重大，所以就要勇敢的犧牲個人的自由，去爭取國家的自由，等到國家有了完全的自由，則我們個人的自由，也就有了確實的保障，否則，僅妄談個人自由，而不肯犧牲個人自由，試問國家一旦亡了，你到那裡去享受自由呢？俗話說得好「皮之不存，毛將焉附」，這話是我們每一位愛好自由的人們所應該警惕的。

六、結　論

基於以上種種論證，國家自由重於個人自由，個人自由寓於國家自由，這是天經地義的道理，我們理解了這個道理，就應該毫不猶豫的站在國家的立場，去爭取國家的自由，同時為了求得國家的自由，保障人人的自由，更應該義不容辭的去犧牲個人自由，因為犧牲個人的自由，只不過是一小部份的自由，也就是小我的自由，求得了整個國家民族的自由，才是大的自由，永久的自由，也唯有這樣的自由，才是有價值有意義的自由。

（原載中華民國陸軍裝甲兵月刊第八卷第六期）

六、論當前革命情勢與今後努力方向

——闡揚總統　蔣公民國四十八年元旦文告——

一、前　言

總統在今年元旦文告中昭示我們：「不論就敵我形勢，以及其主觀與客觀任何一方面來分析，當前反共抗俄的革命事業，都已進入於我們優勝的時機，而今年這一年，更將是敵消我長的重要關頭，最近朱毛亦認定今年這一年，是他們實行『人民公社』苦戰三年的決定年，我們更是相信革命反共最後勝利，不出這三年之內一定來臨，而今年這一年，更是為我們台海戰爭與大陸革命結合的樞紐，造成共黨崩潰的決定年，這亦就是我們反攻復國的勝利決定年」。我們深信　總統這一昭示，不僅是根據現實的客觀因素，判定共黨即將覆滅的命運，而且針對當前的革命情勢，啟迪我們努力的方向。所以在這一驚天動地的反共戰爭進行中，它是成功的保證，在翻雲覆雨的世局變易中，它是光明的前導，而對於處在水深火熱的大陸同胞，它是救世的福音，而對於萬惡的朱毛，更是死刑的宣判。

然而，面臨這一新時代的到來，我們對於自由世界反共大局的發展，也須把握一定的規律，朝著既定的目標向前邁進。如此，既可順應時代的潮流，開拓反攻復國的機運，也可憑藉我們的奮鬥，啟迪世界反共大局更有利的發展。

二、自由世界反共大局的回顧

歷史告訴我們，世界上任何大小事情的發生，都有其歷史的根源。今天自由世界的反共前途，其所以日趨光明，俄共集團其所以日暮途窮，也同樣有其歷史的根源，而這一歷史的根源，當從第二次世界大戰以後開始，那就是：

(一)自一九四五年至一九四六年為世界反共大局的第一階段，亦為俄共侵略擴張最囂張的時期，在這一時期，俄共乘戰後歐亞侵略勢力與反侵略勢力失去平衡之際，以及民主國家普遍懷抱畏戰、厭戰的錯誤心理，將東歐的波蘭、東德、捷克、南斯拉夫、羅馬尼亞、保加利亞、阿爾巴尼亞、匈牙利等八個國家關進鐵幕，成為其附庸。並在伊朗北部製造杜德黨叛亂，希臘的共黨在俄帝的援助下，立刻在北部成立傀儡政權。越南的胡志明，在俄帝的扶持下，獲得迅速成長。而我們中華民國在八年長期抗戰獲得勝利之後，俄帝卻乘我精疲力盡之際，除將我東北價值二十億美元的工業設備拆走之外，並唆使朱毛全面叛亂，以圖推翻我中華民國的正統，兇焰所及，使自由世界惶惶不可終日。

(二)自一九四七至一九五七年為世界反共大局的第二個階段，亦為民主國家對抗共黨侵略的圍堵和嚇阻時期。在這一時期，領導自由世界的美國已了解到俄帝的侵略野心，尤其在一九四七年當俄帝的黑海艦隊要闖進地中海，一面唆使希臘共黨作亂，一面壓迫土耳其要求共管達旦尼爾與波斯普魯斯海峽的時候，美國更為之驚心動魄，因而立刻答應英國的請求，開始提出「杜魯門主義」，並以四億美元援助希臘和土耳其，使希臘得以削平其共黨叛軍，使土耳其得以拒絕俄帝的要挾，這一強硬的措施，是美國樂觀主義的打破，圍堵政策的初試，也是俄帝侵略野心的第一次碰壁。然而俄帝的侵略是先天性的，也是無限性的，這時俄帝既不能得逞其世界革命的擴張，乃加緊向東西兩面展開挾攻，於是在西方封鎖西柏林。當時美國的對外政策，仍是犯了「歐洲第一」和「經濟第一」的錯誤，認為共產主義之所以蔓延，是因西歐的經濟發生了恐慌，於是隨即提出馬歇爾經濟復興計畫，這一措施固然阻擋了當時西歐赤色洪流的氾濫，但在東方卻遭受了重大的挫折，那就是當美國正集中力量挽救歐洲危機時，俄帝唆使朱毛將中國大陸關進鐵幕。未幾，復發動韓戰，擴大越戰，進而在中東製造多種反西方的暗殺政變，使整個中東陷於岌岌可危的局面。由於這一危局的出現，迫使美國又更改其反侵略的外交政策，以地域聯盟圍堵俄帝的侵略擴張，用區域安全避免俄帝的多個擊破。因而自一九四七年至一九五七年間，先後產生了泛美互助條約、北大西洋公約，美菲、美澳紐公約，美日、美韓公約，東南亞公約，中美共同防禦條約，以及中東的巴格達公約等。像這些條約的簽訂，就是區域聯盟政策的實踐，使美國與多個公約國家成為一條強有力的防線，從此俄帝的侵略箭頭，也就無法越雷池一步了。

但是，當美國以全力圍堵俄帝侵略的同時，俄帝於一九五三年宣布擁有原子彈的消息，這項聲明又使美國從圍堵政策中改訂其「報復政策」，（又稱為嚇阻政策）尤其艾森豪總統於一九五三年在聯合國發表的熱核子武器威力的可怕，和一九五五年在日內瓦巨頭會議中，要求俄帝撤除鐵幕，開放天空，解散共產國際，恢復德國統一，交換軍事藍圖等等建議，是嚇阻與解放政策的開端，也更是對俄共集團最嚴厲的警告。所以在這一階段內，民主集團在實力上由劣勢轉為優勢，在冷戰中由軟弱變為堅強，乃是顯而易見的事實。

㈢自一九五七年十月至一九五八年年底，為自由世界反共大局的第三個階段，也是共產集團開始崩潰，民主陣營益趨光明的有利時機。在這一階段中，俄帝繼宣布五千五百哩的洲際彈道飛彈試驗成功之後，連續發射了兩顆人造衛星，並在其「十月革命」四十年紀念日，召開了世界共黨大會，從此以後即改變了俄共「二十次大會」的「和平共存」路線，採取了「非和平的過渡到社會主義」策略，對自由世界施展其武力顛覆，對附庸國家則加緊其奴役控制。由於共黨集團此一策略的決定，所以在過去一年內，從北非、經中東，到東南亞，乃至柏林，展開了一連串的政治滲透和暴力顛覆，而其侵略的最高潮，則為對我台海從事陸海空三方面的軍事冒險行動，並接著在大陸宣佈實行「人民公社」，妄圖由政治戰來支持其長期的軍事戰，以軍事戰作為攫取金馬，攻掠台澎，毀滅我中華民國的復興基地，驅逐美國於中途島以東地區，而使西太平洋成為共黨侵略勢力的內湖。然而，由於我們國軍英勇的反擊，和中美反共意志的堅定，不僅在台灣海峽創造了光榮的勝利，更使自由世界連續掀起了反共的怒潮。在此，我們更有理由相信，自由世界反共大局發展的第三個階段，雖為時不久，但由於我們國軍的英勇作戰，和美國反共政策的堅定，確已加速了共產集團的崩潰，促進了民主陣營的團結。

三、台海戰役的勝利開拓了世界反共的新局面

去年八月二十三日的台海戰役，是國際共黨集團政治滲透與暴力顛覆的最高潮，也是震驚自由世界的一件大事。以當時的激戰情況論，中共在台海從事挑釁，其當初企圖是攫取金馬，再進而攻掠台澎，摧毀我反共復國的復興基地，驅逐美國勢力於中途島以東地區，使西太平洋淪為共黨魔掌的控制。故在戰火點燃之後，立即宣佈了「人民公社」運動，實施「全民動員」和「全民武裝」，以實現其政治戰場支援其軍事攻勢，以軍事戰場加強其政治行動的迷夢。然而，事實適得其反，五個月來經我三軍英勇反擊，美國盟友對我們作及時有效的支援，不僅使中共「登陸金門，迫在眉睫」的妄想未能實現，且其陸海空三方面遭我摧毀得一敗塗地（按：被我毀損米格機三一九架，艦艇三十餘艘，船舶十三艘，油庫十三座），影響所及，竟使中共的軍事戰場遭受致命的打擊，陷入進退維谷的危機，而其政治戰場，亦復因軍事戰場的失敗，使「人民公社」和「全民武裝」的暴政，亦形成舉棋不定，徬徨無措的死著。而它這兩個戰場失敗的結果，終使大陸人民群起抗暴，毛澤東亦因而宣佈下台。

因此，我們認為台海戰役的勝利，不僅使中共內部矛盾百出，險象環生，暴露了匪偽政權基本動搖的真相和俄共侵略集團的猙獰面目之外，同時也說明了下列幾項重要的意義。

(二)中美盟邦本著共同反共的目的，在此次台海戰役中密切合作，共同努力，堅決不接受侵略者的政治勒索和不畏懼侵略者的炮火威脅，業已穩定了遠東全局的功效，屏障了西太平洋的安全，使共黨的武裝侵略侷限於大陸邊緣，不敢跨入台海一步，這不只是對東南亞的一大貢獻，更是對自由世界反共情勢的一大鼓舞。

(二)參加台海戰役的國軍官兵，其前仆後繼，浴血奮戰的精神，樹立了「寧為玉碎，不為瓦全」的楷模，彰顯了我中華民族永不為專制暴力所屈服的大無畏精神。

(三)台海戰役的勝利，已使整個反共抗俄形勢為之煥然一新，不僅我國際地位日益提高，全民團結力日益增強，而且更給予大陸抗暴人民莫大的鼓勵。

(四)從台海戰役的勝利中，更證明了總統　蔣公對金門保衛戰的堅定決策與英明領導，不但使我守軍官兵信心堅定，士氣高昂，並且贏得了自由世界反共人士的讚佩和景仰。

綜上所述，台海戰役的勝利，確已替我反攻復國大業開拓了勝利的契機，也為我國民革命奠定了成功的基石，對自由世界更是帶來了勝利的曙光，只要我們繼續奮鬥，把握住有利的革命情勢，策進大陸反共革命運動，彼此呼應，內外夾攻，則必能摧毀毛共政權，迎接未來更輝煌的勝利。

四、從當前革命情勢發展，證明今年是反攻復國的勝利決定年

半年來，我們環顧當前的世界大局，分析當前的革命情勢，即可發現反攻復國的希望和曙光，已

一天比一天接近，我們的前途也一天比一天光明，而　總統所昭示的——今年這一年是我們反攻復國的勝利決定年，亦從鐵一般的事實中得到了最正確的答案。如今，為使我們的看法更加準確，我們的信心益形堅定，謹提出下列幾項具體事實，以加深我們對當前革命情勢的瞭解。

(二)就亞洲反共局勢的發展看：自從台海戰役獲勝以後，亞洲的反共局勢已大有轉變，其重要事實如十月二十日泰國在乃沙立元帥的領導下，接管新政府，拘捕共黨及其同路人，封閉左翼反動報紙及共黨的「慈善」機構，這一和平政變，使泰國成為安定而堅強的反共政府。新加坡於十月二十日下令封閉中共的報館和通訊社，取締中共三百五十種刊物，禁止大陸和香港親共的圖畫、照片、刊物進口，這一措施予中共在新加坡的活動以重大打擊。馬來西亞於十月二十五日開除幾名親共的部長，取締親共的通訊社和文化團體，這使馬共的惡勢力已大為減退。搶先承認中共而又自命為「中立」的緬甸政府，亦於九月二十三日採取反共措施，並由堅決反共的尼溫取得政權，命令叛國的共黨份子無條件投降，這無疑也是緬共的一大慘敗。一向派系紛爭，政局不安的巴基斯坦亦於十月七日宣佈戒嚴，二十七日成立新內閣，二十八日艾育布將軍掌握國家大權，使巴國成為安定而堅強的反共政府。菲律賓於十一月四日明白表示永不與俄共建交，且再度支持我保衛金馬外島。日本首相於十月九日及十六日先後譴責與決不承認中共，並於十月三十一日堅決拒絕中共恢復貿易的六個條件等，這也足以顯示日本的反共態度已很堅決了。

像以上各亞洲國家反共措施的實行，或反共態度的轉變，都是在台海戰役以後的事情，尤其是因中共在台海戰役慘敗而停火以後，所連續發生的事。所以說我們台海戰役的勝利，加速了亞洲反共新形勢的發展。

(二)就歐洲的反共局勢看：共產國際對歐洲的活動一向都很積極，其中尤以法共最為活躍。然而自去年十一月四日戴高樂總統的新憲法獲得通過，且選舉贏得勝利後，法共即已慘敗，而法蘭西的政府從此也得以穩定下來。其次就柏林來說，俄帝於指使其傀儡朱毛共在台海挑釁遭致痛擊之後，立刻將其侵略箭頭指向柏林，要求西方國家迅速退出西柏林，並以全面核子武器相要脅，其目的不僅在攫取歐洲自由之窗的柏林一地，且更要分化西方國家的團結，瓦解北大西洋公約組織，使其對西歐國家各個擊破，以達成其襲捲歐洲的迷夢。然而西方國家的立場始終堅定不移，態度也一向是強硬不變的，此一團結一致的表現，由本（四）月四日北大西洋公約組織理事會議所發表的公報中，就可得到證明，即西方國家願意以談判的方式與俄帝舉行外長會議，但絕不同意在柏林問題上作任何姑息與讓步。我們知道，西方國家對柏林問題其所以表現如此之堅定、團結，原來也是受我台海戰役勝利的影響所致。這就是說，柏林和台海是一個戰場的兩面，同是自由世界的兩個橋頭堡，如果去年的台海戰役未能獲勝，則西方的柏林也無法確保，這樣，今日自由世界的反共大局，也早就不堪想像了。

(三)就中東和北非的情勢看：國際共黨在中東和北非，一向是偽裝民族主義的姿態，討好中東和北非人民的，以鼓勵其對西方殖民主義展開鬥爭，並進而在「和平」、「中立」、「經援」的掩飾下，向該地進行滲透、顛覆的陰謀。然而該地的幾個重要國家，如伊朗、土耳其、約旦等，都深知俄共陰謀之所在，因而採取明智而果決的反共決策，如巴格達公約的逐漸加強，美國和土、伊、巴三國分別簽訂的共同防禦條約，這對於中東、北非和南亞的局勢，更是重大而安定的因素。其次如伊拉克的三八（本年三月八日）反共政變，雖未獲成功，但使一向以「中立主義」自居的納塞，終於對俄共虛偽的「民族主義」與侵略陰謀有了覺醒，這對於中東和北非正懷抱「中立」迷夢的國家，也是一項莫大的警惕。

(四)就俄共本身的危機看：

事實擺在眼前，今日儘管俄帝的「和平共存」、「彈道恐嚇」、「戰爭邊緣」是如何的巧妙運用，但均混亂不了民主陣營的一致步調，相反的且更看破了俄帝的種種陰謀，而一致予以嚴重的打擊，造成其即將敗亡的命運。如最近俄酋赫魯雪夫，其所以要重新整肅所謂反黨集團，將過去曾遭整肅的貝利亞、馬林可夫、莫洛托夫、謝彼洛夫、卡岡諾維奇等人合併為一案，而重復予以打擊，就是因其「和平共存」的嘴臉——彈道恐嚇、戰爭邊緣政策，在自由世界每一個地區一再碰壁，使俄共威風掃地，引起軍部不滿，觸發內部的危機。因此才再度予反對者施以壓力，以鞏固其個人獨裁的權力，像這些雖然是俄共權力鬥爭的惡性循環，但不能不說是俄共根本危機的所在。

中共是俄帝的「螟蛉」，其危機的嚴重已到了不可救藥的境地。遠的不說，就以其「侵台戰爭」、「人民公社」、「西藏抗暴」、「毛共垮台」等這幾件事情上，就可以看出其窮途末日的來臨。在這幾件大事當中，其中尤以「台海戰爭」與「人民公社」的失敗最為徹底，而毛共的垮台與西藏反共抗暴，亦受這兩大失敗的影響所致。這就是說，由於侵台戰爭失敗，「人民公社」即遭受人民普遍的反抗，同樣繼「人民公社」失敗之後，毛共也就不得不垮台，毛共垮台，西藏的反共抗暴也就隨之擴大。因此，　總統在文告中指出：「奸匪的侵台戰爭與「人民公社」運動，完全是密切相關的，這恰如一條兩頭蛇，不能有一頭受傷，否則牠兩頭都會相關的受到致命的危險。」今日中共的形勢，無論公社失敗，毛共垮台，西藏抗暴等等，無一不是受到侵台戰爭失敗的影響。至此我們對於當前的革命情勢，有了更深刻的認識和瞭解，即無論亞洲反共勢力的抬頭，歐洲反共鬥爭的勝利，中東反共措施的加強，北非紛亂情勢的好轉，以及大陸人民的反共革命與俄帝、中共的日暮途窮，在在都已證實，民主集團確已掌握絕對的優勢，而這一優勢的形成，固然歸功於民主國家認識俄帝猙獰面目的結果，但是最主要的還是由於我們去年台海戰爭獲勝的影響所致。是故，我們堅信　總統所昭示的：「當前反共抗俄的革命事業，都已進入於我們優勝的時機，今年這一年更將是敵消我長的重要關頭……亦為我們反攻復國的勝利決定年。」乃情理之所必然，事勢之所必趨。

五、根據當前革命情勢決定我們今後努力的方向

基於上述多種分析，當前的革命情勢於我反共復國的革命戰爭是絕對有利的，然而在此有利的情勢中，俄帝是否放棄其侵略世界，征服人類的野心呢？朱毛亦是否放棄其禍國殃民的罪行呢？我們的看法是絕對不會的，因為俄帝自始即認定征服世界是俄羅斯人的「神聖使命」，目前雖因其本身力量

尚未達到貿然發動世界大戰的時機，但它對自由世界的政治滲透和暴力顛覆，以及局部侵略戰爭，是一定要繼續進行的。中共是俄帝的侵略工具，目前儘管大陸人民紛起抗暴、毛共宣布垮台，但是為了作垂死前迴光反照的掙扎，也一定要加緊對大陸同胞的控制與壓搾，以貫徹其「人民公社」的暴政，尤其為了挽救去年侵台戰爭失敗的窮局，也一定要在台海重新掀起一次規模很大的軍事冒險行動。

基於上述的各種看法，我們對當前革命情勢的發展，固然抱著極為樂觀的態度，然而在這有利的情勢中，我們究應如何努力，以促使中共政權的早日崩潰與我反共復國的早日成功呢？

(一)鞏固領導中心，強化革命武力：事實非常明顯，自從中共侵台的軍事戰爭遭受失敗以後，它要想用軍事力量來擊敗我們，絕對不是一件容易的事情，因此它現階段的陰謀策略，是以間接的政治攻勢為主。而此一攻勢的進行，即在我反攻復國的基地上，利用失意的政客及其共黨同路人打著「民主」、「自由」的招牌，來進行對我革命領導中心——主義、領袖、政黨和政府的攻訐與譭謗，以圖喪失我們政府的威信，動搖我反攻復國的信心。如果我們稍不留心，讓毛共的陰謀得逞，那末我們反攻復國的前途仍是不堪想像的。因此，我們必須「同心同德」，集中力量，以加強軍民同胞對主義、領袖、政黨和政府的向心，同時更要每一官兵堅定對主義、領袖、政黨和政府的信仰。進而鞏固軍民、官兵的團結。如此，即可使我們的革命領導中心趨於堅強鞏固，又可用我們的力量去打擊來犯的敵人。

此外，我們還要有強大的革命武力作基礎。總統在元旦文告中昭示我們：「反攻復國的戰略，始終是以政治為主，以軍事為從，以主義為前鋒，以武力為後盾」。這一明確的昭示，固以政治和主義相號召，但對於革命武力，仍是非常重視的。須知，若只有主義和政治的力量，而沒有強大的軍事武力作為政治和主義的後盾，那不但不能徹底消滅頑強的敵人，贏得最後的勝利，抑且無法確保台海基地的安全，支持大陸同胞抗暴的勇氣與決心。因此，強大的革命武力，在我們反攻復國戰爭中仍是居於極重要的地位。然而，革命武力的強化，除厲行精兵政策，繼續加強戰鬥技能訓練，以期適應現代化戰爭的要求外，最主要的還是著重於三民主義的革命思想與精神武裝，俾能真正成為三民主義的後盾，肩負起復國建國的神聖使命。

(二)展開思想戰鬥，清除毒素思想：

今天，我們反共抗俄的戰爭，是以武力為中心的思想總體戰。我們面對的敵人，是一個著重思想鬥爭的暴力集團。根據過去三十多年來和敵人鬥爭的經驗，他們是最善於運用邪惡的思想去煽惑群眾，腐蝕人心的，像過去他們曾偽裝「民主」，破壞了民主，假借「自由」，毀滅了自由，利用「三民主義」破壞了三民主義等等罪行，在在昭人耳目。事實上，今天的中共似採用其過去慣用的技倆，指示其經紀代理人散播失敗主義的毒素，高唱其「反攻無望」的濫調，尤其自去年冬季中美聯合公報發表以後，這些所謂「自由民主」者，更提出什麼「三民主義已吃不香」，「三民主義已不能適用於大陸」，「不能發生作用」等等荒謬言論，這都是替中共做思想滲透工作的人所一手製造出來的麻醉劑，其企圖不外是動搖我們對三民主義的信仰，解除我們的思想武裝，以實現其狂妄的政治野心。因此，我們對展開思想戰鬥，清除毒素思想，是當前迫不容緩的重大工作。我們將這些禍國殃民，傷天害理的毒素思想徹底清除之後，應進一步普及我們三民主義的文化教育，樹立三民主義的各種制度與規範，尤其對於　總統所指示的光復大陸的政治指導綱領，更應各盡職責，切實宣揚、奉行，俾使三民主義的思想能普遍深入人心，這樣，在思想戰場上定能達到消滅敵人，戰勝敵人的目標。

(三)加強各種組織，動員一切力量：

從當前國內國外的革命情勢來看，世界大局已到了即將爆炸的邊緣，俄帝的侵略和中共的冒進，更加速了我們反攻復國的時機。因此，我們必須要加強各種組織，動員一切力量，俾使反攻機運一到，即可展開對敵掃蕩，爭取光榮勝利。

在這裡我們所強調的加強各種組織，動員一切力量，當指整個反攻復國的組織和力量而言，例如我們平日的肅奸防諜，戰時的防空救護，固然須要良好的組織與整體的力量，等到台海軍事反攻一旦開始，我們更須要組織全國各方面的人力、物力，以支援反攻軍事行動，發揮總體戰力。再如　總統所昭示的「我們軍事武力的奏效，必須以大陸革命運動和台海軍事行動相互配合，雙方策應。」以及期望於大陸同胞的——「把握時機，發揮潛力，堅強的結合起來，響應我們台海戰爭，共同夾擊中共」等等訓示，更是告訴我們必須一切都能成為一種有組織、有計畫、有力量的行動，然後才能做有計畫的結合，用最經濟的方法，發揮最偉大的力量，收到裡應外合的效果。

(四)積極建設台灣，策應大陸革命：

台灣是我們反攻復國的基地，十年來政府在台灣的各種建設，業已博得友邦人士和海外僑胞的讚譽。但在反攻復國前夕， 總統之所以訓示我們：「必須抱定主義戰勝一切，和反共必勝，復國必成的信心，更要在台澎金馬全力推行三民主義，作為光復大陸的前驅。」乃是指示我們要「總結建設台灣的經驗，作為光復大陸和建設三民主義新中國的藍圖。」同時我們更應認識，在台澎金馬全力推行三民主義，一方面是加緊儲備反攻復國的潛力，作為迎接未來的反攻行動；另一方面是因中共在大陸推行「人民公社」後，大陸同胞的生活，無論其食衣住行的物質生活，特別是其骨肉手足，孝友親親天倫上的精神生活，都已到了暗無天日的絕境。因此，我們在台澎金馬全力推行三民主義建設，使社會繁榮，民生樂利，以與大陸同胞在「人民公社」暴政下的生活情形，作一強烈的對比，以事實號召大陸同胞，策應大陸革命，乃是當前迫不容緩的重要課題。

(五)爭取國際合作，粉碎中共俄共陰謀：

半年來雖然由於我們在台海戰爭中，贏得了第一回合的勝利，激起大陸同胞的群起抗暴，使國際間對我反攻復國的前途有了新的看法和更深刻的認識，但是對於發展國際關係，爭取國際合作，粉碎中共和俄共陰謀，仍是極為重要的一環。

依目前的情勢看來，俄共雖以其「和平共存」、「中立主義」、「經濟滲透」、「貿易攻勢」，以及其所謂「反法西斯鬥爭」等策略，作為其對自由世界的政治滲透和暴力顛覆的張本，但對於武裝侵略，不但沒有放棄，而且正在加強。因此，無論在台海，在東南亞，在中東、在柏林，祇要時機成熟，一定會重燃侵略的火焰；就中共來說，為了使偽政權得以苟延殘喘，勢必更倒向俄共，拜求俄共在聯合國排斥我國的合法地位，並進而加緊對我台海的武力進犯與大陸「人民公社」的徹底實施。我們了解到中共和俄共這一切的陰謀，一方面必須堅持漢賊不兩立的立場，繼續為維護聯合國的尊嚴與世界的正義和平而奮鬥，另一方面我們更要在　總統的領導下，上下一心，團結奮鬥，用熱血保衛台海安全，以粉碎中俄共的陰謀，支援大陸抗暴。

為實現這一願望，我們除應加強中美的軍事、經濟、文化，乃至政府合作，以增進美國人民對中國問題的正確了解外，更須要增進自由世界各反共、非共國家的政治、經濟、文化關係，以此一關係的建立和發展，進而求得區域和區域之間，政府和政府之間，國民和國民之間的友好合作。如此，既可團結自由世界的反共力量，更可粉碎中共和俄共任何直接、間接的侵略陰謀。

(六)擴大政治號召，摧毀中共政權：

總統昭示我們：「反攻復國的戰略，是以大陸為本戰場，以台海為支戰場，而軍事武力的奏效，必須以大陸革命運動與台海軍事行動，相互配合，雙方策應，為其一貫的指導方針。」

為了使國內與海外的反共人士對此一方針有更深刻的認識起見，我們首先指出，過去有少數淺見之士，以為大陸現狀不可能有所改變，大陸人民在中共的嚴密控制下，更不可能掀起大規模的抗暴運動。可是事實證明，不但大陸現狀已在改變之中，且大陸同胞也日益掀起大規模的抗暴運動。這是什麼道理呢？我們的看法是：一方面是因中共竊據大陸後，對人民所實行的清算鬥爭、三反、五反、工商合營、農業合作，以至目前所實行的「人民公社」暴政，使大陸同胞面臨到求生不得，求死不能的絕境，所以毫不顧忌地起來和中共作生死的搏鬥；另一方面是受總統　蔣公的精神感昭，懷念我們政府三民主義、五權憲法的德政，基於人性良知的發揮，終於起來反抗中共的血腥統治。因此，我們堅信以大陸為本戰場，確有其真實的意義；而台海支戰場的長期進行，或反攻軍事行動一旦開始，當更可給予大陸同胞抗暴的勇氣。這豈不是以大陸革命運動和台海軍事行動，或台海軍事行動與大陸革命運動，達到相互配合，雙方夾擊的實際效果嗎？

我們既已了解到此一戰場的真實意義及其重要性，那末究應如何擴大政治號召，以改變敵我雙方的實力對比，創造軍事反攻與大陸革命的相互呼應呢？我們認為除應積極加強對中共的組織戰、心理戰、情報戰、思想戰、謀略戰和群眾戰以外，最重要的是要將光復大陸的政治指導綱領徹底實踐，並將　總統在民國四十六年國慶日所宣示的「六大自由」、「三項保證」和此一政治指導綱領配合實施，號召大陸同胞和我潛伏在大陸的反共革命組織密切聯繫，以直接、間接的行動發動反共革命運動，或率先響應我台海軍事行動，都可達成摧毀中共政權、解除大陸同胞的枷鎖、結束大陸同胞的奴役、恢復大陸同胞自由的歷史任務。

六、結　論

歷史告訴我們，堅持必能勝利，奮鬥一定成功。當前自由世界的反共前途，其所以日趨光明，乃是民主國家在俄共炮火下堅定團結的結果。我們反攻復國的革命事業，其所以接近勝利成功的階段，也是我們全國軍民在總統　蔣公的領導下，臥薪嚐膽，忍辱負重，艱苦奮鬥所得來。而俄共和中共的日暮途窮，無不是玩火自焚的因果報應。

然而，勝利愈接近，困難必然愈多，危險也會愈大。因此，我們全國軍民同胞更應上下一心，精誠團結，在總統　蔣公的領導下，抱定主義戰勝一切，和反共必勝，復國必成的信心，共同致力於台澎金馬三民主義的建設，與大陸反共革命運動的開展。如此，內外夾攻，裡應外合，則不僅有助於自由世界反共形勢更有利的發展，且必能完成摧毀中共政權，光復神州大陸的神聖使命。（本文於民國四十八年五月參加國防部新中國出版社「國魂月刊」軍官論文競賽評選第四名）

七、循先烈的遺規走勝利的大道

——為慶祝中華民國四十九年國慶而作——

今年十月十日，是我們中華民國四十九年的國慶紀念日。這一光輝燦爛的日子，是中華民族起死回生的轉捩點，是中華兒女為反專制，反獨裁，反奴役，反迫害而奮鬥的偉大勝利。也是 國父領導革命先烈冒險犯難，犧牲奮鬥所獲致的勝利成果。今天我們慶祝這一富有歷史意義的偉大節日，回顧已往開國的史蹟，默察當前艱難的革命局勢，瞻望未來充滿著無限希望的革命前途，真使我們增加了無限的興奮和信心，同時也令我們愛國的仁人志士，深切的體認到本身所負責任的重大。

一、擷取辛亥革命的寶貴經驗

中華民國四十九年前的今天，正是辛亥革命，武昌起義的日子，由於革命先烈的出生入死，冒險犯難，終於推翻了二百餘年的專制統治，結束了二千餘年的君主政體，創立了一個民有、民治、民享的中華民國。使億萬炎黃子孫，解脫了奴役的枷鎖，為我中華民族的歷史，開拓了一條光明的坦途。這一嶄新的歷史開創，使我們深切體會到下列三項最寶貴的經驗：

(一)順天應人的革命戰爭，終必獲致最後的勝利：　國父說：「凡事有順乎天理，應乎人情，適乎世界之潮流，合乎人群之需要。而為先知先覺者所決志行之，則斷無不成者也。」今天我們以歡欣鼓舞的心情，慶祝國慶，自應體認這一萬古不滅的真理。因為任何一個國家民族的興亡，和革命事業的消長，無不受這個真理的支配，能順乎真理，就能轉敗為勝，轉弱為強，背乎這一真理，縱能逞強於一時，但終歸幻滅。數千年來，從人類生存的歷史紀錄中，就給予我們一個最寶貴的經驗和教訓，那就是真理必能戰勝強權，正義終必克制暴力。就以我們驚天動地的辛亥革命，武昌起義來說，當時我們既無精良的武器，也無廣大的財源，更無眾多的兵力，然而革命先烈在　國父堅苦卓絕的領導下，拋頭顱，灑熱血，經十次的慘痛失敗，經二十年的艱苦奮鬥，終於在憑藉幾枝破舊步槍和五十粒子彈的力量，一舉而建立起開國的奇功，為我們東半球啟迪了民族獨立和民主自由的曙光，這一偉大的勝利成果，說明了順天應人的革命戰爭，終必能操最後勝利的左券。

(二)民心的歸向，能決定革命戰爭的成敗：歷史告訴我們：人心是足以戰勝一切的，　國父也曾昭示過我們：國事者，一人群心理之現象也。又說：一國之趨勢，當為萬眾心理所造成。回溯辛亥革命尚未發難以前，滿清政府鑒於革命勢力的洶湧澎湃，雖然企圖實施其虛偽的君主立憲，意圖和緩人心，以繼續維持其暴力統治，可是民主自由，是世界潮流之所趨，獨裁專制終為全國人民所共棄。因此革命黨人義旗一舉，群起響應，不到三日，便佔領了武漢三鎮，接著全國各地通電響應，民心士氣更為振奮，這一股無形的革命潛力，乃辛亥革命前為一般人民所未曾想像得到的，所以我們認為，革命武力能與廣大群眾相結合，則必然是無往不利，無敵不摧，無堅不破的。

三、堅忍奮鬥，是革命成功的唯一保證：國父以國民革命領導中國，其間經過二十年的艱苦奮鬥，和十次的失敗慘痛教訓，終於憑著赤手空拳，達到了拯斯民於水火，扶華夏於分崩之最終目的，並且在東亞建立起第一個民主自由的新中國，這一偉大的功勳和輝煌的成就，當歸功於　國父堅苦卓絕的領導和諸革命先烈愈挫愈堅，再接再勵的奮鬥精神。試想如果當時沒有　國父和諸先烈此一堅忍奮鬥的犧牲精神，我中華民族的歷史，恐早已中途改寫，而炎黃子孫也恐怕早已做了異族的奴隸牛馬了。由於這一偉大的啟示，所以　國父在民國二年手著國民月刊發刊詞時，曾一再的指出：「事業以活動而成功，活動以堅忍為要素。世界萬事，唯堅忍乃能成功。必有樂觀之精神，乃有堅忍之毅力，而後所抱持之主義，乃克達其目的。」今天我們慶祝雙十國慶，對於　國父這一遺訓，自應引為歷史的寶貴經驗，進而以堅忍奮鬥的精神，迎接未來反攻復國的偉大勝利。

二、發揚革命先烈的犧牲精神

如上所述，辛亥革命的成功，僅憑著五十粒子彈的力量，而獲致了偉大的勝利，試想這五十粒子彈，其所以能推翻滿清，建立民國，創下古今中外革命戰爭的奇功，其中最主要的因素，是由於當時革命黨人的犧牲精神所致。因此　國父說：「我們武昌革命的成功，是革命黨的精神力量戰勝了滿清軍隊優良的武器。」這一種革命的精神力量，簡言之，就是國民革命以少勝多，以寡擊眾，傳統的革命戰術的高度運用，也就是革命先烈赴湯蹈火，萬死不辭的犧牲精神。我們繼承了這一傳統的革命戰術和犧牲精神，已相繼完成了北伐統一，抗戰勝利的歷史偉業。今天我們追隨　領袖從事中興復國的神聖事業，也必須步武革命先烈遺規，繼承革命傳統，宏揚革命戰術，以鑄成戰無不勝，攻無不克的革命武力，去完成國民革命第三期的歷史使命。

三、堅定反攻復國的必勝信念

信心能夠創造時勢，改變環境，克服困難，衝破危險。因此信念的堅定，是一切勝利成功的絕大保證。　國父領導革命，二十年間經過十次的挫折與重大犧牲，不但毫不灰心氣餒，而且愈戰愈勇，愈挫愈奮，到了辛亥革命，竟一舉推翻滿清，建立民國，我們看　國父其所以能夠獲得十次失敗後的成功，就是因為　國父和諸革命先烈都抱定有志竟成的堅定信心。所以　國父說：「吾心信其可行，則移山填海之難，終有成功之日，吾心信其不可行，則反掌折枝之易，亦無收效之期也。」也就是這個道理。

辛亥革命的歷史，永遠在鼓舞我們奮鬥。雙十國慶的光輝，永遠照耀著我們前進。今天我們反攻復國的勝利，也一天天的在向我們接近，十年來我們在總統　蔣公的領導下，茹苦含辛，奮鬥創造，不僅奠定了反共必勝，復國必成的穩固基礎，而且使台灣成為東亞反共抗俄最堅強的保壘，和自由世界反抗侵略最有力的支柱。尤其自民國四十七年八月二十三日，當中共砲擊金門，挑起台海戰爭以後，由於　蔣公的堅定決策與英明領導，不但使我們在台海贏得第一回合的勝利，而且加強了自由世界自二次世界大戰以後所從未有的一致團結。同時最重要的，就是自我們在台海戰役獲勝利以後，竟使中共走上了全面崩潰的道路，例如毛共一元領導的垮台，大陸同胞的紛起抗暴，這是中共倒塌了政治的一面。人民公社的徹底失敗，和生產大躍進的向後倒退，這是中共倒塌了經濟的一面。還有共軍內部的紛亂不安，與共黨內部的日益傾軋，以及赫毛之間的權力鬥爭，在在都顯示出中共已面臨著窮途末路的死亡邊緣。所以我們認為儘管中共已竊據大陸逾十年，其血腥的暴力統治亦較當年滿清政府更為兇殘，毒辣。然而事實上，不但從未鞏固其政權，相反的，中共奪取大陸的時間愈長，其崩潰的危機也就愈深，中共給予大陸同胞的血腥屠殺愈甚，大陸同胞的反共抗暴也就愈烈。

至此，我們可以得出一個總結，目前敵我兵力雖然是眾寡懸殊，且成為四與一之對比，但是在我們反攻復國的人心與無形的戰力上，卻顯然較比辛亥革命，武昌起義的革命武力更為優勢，更為強大。是則我們有充份的理由相信，只要我們能堅定反攻復國的必勝信念，在　蔣公的英明領導下，精誠團結，淬礪奮發，向中共政權作理應外合的夾攻，則反攻復國的革命大業，必能得到最後的勝利，與最大的成功。

四、結　論

觀察過去的革命歷史，盱衡當前的革命情勢，反攻復國的勝利已愈益向我們接近。然而勝利愈接近，困難必然愈多，危險必然愈大，鬥爭也必然愈烈，因此我全國軍民同胞，自應堅苦卓絕，自立自強，服膺　國父遺教，實踐　蔣公訓示，一面擷取辛亥革命的寶貴經驗，一面發揮革命先烈的犧牲精神，同時在艱難險惡的革命情勢中，更應遵循革命先烈的遺規，堅定反攻復國的必勝信念，如此，則不僅有助於自由世界反共形勢更有利的開展，且必能完成光復大陸，解救同胞的神聖使命。（原載中華民國四十九年十月陸軍裝甲兵月刊第十卷第八期）

八、論五守的意義及其基本做法

——闡揚總統　蔣公提示「守時、守分、守法、守信、守密」五守的精義——

正當舉國上下普遍掀起「革命、動員、戰鬥」的高潮聲中，總統　蔣公在民國五十二年中央第一次擴大　國父紀念週上，為加強革新運動的推展，並針對當前一般人的痼疾，特提示「守時、守分、守法、守信、守密」五大要求，作為全國上下實踐革新運動的準則，朝著心理革新、精神革新、觀念革新、生活革新、工作革新的方向前進，期能達到「時時備戰，日日求新」的境地。我們懍於　蔣公的精神感召，誠然感到無比的興奮和愉快，也自應深切的瞭解與徹底的奉行。以期促成現代化國家、現代化政府、現代化社會與現代化軍隊的建設成功。爰就「五守」的真實意義和基本做法略抒管見。

壹、「五守」的真實意義及其重要性

一、「守時」是科學辦事與革命成功的起點

事實告訴我們，人生宇宙之間，其壽命長則百年，短則數十年，在這極為有限的生命過程中，

「守時」自然是人生最重要的一環，譬如安排生活，謀求生計、致力工作，砥礪德業，精研學術，發展事業等等，都必須把握時間，爭取時間始能有成，否則，一切都將落空。次就現代一日千里的科學而言，由於它的基本要求在於新、速、實、簡，精密分工，協同合作，因此爭取時間，把握時間，乃是研究與發展科學的基礎。再就當前的總體戰而言，戰爭的實施因須把握精確的時間，即戰爭的準備，更須爭取可資利用的時間，因為多有一分準備，就多有一分勝利的把握，所以　蔣公說：「守時，乃是科學辦事與革命成功的起點。」其意義自當不言而喻。

二、「守分」是對倫理品德實踐行動的起點

常人所說的「安分守己」或「安守本分」，當是「守分」的一種註解。而我們今天所要強調的「守分」即含有兩種意義，一為「本分」，即「義所當為」的意思。就倫理關係而言，如君禮臣忠，父慈子孝，兄友弟恭的古訓，即是盡了本分；就社會關係而言，能樂於助人，盡力服務，即算是盡了本分；就政治關係而言，如果能做到古人所說「為人君盡君道，為人臣盡臣道」以及現代人所說「為國家盡全忠，為民族盡大孝，為革命盡全力」亦算是盡了本分。二為「分際」，即一個人無論對人、對事、對物三者，都有其一定的範圍，上下左右，固不可以逾越、即輕重取捨，更須有所辨別。就對人而言，非分之想不存，非分之言不說，即算是明其分際；對物而言，非分之物不取，非分之財不得，即算是明其分際。如此綱常以立，法制以彰，秩序以建，官箴以肅，不僅社會因之安定，且國家亦因之富強，所以　蔣公昭示我們：「守分是倫理品德實踐行動的起點。」其意義也就在此。

三、「守法」是維護軍譽與推動民主政治行動的起點

須知，法是民主潮流中的中流砥柱，是人類生活行動的規範，也是民主制度下人人共同遵守的準則。失此，則社會紀綱無從建立，民主也就如同空中樓閣；因為民主貴在法治，而法制的精神便是制度化，在推行制度的過程中，不可因人撓法，也不可因人易法，惟有守法始能建立真正的民主，也惟有遵循制度，才能保證民主的真實。站在我們軍人的立場來說，法的範疇應包含上級的命令和長官的指示，惟有極嚴格的奉行上級命令，遵循長官的指示，做到負責任，守紀律，則軍隊的紀律得以樹立，團體的榮譽始能確保，如此再以軍隊的紀律去影響社會，作為一般民眾的表率，則整個社會風氣自當好轉。所以　蔣公說：「守法實為民主政治行動的起點。」也就是這個道理。

四、「守信」是樹立革命人格的起點

人與人之間的相處，最重要的就是「守信」；而「信」就是無貳無欺，對人對事都能誠信相孚，信守不渝，就個人說，是不自欺欺人，從社會言，是然諾必踐；從軍人的立場言，乃踐誓履約。古人對於信字非常重視，武德中將「信」字列為第二，五倫和五常中均將「信」字列為第五。孔子更強調說：「人而無信，不知其可也。」又說：「民無信不立。」凡此均足以顯示「信」是做人處世的根本。然信是根源於信心，有信心而後有自信，有自信而後有互信，有互信而後有共信。我們能夠信仰主義，信仰　領袖，必先堅定信心，固執不渝，這就是守信。站在另一個角度來看，凡是能守信的人，必能盡其職責，能盡其職責，亦必能忠於所事，因此　蔣公訓示我們：「守信是革命人格的起

點」其意義是何等的深刻。

五、「守密」是對革命負責的起點

顧名思義，「守密」就是保守機密的意思，古人所謂「一言可以喪邦，一言可以定國。」以及現代人們所謂「一字外洩，全軍覆沒」的警語，都是說明守密的重要。蓋現代國家，無論政府、黨國、軍隊等等都有其不可示人的秘密，如有洩露，輕則足以招致損害，重則足以影響國家的興亡。因此凡是國民，尤其是革命軍人，都有對國家守密的義務和責任。再就人與人之間的私事來說，除不應涉及國家機密以外，即凡受對方託付而不應向他人透露的事，亦有守密的義務和責任。所以　蔣公說：「守密是對自己負責和對革命負責的起點。」其意義亦即在此。

貳、實踐「五守」的幾項基本做法

「五守」的意義及其重要性已略抒如上，但是若不能力行實踐，則對革新運動的推展，仍無補於實際，故特將「五守」的基本做法引申如次，以為實踐的參考：

一、守時的做法

如上所述，「守時」既是科學辦事與革命成功的起點，因此實踐「守時」的基本要求，應切實從下列兩項做起：

第一、不耽誤時間：如上下操課，辦理公務，約會親友，電話連繫等等都應把握時間，節省時間，進而做到不耽誤時間。

第二、不浪費時間：如在會議中發言討論，對部屬發表講話等等都應遵守時間，愛惜時間，進而做到不浪費時間。

二、守分的做法

蔣公闡釋守分的積極意義，為對國家盡忠，對社會服務。在消極的意義上，則為不投機取巧，不爭功奪利。是則在『守分』的基本要求上，我們應從下列五項做起：

第一、善盡職責：即虔心虔意為國家盡忠，為民族盡孝，為革命奮鬥，為部隊爭榮譽。

第二、恪守崗位：消極方面，做到不投機取巧，不爭名奪利，積極方面，做到安心現職，不存非分之想；埋頭苦幹，不去奔走鑽營。

第三、安於現實，做到刻苦自勵，不貪非分之財，不取非分之物，尤不羨慕他人優厚的享受。

第四、慎重言行，不當說的話不說，不該做的事不做，不應聽的消息不聽，不應攬的權力不攬，處處做到有節制，有分寸。

第五、謙恭有禮，自制自律：做到尊重長官，愛護部屬，友愛同仁，特別重視軍中倫理，表現軍人品德，不違紀，不越禮。

三、守法的做法

我們知道，法的效力，在於人人守法，人人平等，既沒有特權，也沒有例外，明乎此，則我們對於法的觀念已確立。但是我們究應如何去守法？這就要從消極與積極兩方面做起。

第一、在消極方面，必須做到不枉法、不玩法：所謂不枉法，即在「法律之前，人人平等」，「法律之內，人人自由。」任何人決不可要求特權，要求例外；所謂不玩法，即人人重視法律的尊嚴，任何人皆不可存心玩忽，意圖僥倖，玩忽是良心的泯昧，僥倖是卑劣的想法，任何陽奉陰違，文過飾非，或企圖逍遙法外，都將受到良心和社會輿論的譴責，亦終不能逃出法律制裁之外。

第二、在積極方面，尤須做到崇法與護法：所謂崇法，即視法律有其至高無上的尊嚴，每一個人的行為，都必須遵守國法，軍法與軍紀，切實做到為其所當為，不為其所不當為，如此以守法為光榮，以違法為恥辱，則法的地位自然提高，社會的秩序也必然良好；所謂護法，即維護國法，對違紀、犯法、毀法的任何個人或團體，都必須破除情面予以打倒，如此法紀始能伸張，國家亦能富強。

四、守信的做法

我們既知道信是做人處世的根本，那末在貫徹「守信」的要求上，應從自信做起。所謂自信，即自我建立信心，譬如說話，我們不說則已，說了就必須兌現，不立誓則已，立了誓就必須實踐；就工作言，不擔當則已，擔當了就必須徹底執行。如此不口是心非，不陽奉陰違，劍及履及，則算是能「守信」。有了自信，我們認為還要建立互信，而互信的標準，就是我能信人，人必信我；但是要怎樣才能使人信我，則必須訴之於誠，即我們平日所說的「開誠佈公」與「待人以誠」。譬如說在人我交往的過程中，不約則已，約必踐履；不交往則已，交往必坦誠相處；不信任則已，信任就必須專一。相反的，在人我交往過程中，若存有「勾心鬥角」的卑污心理或「爾詐我虞」的卑劣手段，處處表現猜疑、妒嫉、狡詐、甚至處處想利用人家，攻擊人家，陷害人家，這樣不僅無法建立互信，且勢必為人們所共棄。互信有了，接著而來的是共信，而共信是對主義、領袖、國家、政府乃至團隊精神的堅定信念，人人必須真心實力，同心協力，來維護這個共同的信念，實踐這個共信，甚至要為這一共同信念而犧牲奮鬥，不使任何人有所懷疑，詆毀與破壞，如此才算是真正的做到了「守信」。

五、守密的做法

守密既是對自己負責，對革命負責的起點。因此守密程度的好壞，完全在於個人是否具有正確的保密觀念與是否養成保密的良好習慣？以及是否能遵守保密的規定？在做法方面，尤要切實注意到下列三點：

第一、不是分內的事不問：須知個人有個人的工作，個人也有個人的立場，不是你應該知道的事，你就不應該去打聽，若你任意打聽，不僅對你本身無裨益，且徒增對方的困擾，這是個人最基本的修養，不能不切實注意。

第二、不應該說的話不說，凡屬於國家的機密或與部隊安全有關的事情，絕對不對任何人談論，即是至親好友也不能例外。

第三、慎重發布新聞及論著，就是報刊的記者及編輯人員，絕不為推廣報刊銷路而搶先發布有關國家機密性的新聞，亦不任意將有關政府、軍隊、機關的機密撰寫論著大肆報導，競相刊載。

參、結　論

蔣公的「五守」訓示，是我們當前推展革命運動的準則，亦是我們進德修業的根本，我們為了加速現代化國家，現代化政府，現代化社會與現代化軍隊的建設成功，就必須恪遵此一訓示，徹底奉行，人人做到守時、守分、守法、守信、守密，並以此一成效為基礎，進而達到「時時備戰，日日求新」的理想境地，以承擔反攻復國的重責大任，如此纔不致辜負　蔣公殷切的期望，亦纔能奠定個人成功立業的根基。（原載中華民國陸軍裝甲兵月刊第十三卷第四期）

九、台灣光復以來進步繁榮的實況

臺灣省從民國三十四年光復以來，無論政治、軍事、經濟、教育、社會等等都有長足的進步，且已為國內外人士所共認。我們分析其進步的根本原因，當由於總統　蔣公領導全國軍民實行三民主義的結果，因而使人民在食、衣、住、行的四大需要上，臻於完善無缺的理想境地。筆者特將這四方面的進步情形，分別統計述明如後。

「食」的進步情形

從台灣光復以後，政府為增加糧食生產，滿足人民需要，特恪遵　國父的民生主義，採取基於民生的增產政策，在實行「三七五減租」和「公地放領」之後，接著於民國四十二年，毅然實施「耕者有其田」政策，在這一連串的賢明措施之下，人民的生活水準便大大地提高，除了因畜牧生產所獲得的成果外，其顯著進步的事實，可從下列統計數字中概見一斑。

一、就稻穀增產方面來看：台灣光復十七年來的稻穀生產，至民國四十八年，已增加到一百八十五萬六千三百十六公噸，超過光復前最高產量的百分之三十二點四。到民國五十年，更增加到二百零一萬六千二百七十六公噸，此項數字較日據時期（民國二十七年）糧食生產的最高紀錄（一百四十萬二千四百一十四公噸）增加了百分之四十四。

二、就農業生產的淨值方面來看：民國四十四年，農業生產的淨值為新台幣三十八億九千七百萬元，至民國四十九年達新台幣七十七億三千六百萬元。到民國五十年，更超過新台幣九十億元，而每一農業生產者的全年所得，亦自新台幣二千六百五十三元，增加到四千九百一十二元，即增加了百分之八十五。

三、就農民的生活改善方面來看：本省的家畜（禽）和魚類的消費量，在光復初期，每人每年平均僅有一十七點五三公斤，至民國五十年，每人每年平均為五十點三七公斤，即增加了百分之一百七十一左右，因此，每人每天所消耗的熱量，已比光復時期，增加了百分之九十點一。

「衣」的進步情形

本省同胞在日據時期與光復初期的穿著情形，可說除了粗糙的布料以外，其他較好的衣料，因仰賴日本的輸入，布價的昂貴，確非人們所能想像於萬一，至於西裝革履的裝束，那更是不容易見到。可是自光復以後，在政府的極力扶植之下，由於紡織機械工業的突飛猛進，人民在衣著方面的進步情形，的確是令人驚異的，其發展進步的情形，略如左述：

一、絲織業方面：在日據時期，本省的絲織品雖有出產，但人民不能享受，光復以後，由於政府對栽桑與養蠶工作的積極推廣，並加強其技術指導，因而對絲織業的發展，助益甚大，據統計現有絲織工廠一百餘家，紡織機達一千餘台，各工廠產品因須適應人民的需要也日新月異，如印花綢、織錦被面、素花縐綢、織錦緞、花貢緞、巴黎緞等五光十彩，應有盡有。

二、麻毛與人造纖維方面：在日據時期，因毛織工業毫無基礎，本省同胞的衣著，極少使用毛織品。民國三十八年政府遷台以後，毛織工廠紛紛設立，據統計現有毛紡織工廠九家，設有梳毛錠一萬五千六百二十枚，毛織錠四千三百六十枚，織機亦有三百一十一台。在人造纖維的製造方面，開始於民國四十六年，現有紡織機二十四部，每日產人造絲四噸，並有人造棉設備，每日產人造棉七噸半。

三、棉織業方面：這是我們衣著的主要原料，也是人人必備的東西，在台灣光復初期，僅有紡織公司一家，其所屬各廠，僅有紗錠一萬零六百六十四枚，至民國三十八年以後，由於政府的極力倡導和支援，新的紡織廠逐漸成立，紡錠亦逐年增加。民國五十年底，已設有工廠二十二家，紡錠達四十四萬枚。若與光復初期比較，即增加了三十九倍。至於織布工廠，在民國三十四年光復當初，僅有十四家之多，織布機亦僅有七百九十四臺，年產布疋四二、七九六、六六二碼，是則當時的棉布，確不能滿足人民的需要。民國四十五年以後，新織布工廠相繼設立，舊織布廠也改善設備，到目前為止，織布工廠已達五百餘家，織布機達一萬一千餘臺，年產布疋一億二千餘萬碼，若再加上紡紗廠的織布機計算，則達一萬七千餘臺，年產布疋達二億二千餘萬碼，與民國四十三年比較，織機增加四十倍，而布量也隨之增加到二百零一倍，此不僅能滿足本省同胞的日常需要，亦可對外輸出，爭取外匯了。

四、其他方面：首先就襯衫來說，目前現有工廠三十餘家，其產品雖暫不能與外貨相比，但價格的低廉，確非外貨所能及。次就內衣褲來說，本省現有生產汗衫褲的工廠四十家，其中有五、六家的規模甚大，其產品高級的亦可與外貨相媲美。再就皮鞋和襪子來說，這與民國三十四年乃至三十八年的情形比較，確有天壤之別，因目前的本省同胞，除了鄉村勤勞儉樸的農民甚少購買皮鞋和襪子外，每當外出作客的人們，再也不像光復初期赤著腳板的莊稼漢了。

「住」的進步情形

本省在光復以前的房屋，因為日本人僅著重於官舍房屋的建造，對民間住宅是毫不關心的。因此，本省同胞的住屋，感到奇缺，縱有棲身之所，亦多是非常狹隘而潮濕的。至於光復初期，由於太平洋戰爭，盟機對房屋的轟炸，本省同胞在住的方面，仍是相當困難。然而在光復之後，政府對破損房屋的積極修繕，並將日造房屋經整頓後廉價出租，於是本省的居住情形，略有好轉。至民國四十四年，行政院設置「國民住宅興建委員會」後，由於實施長期低利貸款及鼓勵民間投資興建，因而人民的居住問題，已大有改善，迄至民國五十一年止，業已興建完成者達三萬六千四百七十一戶，如每戶以六口之家計算，即有二十一萬六千四百二十六人獲得自有住宅。若以房屋的建築面積而論，除免稅及公共建築的房屋以外，目前已增加到二千六百七十一萬九千餘坪，換一句話說，即每人平均已達二坪半。

「行」的進步情形

一日千里的台灣交通事業，是眾所週知的事實，而其進步的詳細情形，可從鐵路、公路以及各種車輛的增加數字中，即可分析出來：

一、就鐵路而言：在光復初期，因受太平洋戰爭的影響，全省鐵路遭盟機轟炸者，可說瘡痍滿目，幾陷於癱瘓狀態；全線枕木腐朽過半，鋼軌磨損及載重力不足者，達一百五十公里，殘舊不堪負荷的橋樑，計有一千四百餘孔，破壞停用的機車，佔百分之四十八；破壞待修的客貨車輛，佔百分之二十，其他站場設備與行車保安裝備等亦多殘缺不全。但是在光復以後的十七年，鐵路方面的建設，均有顯著的進步，據統計現有鐵路，共長三千八百六十三公里點一，省營的佔四分之一，生產事業機關經營的佔四分之三，每百平方公里有鐵路十一公里，若將此一數字，與歐美工業先進國家的鐵路實況來比較，並無遜色之處。再就現有鐵路所使用的車輛來說，據統計有機車八百二十七輛；客車有九百七十輛；貨車有六千二百九十一輛；汽油車有一百九十三輛。客車運輸費方面，民國三十五年，每日平均為十六萬二千三百五十二人，到民國五十一年，已增加到三十六萬三千五百零二人，換言之，民國五十一年較民國三十五年增加了三倍左右；貨車運輸方面，民國三十五年，每日平均輸貨量為一萬一千七百四十九公噸，到民國五十一年即增加為五萬一千一百一十五公噸，總之，民國五十一年較民國三十五年的運輸量，增加到四倍之多。

二、就公路而言：光復初期，因受太平洋戰爭的損害，在全省一萬七千公里的路程中，可以通車的路線，僅有七千公里，但在光復後，由於政府的極力支援整修與興建，現有公路共長一萬六千三百零一公里點二，其中省道佔十分之一，每百平方公里有公路四十五公里。就其車輛而言，現有客車十萬零九百輛；貨車八千零七十三輛。在運輸量方面，民國三十五年，每日平均僅能運輸二萬四千六百七十六人，至民國五十一年，每日平均為七十萬八千五百人，此一數字較民國三十五年增加了二十八倍左右；貨運亦復有進步，民國三十五年，每日平均運貨量為九百二十四公噸，至民國五十一年，每日平均為二萬一千一百零五公噸，與民國三十五年相比，增加二十一倍左右。

再就私人自備的交通工具而言，根據台灣省交通處的統計，民國三十五年十月底時，本省僅有小客車九百五十三輛，其中一百八十九輛屬於營業使用，七百六十四輛屬於私人自用。但至民國四十九年六月底止，已有小型客車七千三百四十輛，其中營業用者有一千四百七十三輛，私人自用者有五千八百六十九輛，其次數量增加最大的，還有機器腳踏車一百九十六輛，及至民國四十九年六月底，已達二萬九千九百零七輛，增加了二百倍。至於自行車方面的增加數量，更為驚人，根據台灣省政府財政廳的統計，光復時本省僅有自行車三十萬輛，以當時的人口平均計算，是每二十一個人一輛，至民國四十二年增至七十一萬九千六百一十輛，到民國四十九年底，即有一百六十三萬一千六百五十四輛，七年的時間內，竟增加九十二萬二千零四十四輛，實屬驚人。至民國五十一年底統計時，已達一百八十餘萬輛，以目前的人口平均計算，是每五個人即可分得一輛，換言之，平均每戶擁有一輛自行車。

結　語

從上述各端所列的統計數字來看，可知當前本省同胞食、衣、住、行的安樂生活，實不可與日據時期同日而語。而其有今日的進步與繁榮，當歸功於總統　蔣公領導實行三民主義的結果。然而我們當不能滿足既有的成就，更不容鬆弛一貫的努力，惟有百尺竿頭，更進一步，在總統　蔣公與三民主義的領導下，繼續努力奮鬥，我們未來的生活，才能獲得確切的保障，亦才能享受最大的幸福。

（原載中華民國陸軍裝甲兵月刊第十三卷第五期）

附註：本文各項數據，係依據台灣省政府民國五十二年度省政工作報告書而來

十、革命軍人對於大愛的基本認識

總統　蔣公在民國十三年五月黃埔軍校開學初期，曾剴切的昭示當年的軍校學生：「你們出去的時候，有兩件要緊的事，須要留心。第一是愛護百姓。第二是愛惜物資……。要知道這兩件事、是軍隊的命脈，如果不能仁民愛物，就足以致我們軍隊的死命。」民國三十九年四月又在「軍人魂」一篇訓詞中訓示我們：「革命軍人的基本觀念只有兩個字：就是「愛」與「死」，因為我們有熱烈的愛，所以立志作軍人。軍人愛什麼呢？愛我們的國家、愛我們的同胞，愛我們的歷史文化。什麼叫做愛呢？愛的意義各有不同，愛的程度亦有深淺，我們所謂愛，就是為一個主義和信仰，而要愛它，為要愛它即使犧牲自己的性命，亦在所不惜，這樣才叫做真愛。……所以一個軍人，為了真愛，就不惜一死，為其所愛所信的而死，無不安心瞑目，亦可以說是求仁得仁，死得其所了。」從　總統這兩段訓詞中，我們即可瞭解革命軍人對於建立大愛的基本觀念，是何等的重要，因為不能建立大愛觀念，就不能發揚大愛精神、不能發揚大愛精神，就不能達成救國救民，實行三民主義，完成國民革命的任務。

一、大愛的真實意義

愛是人類的天性，也是與生俱來的本然之性。一個人從小的時候，就會愛自己的父母、兄弟、姐妹。稍微長大，就會愛自己的親戚朋友，再大就會愛人民愛國家。像這種種的愛，自然是人性的必然發展，這種發展是任何外力所不能遏阻的。然而，為什麼會有這種愛的本性，這本是屬於哲學的探討，是一時不容易使我們理解的問題。但是，就常理來說，愛是一種積極的情緒，也是一種崇高的道德意識，正因為這樣，所以人對於所愛的對象，具有關切、憐憫、依戀的心情。也有一種給予親敬、溫暖、維護的意願，甚至更有一種利他、貢獻和犧牲的抱負。若進一步來探討，愛是由「大仁」而產生，或由「大悲」而激發；正因為愛是由大仁而產生，所以我們講愛不能離開仁，離開了仁，愛就要變為自私自利，以私害公，假公濟私了。同樣的道理我們講仁，也不能離開愛，離開了愛，仁就要變為空洞的口號，缺乏身體力行的精神了。再就愛起於「大悲」的論點來說，孟子認為人皆有「惻隱之心」和「不忍之心」，這兩種心情，我們認為都是由於「大悲」而激發，也是一種基於大慈大悲的仁愛心理所產生，人們如果都具有一種大慈大悲的仁愛心理，則必能發揮「人飢己飢，人溺己溺」的道德意識。

以上是對於愛的一般概念的認識，現在我們須要探討的，就是大愛的真實意義。所謂大愛，並不否認小愛，而是涵攝小愛。不過，當小愛與大愛發生抵觸時，應當捨棄小愛而實行大愛。因為小愛，只是局限於愛父母、愛家庭、愛妻子、愛兒女、愛兄妹的領域而已；而大愛則遍及於愛團體、愛國家、愛主義、愛領袖、愛同胞、愛袍澤的廣大領域。這種大愛是公愛、而非私愛。概括的說，就是一種仁民愛物的心胸，和無私無我的精神，這種精神，是有它莊嚴的意義，而不講任何親疏的關係，也不講任何代價，更不計任何利害的。換一句話說，這種大愛，是只有貢獻、不問收獲的。只要義之所在，就是愛之所在。既愛之後，就要愛之深，愛之切。所謂「犧牲小我，成全大我」「以吾人數十年必死之生命，立國家億萬年不朽之根基」，就是大愛的真實意義，也是大愛精神的最好境界。

二、大愛的實際內容

國父孫中山先生在講演民族主義時，曾經指出：「仁愛也是中國的好道德。古時最講愛字的，莫過於墨子，墨子所講的兼愛，與耶穌所講的博愛是一樣的。」又說：「博愛云者，為公愛而非私愛。」從這幾句話頭中，我們便可瞭解　國父所提倡的愛，在字面上雖然保持著儒家對仁愛的傳統精神，但是在實質上，是著重墨子的兼愛和耶穌的博愛，因為墨子的兼愛和耶穌的博愛，不僅是沒有任何差等，而且是以公愛為出發點的。這就墨子所說的話來看，就可瞭解。墨子說：「視人之國，若視其國，視人之家，若視其家，視人之身，若視其身。是故諸侯相愛，則不野戰，家主相愛，則不相篡，人與人相愛，則不相賊。君臣相愛，則惠忠，父子相愛，則慈孝，兄弟相愛，則和調。天下之人相愛，強不執弱，眾不劫寡，富不侮貧，貴不傲賤，詐不欺愚，凡天下禍，篡，怨，恨，可使毋起者，以相愛生也。」這些話都是墨子的兼愛主張。這很顯然的，是以公愛為出發點的，亦就是由愛己兼以愛人，小而個人，大而國家，毋分親疏等差，不計任何利害，通通一視同仁，做到兼而愛之，交而利之。當然，墨子這種思想，在重視私愛的家族本位社會裡，難免是要遭受攻擊的，例如孟子批評「墨子是無父也」便是明證。

次就耶穌所主張的博愛來說，這也是有著很高的價值。他說：你們的仇敵要愛他，恨你們的要待他好，咒咀你們的要為他祝福，凌辱你們的要為他禱告。有人打你這邊的臉，連那邊的臉也讓他打。又說：「太陽照好人，也同樣照著歹人、降雨露給義人，也給不義的人」。從耶穌所說的這幾句話當中，我們也容易知道，他所主張的博愛，不單是要愛你所愛的人，而且要愛你所痛恨的人。這就是說，我們對人是無所不愛的，即使我們對仇敵的愛，並不是說向仇敵投降，也不是害怕仇敵的報復，更不是與仇敵同流合污，而祇是用愛心去感化他，幫助他改邪歸正，為善去惡，這以我們今天所面對的敵人——中共來說，總統　蔣公其所以提示「六大自由」，「三大保證」，「四大原則」，「十條約章」的政治號召，就是以愛為出發點，藉以拯救共幹共軍於毛共的罪惡血海之中。

以上是我們對墨子的兼愛和耶穌的博愛的基本認識。現在再回過頭來讓我們看看　國父對於愛的主張。我們知道　國父是以救國救民救世為己任的，因此他把仁愛列入於民族的固有道德之內，認為仁愛的具體表現，不外乎救世之仁，救人之仁和救國之仁三種。至此，我們更有理由相信，　國父所主張的愛，遠非儒家所主張的愛可資比擬。換一句話說，儒家所主張的愛，是含有私愛的成份，且以私愛為出發點的。例如孟子所說：「君子之於物也，愛之而弗仁，於民也，仁而非親，親親而仁民，仁民而愛物」。這充分說明儒家所主張的愛是有等差的，把愛分成為「親親」、「仁民」、「愛物」

三等。並且把親親的私愛，駕乎「仁民愛物」之上。而　國父則不是這樣，如上所述：博愛云者，為公愛而非私愛。又說：在政治一方面所講愛的道理，有所謂愛民如子，仁民愛物，無論對於什麼事，都用愛字去包括，這足以證明　國父所主張的愛，是沒有分等級的。不僅這樣，　國父對於如何實行仁愛，還有他最重要的主張，尤其對於我們革命軍人應如何實行仁愛，以達成救國救民的目的，更有極重要的訓示。　國父說：行仁的方法在實行三民主義，（軍人精神教育第五課）又說：三民主義的出發點就是愛。因為要愛人類，所以才用三民主義救他們，來解除他們的痛苦。這又可以證明　國父所主張的仁愛，不但著重理論，而且著重實踐的方法。

再就總統　蔣公對於愛的主張來說，我們知道　總統是繼承　國父遺志的，　總統的思想是以三民主義的思想為思想，數十年來，無論領導東征、北伐、剿共、抗戰以及現在的反共抗俄，都是全心全力的在實行三民主義，亦都是為了行仁而奮鬥。尤其在思想方面，更是以　國父的思想為中心。把仁愛的內容與範圍，曾不斷地予以具體的說明。他說：所謂仁者，就其目的而言，即仁民愛物，仁者愛人。就其內容而言，仁即統攝諸德之「做人的道理」，即　總統所講「忠孝仁愛信義和平」。總而言之，就是禮義廉恥。從　總統這幾句簡單的訓示中，我們即可瞭解「四維八德」亦都包含在仁愛的範圍之內。可見仁愛的內容是何等的廣泛而豐富！

三、大愛的實踐途徑

須知革命的動機是利他，革命的本務是行仁。作為一個革命軍人，如果沒有大慈大悲的胸懷，是不能做救國救民的事業，因為革命軍人的職志，在於救國救民，實行三民主義，而救國救民，實行三民主義的重大責任，都有賴於大愛精神的發揮。而發揮大愛精神的基本途徑，則必須從下列幾項基本要求做起：

一、愛主義： 國父說：「三民主義，為軍人之精神所由表現、亦即為軍人之仁所由表現。軍人者、以救國救民為目的，救國救民之責任……道在何？即實行三民主義，以成救國救民之仁而已。」總統　蔣公也曾訓示過我們：唯有三民主義，才能洞燭自由世界與共產集團矛盾衝突的根源，惟有三民主義，才能提供徹底有效的解決方案；惟有三民主義，才能撥亂世反之正，以重建人類福祉的社會。當然，我們也深深的體會到三民主義是立國之大經，與建國之大本的道理。但是如果我們不能發揚大愛精神，以使三民主義徹底實現，則人民在種族上，政治上和社會上所遭受不平等的痛苦，是無法得到解除的，這樣我們軍人的職責尚未盡到，將何以對得起　國父所給予我們的殷切期望？因此，我們不僅要愛我們的主義，而且要篤信主義，力行主義，使三民主義能實行於全國，宏揚於世界，千年萬世、永垂無疆之庥。

二、愛領袖： 領袖是我們中華民族的救星，是　國父革命思想與革命事業的繼承者，也是中華民族傳統文化的發揚者和實踐者，祇有他的領導，我們的民族文化，才能綿延不絕。所以我們要愛我們的　領袖，進而做到信仰　領袖、服從　領袖、效忠　領袖，不管任何人詆毀　領袖，我們都要予以最嚴重的打擊。

三、愛國家：國家是現代人類最高的生活體系，它既不是利害關係的結合，也不是任何階級的工具。我們的中華民國是　國父和總統　蔣公先後領導革命，奮鬥數十年建立鞏固起來的，也是我們生命、財產、自由的寄託，祇要國家存在，我們每一個人的一切才有保障，祇有國家強盛，我們才有前途。所以我們革命軍人必須愛國家，進而做到捍衛國家，凡是出賣國家領土，破壞國家主權，危害國家利益的，都是我們的共同敵人，我們都要對他毫不留情的攻擊。

四、愛同胞：須知我們都是中華兒女、炎黃子孫、同胞骨肉。因此，我們要彼此相親相愛，休戚相關，尤其是我們革命軍人，要養成一種愛民紀律和為民眾服務的習性，更要以保護人民為天職。今天大陸同胞，正陷身於貧窮饑餓之中，而且掙扎於生死的邊緣，我們必須要發揮「人飢己飢，人溺己溺」的大愛精神，去解救他們的痛苦。這樣，才不愧為真正救國救民的革命軍人。

五、愛袍澤：所謂袍澤，乃包括我們的長官、同事和部屬，要做到愛袍澤，就必須要對長官表示服從、負責、幫助長官解決問題，替長官分勞分憂。愛同事，則必須做到以誠信待人，能同情別人的痛苦。愛部屬，則應注意領導威信與統御才能，處處關心部屬的疾苦，時時為部屬的福利和前途打算，以身作則；賞罰公允，重視部屬的能力和意見。

四、結　論

仁愛是人類的本性，也是我們中華民國固有的道德基礎。我們中華民國的傳統思想，可說就是以仁愛為中心。我們軍人所從事的革命事業，是一種驚天動地的事業，所肩負的革命任務，是一項空前艱鉅的任務，因此必須確立仁愛的基本觀念。三民主義是仁的所由表現，亦即救國家救人類救世界的所由表現。所以我們要為實行三民主義而奮鬥，進而為愛主義，愛　領袖，愛國家，愛同胞，愛袍澤而努力實踐，弘揚人間的大愛，以克盡我們革命軍人的神聖職責。

（原載於中華民國五十三年十二月陸軍裝甲兵月刊第十三卷第十二期）

十一、推行忠誠軍風的努力方向

我們中華民國的陸軍，為了發揚軍中倫理、提倡實踐精神、陶冶官兵品德，養成忠誠習尚，曾於民國五十二年九月一日訂定「陸軍忠誠軍風實施辦法」一種，通令全軍實踐力行，以加速戰力培養、強化堅實戰力，早日完成復國的神聖使命。

我們知道陸軍是國民革命的武力，也是三民主義的隊伍。民國十三年在黃埔軍校創建初期，總統
蔣公即以「親愛精誠」為校訓，親愛原係行恕盡忠，精誠乃為秉性至誠，親愛精誠不僅是與忠誠血脈相連、抑且為孕育忠誠的不二法門。今天，我們全體陸軍袍澤，對於忠誠軍風的推展，務必全力以赴，擴大發揚，不只在認識方面須力求深刻，而且在力行方面更要真切。如此始能從往昔的光榮歷史，創造更輝煌、更燦爛、更豐碩的「忠誠之光」。

一、忠誠的真實意義

忠誠二字，本來是中華民族的傳統美德，也是我們全國國民所必具的特性。所以忠誠二字的範圍非常廣範，其涵義也至為深切，欲作詳細的解釋，頗不容易，但簡單的說，則不外是：「忠」就是不

二；「誠」就是不欺。具體的說：「忠」就是從「中」從「心」，俗語說，便是把良心放在中央，也即是「專心專一」的意思。若以我們現在一般人的體認來說，忠就是效忠　領袖，熱愛國家，服從長官，盡忠職守，並進而講道義、論是非、重合作協調、不爭功諉過；簡單的說，就是「憑良心」。而其在行動表現上則在不變、不貳、不奸、不苟和不辱。所以　蔣公曾說：「凡能盡忠的人，一定有為國家犧牲的決心與勇氣」。所謂誠，就是從「言」從「成」，也就是「言而有成」的意思。中庸上說：「至誠無息」，又說：「誠者明矣」。因此，我們認為：誠就是說實話、做實事、重實際、求實效、不虛偽、不造假、不懈怠、不自私。而其在行動表現上，就是公爾忘私、表裡一致、負責盡職、實事求是。所以說：誠是革命的原動力。

「忠誠」二字，在字義上雖有分別，但實質上卻是互為表裡、相輔相成的。能忠必能誠，能誠必能忠，因為忠者盡己，盡己必存誠；誠者無息，無息必盡忠，兩者凝結在一起，就是促進官兵精誠團結的唯一方法。

二、忠誠軍風與完成反攻準備

我們知道陸軍總司令劉上將曾有四大訓示，要我們全軍官兵努力貫徹，這四大訓示就是改善官兵生活、解決實際問題、加速戰力培養、完成反攻準備。今天，我們推行忠誠軍風，一方面在使全軍官兵徹底認識忠誠對本軍的重要性，另一方面在使全軍官兵掀起實踐高潮，蔚成良好風氣，以使人人均為完成反攻復國神聖任務而行至誠、盡全忠。因此我們確認完成反攻準備，即是企圖從反共聖戰中爭取偉大的勝利和成功，亦即是我們推行忠誠軍風所殷切期望的總目標。

客觀的事實告訴我們，反共復國的聖戰，是一場「只許成功，不許失敗」的硬仗。遵照 蔣公「真正戰爭要打在開火之前，最後勝利取決予準備之日」的剴切訓示，我們堅信：準備是反攻的序曲，多一分準備，就多一分勝利的把握。因此，當我們全面推行忠誠軍風和積極完成反攻準備聲中，不僅要堅定必勝的信念，而且要有「時時備戰、日日求新」的精神，在工作上、生活上、戰鬥上努力貫徹忠誠軍風的要求，以完成反攻復國戰鬥的一切準備。

三、貫徹忠誠軍風的基本要領

忠誠軍風實施成效的大小，直接關係當前革命戰力的培養，和來日反共復國的任務達成。因此，我們對於貫徹忠誠軍風，不僅要貫徹其中心要求，使每一官兵做到必忠必誠、不變、不貳、不奸、不苟、不辱、不私、不欺、不怠、不偽、不誑，同時要使全軍上下蔚成濃厚的忠誠習尚，以發揚團隊精神和團體榮譽。基於此，所以我們願就貫徹忠誠軍風的要領，提供下列幾個努力的方向：

(一)普遍掀起：忠誠軍風，不但是官兵自動自發的運動，同時也是我們陸軍全軍一體的運動。因此就個體言，必須從內心自覺，進而表現於生活行動。從個人實踐，進而影響到單位團體。從主官示範、進而規律其所帶領的僚屬。從上級開始，進而貫徹其所屬單位。如此上下一致，始能普遍掀起力行實踐的高潮。

(二)行重於言：忠誠軍風，是一種內容實在，行動積極的運動，在推展過程中，各級的宣傳與教育固然重要，但每一官兵的實踐力行與劍及履及精神更為重要。因為唯有從力行實踐中，才能將忠誠軍風不斷的推展與永恆的發揚。

(三)永續持久：我們推行忠誠軍風，不可視為一個階段性或片斷性的運動，而是必須與我們的生活、工作、學習和戰鬥，緊密地連鎖在一起。每一個單位，乃至於每一個官兵，都必須有「以忠誠為天下昌」的襟懷和「捨我其誰」的氣慨，不苟同流俗，不敷衍了事，一切從自我做起，人人自覺自發，個個分寸必守，永保實踐高潮，則團體榮譽和個人榮譽，方能得以持久。

(四)表揚典型：忠誠軍風，既是普遍的、全面的、上下一體的行動。因此在推展此一運動的過程中，單位與單位之間，要熱烈掀起高潮，普遍表揚典揚，官兵與官兵之間亦要學習典型，如此風行草偃，競相倣效，才能蔚為忠誠的良好風氣。

四、結　語

忠誠是我們中華民族的傳統美德，也是我們全國國民所必具的特性，更是我們革命精神力量的泉源。今後祇要能劍及履及、永續實踐，相信必能在生活中生根，在工作中開花，在戰鬥中結果！

（原載中華民國陸軍裝甲兵月刊第十三卷第十一期）

十二、論大恨的涵義與實踐

今天我們所從事的反共抗俄戰爭，是雪恥復仇的戰爭，也是以仁愛對仇恨的革命戰爭。而這種戰爭的進行，固有賴於強大的革命武力作後盾，但精神武裝的建立與同仇敵愾心理的培養，乃是勝利成功的主要憑藉。

須知，大陸被中共統治，是我們的奇恥大辱，同胞被中共屠殺，是我們的血海冤仇，倘使我們不能報仇雪恥，奮發圖強，將何以達成光復國土，拯救同胞的歷史使命，又何以對革命軍人保國衛民的神聖職責。因此，培養同仇敵愾心理，亦是發揚仁愛，消滅殘忍，遂行革命戰爭的主要條件。

一、大恨的涵義與辨析

「恨」本來是「愛」的一種對比，它是人生的一種敵對情緒，也是一種消極性的社會本能。當人類社會出現不公、不平、不仁、不義、殘暴及迫害等現象時，人類為了維繫社會生存的積極原則，會自然引起人性具有的憎惡之感與強烈的憤怒之情，觸發成為一種敵對的而帶有破壞性的行動。所以孟子說：「無羞惡之心，非人也」。這說明了好善與惡惡，同是人類具有的本性。

在此也許有人懷疑，我們中國人一向是重視仁道精神的，對於處理任何事物，不應再有憤恨心理與以恨所引起的破壞行為。然而要知道「仁道」固然是我們中國的傳統美德，也是我們做人處世唯一不變的原則；但是「仁道」是有其絕對性與相對性的雙層意義，因為有其雙層意義，所以才有「惟仁者能愛人能惡人」的古訓。譬如至聖先師孔子是最重視仁道精神的，但當他為魯司寇時，首先就殺了少正卯。我們知道孔子其所以要殺死少正卯，就是因為少正卯是損害國家社會的一大罪人，所以要為國家社會除害，以實現仁道。又如我們過去在東征、北伐、剿匪、抗戰時期，其所以要不斷地消滅內奸外賊，就是為了要保障民族的生存和世界的和平，亦就是為了要維持仁道精神的發揚，所以才用以至仁伐至不仁的強烈手段，以懲罰禍國殃民的共同敵人。從此我們即可瞭解，為了自衛和生存，在我們的心理上和情緒上，同仇敵愾，是決不可以缺少的要素。

談到憤恨，也許有人會連想到怨怒，故所謂「憤怒」，也就是這個意思。當然，恨與怒是同一系列的情緒，我們也可以說，恨是怒的蘊積，怒是恨的發洩，二者有著密切的關係。不過在這裡我們需要加以辨析的，即怒是對加害自己或其團體的一種刺激所引起的一種鬥爭情緒，它含有積極的攻擊和破壞的傾向。當人們發出憤怒的緊張情緒時，普通人往往會使血管張開，呼吸增大而短促，這時很容易使人失去理智，對於事物，常判斷不清，利害善惡，亦不知分辨取捨，一意孤行，祇想從速滿足個人的慾望，其影響所及，容易使人走向極端，因而產生種種粗暴殘忍的行為與其他越軌的行動。類此情事，在今天的社會中，我們經常可以發現，例如在男女關係上，有些人往往憑著主觀的愛的程度，要求對方也付出同等的或加倍的愛，但是到了要求不遂，未能得到愛慾的滿足時，便由愛而轉為恨。

更有一些自作多情的人，常以金錢欲換取煙花女子所施予的「米湯」，自以為是愛的甘露，但到了要求不遂，或發覺對方的虛假時，便垂頭喪氣，甚至施行強暴脅迫或殉情。再如自私心切的人，常對施予者有過份的要求，到了要求不遂，不能滿足慾望時，便懷恨在心，甚至恩將仇報。類此種種，都是憤怒的不正常表現，亦是對憤怒的不正確的利用。須知憤怒是有其輕重緩急的分際，也就是說當怒則怒，不當怒則不怒。譬如在文王一怒而安天下，即是正當的大怒。這種正常的大怒，是有賴正常的憤恨為基礎，更有賴於良好的精神修養作背景。論語說：「兄弟鬩於牆，而外禦其侮」。現在大敵當前，我們更須要化悲憤為力量，變仇恨為行動，以使國家復興，民族得救，這才是我們憤怒的正確利用。

如上所述，今天我們所從事的反共抗俄戰事，是「以仁愛對仇恨」的戰爭，這就是說我們的革命，是以仁愛為出發點。但是我們必須認清，實行仁愛亦須採用憤恨的心理和方法；因為中共的仇恨是以仇恨本身為目的，他們認為矛盾是絕對的，宇宙是一個永恆的鬥爭體。依據俄共與中共的仇恨觀，不僅要階級仇恨，而且要對國家民族，歷史文化，乃至對家庭父母，妻子兒女，親戚朋友，兄弟等等都是仇恨、鬥爭的對象。因此，他們要進行不斷的鬥爭，整肅，使人人變為禽獸而後已。今天我們之所以要提出「大恨」，進而培養同仇敵愾心理，就是為了要剷除人類社會亙古未有的洪水猛獸——俄共和中共，而要求對內團結一致，對外同仇敵愾，以維護我們中國傳統的「仁道」美德。

二、大恨的起因與功效

大恨，在本質上是由於義恨、公憤而發出的敵對性的情緒，這是我們品格中不可或缺的要素。不過，我們之所以稱為「大恨」，在深度上說，不是一時的單純的感情衝動，而且是經過理智的考慮和意志的支持，且具有堅強的持續性；在幅度上說，是超越個人的利害關係，透過了是非善惡的判斷，且具有社會性的價值觀念。這種大恨的引發，亦就是以國家民族的生存和權益為主題，是基於國家的大恥，激於民族的大仇而發。

「恥」是人心內在的羞愧自覺，故孟子所說：「無羞惡之心非人也」。又說：「恥之於人大矣哉」！所以恥是人性本具的原始反應作用，人之所以有別於禽獸，就是在能知恥；人能知恥，則能有所奮發，有所惕勵，對一切惡念惡行，均能從內心深處予以厭惡，憤恨，如此之厭惡憤恨，乃是人的性格上的一種正常的反抗力，這種反抗力的演變結果，可導致人格的向上發展。因此，我們如能引恨為恥，則可使敵對性的破壞情緒，轉化而為積極性的創造與奮勉，這就是所謂化悲憤為力量，以雪恥為消恨的途徑。所以孔子說：「知恥近乎勇」，也就是這個道理。

所謂大恥，當然有別予小恥，簡單的說，大恥是一國之恥，如山河破碎，生民塗炭是；小恥則是一人之恥或一家之恥。我們今日強調大恥，並非忽略小恥，換一句話說，一人或一家有了恥辱，固然要盡力湔雪，以求獲得至高無上的榮譽，但大恥則涵蓋了一切小恥，如果一國的大恥不能湔雪，則國破家亡之後，個人的生命無所保障，個人的生活亦無所依托，是以其他一切小恥縱能有所改正補救，到結果仍舊是亡國奴，如此大節有愧，則生而辱不如死而榮。因此，小恥固然要湔雪，而大恥更不能不湔雪，同時當大恥來臨時，其他一切小恥更須使之在大恥的警惕之下，迅速轉化成為有裨湔雪大恥的助力，以求達到完整人格的基本要求。

大恨不僅是基於國家的大恥，亦同時激於國家的大仇。「仇」本來是與思想對稱的，它是因遭受侵害屈辱，無可忍耐，而必須求之於報復心理，這種因恨而求報復，亦原是心理上的自然傾向。同時恨之激發於仇者，則其恨乃能貫注於生命的本能之中，而以復仇為其生命本身的任務。俗語說：「有恩報恩，有仇報仇」。原是人類獎善罰惡的自然法則。

所謂大仇，也同樣與小仇有別，簡言之，大仇是一國家，一民族之仇；小仇是私人之仇，一個家庭或一個地方或一個團體之仇，這種小仇，不僅不是本題研究的課題，而且在大敵當前的今天，我們根本不應予以重視，因為無論是一己一家乃至是一個地方或一個團體之仇，其起因大都是由於國家遭受內奸外賊禍國殃民，以導致政府失去保障人民公正相處的功能所致。故國家大仇，實為一切私仇的根源，如果國家的內亂外患不除，則一切私仇私恨，勢以愈演愈烈，其結果必然是自相殘殺。因此，我們今日其所以強調大恨大仇，旨在消除一切內部的小恨小仇，進而團結整體力量，以對付我們今日共同的世仇大敵——俄共和中共。

至於所謂大恨的功效，在歷史的例證甚多，其中就基於大恥來說：如戰國時代的蘇秦，當他不得志時，嫂不為炊，妻不下飪，但他不因此種小恥而發為小恨，相反的將其羞愧之心，轉為積極的奮勉之力，懸樑刺股，奮鬥不懈，終於達成他連橫抗秦之大志。又如秦末的韓信，曾受胯下之辱，但韓信並不因此而衝動暴躁，好勇鬥狠，相反的在其內心深處更因此而堅定其抗暴復國之志節，故終能登壇拜將，滅秦興漢。這些都是化小恨為大恨，引大恨而歸諸大恥，雪大恥以完成大事的歷史例證。再就基於大仇來說：如孔子外抗強齊，內除國賊少正卯，三月而大治，夜不閉戶，道不拾遺，人與人間均能以禮相接，以德相勸，一切糾紛衝突，自然無從發生，縱有私的怨仇，亦可憑於公正的輿論為之評斷，或公正的法律為之制裁。次如我國古代吳王夫差，為了要報越國之仇，特指定一人站在他的門口，當吳王每天進出時，就指著他說：「夫差，汝忘越王之殺汝父乎？」由於經常激發他復仇雪恥的敵愾心理，後來果然打敗了越國，報了大仇。同樣的，越王勾踐，為了雪恥復仇，他臥薪嘗膽，藉極端刻苦生活的刺激，來消除他因循苟且，怠忽偷生的惡習，十年生聚，十年教訓，終於又達成雪恥復國的宏願。

至此，我們可以得出一個總結，大恨乃是我們在國家民族危亡時期應有的情緒，而恥為內發，仇為外鑠，大恨必植根於大恥，結連於大仇，乃能轉變為堅毅昂揚的志節和悲壯激烈的心懷，以構成我們的人格和生命的主要成份。譬如岳武穆的滿江紅和題壁詩，以及文天祥的正氣歌等等，就是這種志節與心懷的具體表現。

三、大恨的對象與實踐

大恨既是基於國家的大恥，激於民族的大仇而發。那末我們今日大恨的對象，絕不是如俄共以仇恨本身為目的，乃是針對我們國家民族的世仇大敵俄共與中共而言。要知道，俄共自一九一七年發動「十月革命」之後，即於民國十年侵入我國外蒙，成立他東方第一個傀儡「蒙古人民共和國」，至民二十年中日「九一八」事變後，俄共在表面上同情中國抗日，但實際上於民國二十四年，不顧中俄條約的責任，出賣中東鐵路於偽「滿洲國」。民國三十年，又與日本訂立「中立協定」，鼓勵日本南侵。民國三十三年更悍然以我國唐努烏梁海併入俄國的版圖。到了第二次大戰接近最後勝利的階段，俄共竟依據帝俄傳統的要求，提出對日參戰的條件，要挾美英成立雅爾達密約，後來它對日宣戰不及六天，日本投降，它乃侵略我國東北，拒不撤兵，掠奪我東北的工業設備，阻礙我政府接收東北的主權，且嗾使中共進入東北，截至民國三十四年為止，帝俄與俄共先後侵奪我們中國領土，共計五百八十八萬三千八百平方公里以上，幾乎佔了我國固有領土三分之一的面積。所以在歷史上，俄共實為我們中國的世仇大敵。

再就中共來說，儘管目前俄共和中共鬥爭的死結，已發展到無法解開的局面，但中共是俄共的螟蛉，是俄共用以侵略中國與征服世界的最大幫凶，乃是盡人皆知的事實。過去共黨「六全大會」通過的黨章，第一條即明白標示：「中國共產黨是共產國際的一部份，命名為中國共產黨，為共產國際的支部」。我們認為從這幾十個字當中，就可以確定中共的奴才身分。毛澤東在其所謂「論人民民主專政」謬論中曾無恥的招供：「謝謝馬克斯、恩克斯、列寧、史達林，他們給了我們的武器，這個武器並不是機關槍，而是馬克斯、列寧主義」。後來毛澤東再靦顏無恥地對其幹部們說：「假若沒有蘇俄的存在……我們能夠勝利嗎？顯然是不能的。勝利了，要鞏固也是不能的」。從此我們更可以說中共這種先天性的醜惡性格，完全是胚胎於俄共的祖先，而非中國歷史文化背景的產物。由於中共這種先天醜惡的性格，所以自民國三十八年在大陸建政以後，在近十四年來，一連串的實施了所謂「土地改革」「抗美援朝」「肅清反革命」「三反五反」「思想改造」「農業合作化」「工商業公私合營」「全面整風」「反右派鬥爭」……以至於現正繼續推行的『三面紅旗——「總路線」「大躍進」「人民公社」』等等暴政。而其在殘殺大陸同胞的暴行上，中共為了製造階級仇恨，造成恐佈氣氛，毀滅人性，獸化幹部起見，更公開採用了各種慘絕人寰的毒刑，如「望中央」「凍雪梨」「貼廣告」「拜城隍」等數十種。像這些暴政與罪行，凡是保國衛民的三民主義鬥士，怎不咬牙切齒，痛恨在心。因此，我們認為在反共抗俄時期，為了維護中國傳統的仁道精神，也為了實現三民主義的大愛，必須要仇恨敵人，痛恨敵人，如果我們今日對民族的世仇大敵——俄共，與中共有所寬恕姑息，那無異是等於對自己的同志與善良的同胞的一種殘忍。　蔣公訓示我們：「戰爭的本質是仁愛，而戰爭的方法是殘忍的，戰爭的目的是和平，而戰爭的手段是悲慘的，而且是野蠻的。因為要達成其久遠和平的目的，所以不能不忍受其暫時的悲慘。須知這殘忍的方法，就是要實現其仁愛的本質」。從　蔣公這段訓示中，我們即可理解戰爭就是要以比敵人更殘忍、更悲慘、更野蠻，更詭變的手段，來實現仁愛的本質與和平的目的。而這種殘忍和野蠻詭變的施展，必須是基於「有敵無我，有我無敵」的同仇敵愾心，然後才能堅強有力，勇猛徹底。

然而，我們將如何實踐大恨，以達成雪恥復仇，反共復國的宏願？這就要把握下列幾項要點，並須努力以赴。

認清中共和俄共罪惡：共產主義的本質是「極權、侵略、奴役」，俄共的野心是要征服世界，奴役人類，並以併吞中國為其征服世界的起點，它不僅是我們中華民族的世紀大敵，也是全世界和全人類的禍害根源，中共原是俄帝一手卵翼而成的，是國際共黨的支部，集流寇、漢奸，侵略工具獸性野蠻於一體，其喪天害理，滅絕人寰的凶殘罪行，為歷史上空前所未有。現在黑毛鬥爭，祇是他們個人的權力鬥爭，也祇是他們征服世界，奴役人類的手段和步驟發生歧異，而本質上並無任何改變，我們不應為黑魔的「和平共存」所炫惑，更不能對黑毛鬥爭存有任何投機取巧的幻想，我們應切切牢記：「主義不行，黨員之恥，中共不滅，軍人之羞」的明訓；更應以孤臣孽子的心情，化悲憤為力量，以臥薪嘗膽，忍辱負重的精神，為消滅中共，驅逐俄寇而堅決戰鬥到底。

鞏固內部團結：我們知道中共的慣技是製造矛盾，擴大矛盾，所以一切反共組織的內部，必須單一純潔，團結無間，不容有絲毫的漏洞罅隙，以杜絕敵人滲透分化的陰謀。我革命軍人祇有一個反攻復國的共同目標，祇有一個漢奸必滅，侵略必亡，三民主義必實行於全國，宏揚於世界的共同信心。因而同志間任何私人誤會，都應在大敵當前的共同認識下，忍讓互諒，化解消除，凡足以影響士氣和團結的作風與行動，都要徹底肅清，確實做到祇有共同的榮譽，沒有個人的恩怨。

堅持忍耐和自信：我們深信：「自信原是民族復興的基礎，忍耐乃是革命成功的根據」。證諸辛亥、北伐、剿匪、抗戰的革命史實，歷歷不爽，而今後我們在堅定革命信心方面，應確信下列數則：

第一、應確信二十世紀是三民主義的世紀，三民主義的真理，一定可以戰勝共產主義的邪惡；基於正義公理及弔民伐罪的義戰，一定可以獲得最後的勝利與成功。

第二、應確信國民革命軍的傳統精神，是以寡擊眾，以革命精神補救物質力量之不足。在未來反攻復國的戰爭中，我們一定能憑藉政治上以眾擊寡的形勢，獲得軍事上以寡擊眾的戰果。

第三、應確信反攻復國是我們自己的責任，我們一定能以自力更生的精神，達成光復大陸，解救同胞的神聖任務，不需要也不願意依賴世界核子戰爭，來解決我們中國內部的問題。

第四、應確信偉大的革命　領袖蔣總統，是世界反共的先知先覺，中華民族的救星，過去他曾領導我們完成東征北伐、剿匪、抗戰等重大的革命任務，今後在他的英明領導下，一定可以完成光復大陸，解救同胞的歷史偉業。

第五、應確信由於年來大陸同胞反共抗暴運動的風起雲湧，與我們突擊鬥士從空中，海上，敵前、敵後的不斷滲透，已形成武力與國民相結合，革命與抗暴相結合，一旦大軍反攻登陸開始，大陸同胞必能揭竿而起，形成為裡應外合，內外夾攻之勢，將中共徹底消滅。

其次，在磨練忍耐的修養方面，也應做到下列數點：

第一、經得起時間的考驗：自民國二十年「九一八」事變迄今，三十二年來對內對外，反侵略，反奴役，繼續不斷的正義戰爭，證明我們是具有頂天立地、堅強不屈的韌性。當此大仇未報，國恥未雪的今天，我們應忍受目前的刺激，化悲憤為力量，化仇恨為行動，精練戰技，立下長期奮鬥的決心，以爭取革命全程的勝利。

第二、應經得起痛苦的折磨：八年的艱苦抗戰，我們都咬緊牙關熬過了，未來的反攻作戰，生活當比現在更為艱苦，因此我們必須以臥薪嘗膽的精神，來迎接未來更多的艱難困苦。

第三、應涵養忍辱負重的精神：民國二十年「九一八」事變以後，日本軍閥咄咄逼人，由於我們能忍辱負重，謀定而後動，終於使其勢窮力竭，屈膝投降；民國三十八年間大陸局勢逆轉，國際間對我們極盡輕蔑，但由於我們能忍辱負重，終有今日的堅強壯大；因為惟有忍辱，所以才能負重；亦惟有忍辱負重的修養，始足以堅持長期奮鬥的精神，亦才能擔當反攻復國的重責大任。

四、結論

總結上述數端，我們可以得出一個結論，那就是說：恨是人生的一種敵對情緒，這種情緒和愛一樣的同為人類的天性，同是以仁為出發點的表現。換言之，愛人與惡人，都是仁道的表現，也就是為了保障好人，必須打擊壞人，為了做到「安良」必須先能「除暴」。「大恨」是基於國恥，激於國仇；我們要雪國恥，報國仇，就必須要做到對內團結一致，對外同仇敵愾，時時刻刻以雪大恥，報大仇為己任，並進而涵蘊自信忍耐的精神修養。如此，始能達成我們光復國土，拯救同胞的重責大任。

（原載於中華民國陸軍裝甲兵月刊第十四卷第十三期）

十三、論以寡擊眾與以眾擊寡

——闡揚總統　蔣公民國五十一年國慶文告——

總統　蔣公在今（五十一）年國慶文告中，對敵我雙方實力的對比，國際人士對大陸真相的看法、俄共侵略世界的種種罪行、以及全國軍民所負責任的重大等等，都有具體而明確的提示。尤其最重要的，是指出全民革命、全民復國的時機已經成熟，臺海軍事反攻與大陸革命抗暴相互結合，武力上做到以寡擊眾，政治上做到以眾擊寡，我們弔民伐罪的聖戰就必能一戰而勝！我們深信　總統這一文告，在驚天動地的革命情勢中，它是成功的指標，在翻雲覆雨的世局變易中，它是光明的前導，而對於大陸同胞，它是撥雲霧而見青天的福音。為使關心敵我雙方實力的人士對　總統在文告中所提「武力上做到以寡擊眾」「政治上做到以眾擊寡」的訓示，有著更深刻的認識與瞭解，謹將管見所及就教於方家。

一、以寡擊眾與以眾擊寡的基本認識

就一般常理而論，所謂「眾」與「寡」，當不外是對「數量」大小的一種看法，這凡是明眼人都能見到的。但從實質的比較而言，大小的「數量」一定要看其「能力」的高下，質言之須看其潛力；

如周書上所說：「紂有臣億萬，惟億萬心；周有臣三千，惟一心。」看量，當然是紂眾周寡，論質，則周眾紂寡，結果還是紂敗而周勝。從此我們可得出一個初步的結論，即周武力上是以寡擊眾，但在政治上是以眾擊寡。換句話說，周所有的數量雖小，但能發揮其有限數量的高度「能力」，因此能以絕對的優勢而勝紂之所眾。

至此也許有人懷疑孟子所說：「大固不可以敵小，寡固不可以敵眾，弱固不可以敵強。」反共革命在武力上何以能夠做到以寡擊眾？誠然，孟子確有「寡不敵眾」之說，若我們斤斤計較於字面上的說法，或為此種說法而疑慮，則革命戰爭當是步履維艱，後患無窮。然而若以孟子所謂「仁者無敵於天下」的話，來反復思考，不斷回味，則不但可以破除「寡不敵眾」的疑慮與恐怖，同時更會理解「以仁抗暴」革命戰爭的特質，及其在政治上必能獲得「以眾擊寡」的真理所在。這正與　國父所謂：「夫事有順乎天理，應乎人情，適乎世界潮流，合乎人群需要，而為先知先覺者所決志行之，則斷無不成者也，此古今之革命維新興邦建國事業是也。」——之要旨恰相吻合。

就純事物的觀點而言，常人所謂「星星之火，可以燎原」。這足以說明星星之火力量的偉大，這就火的燃燒力而言，一根火柴可以造成萬頃森林的毀滅，火柴雖只有一根，但萬頃森林絕抗不住一根火柴的力量。　總統　蔣公在民國四十九年的元旦文告中，曾開宗明義的指出：「我們的武力是一種火種與信管的作用，亦即揭開反共革命戰爭序幕的一種啟鑰作用。」由此亦足以說明弔民伐罪的革命武力，是無須與暴力成正比的，火柴的多少與森林的數量是無須成正比的，同樣的，信管也無須與炸藥成正比的。

再就現實的觀點而言，也許有人懷疑，我們以寡擊眾，旨在發揮革命的精神力量，而中共竊據大陸已有十三年之久，目前正是它全民皆兵，進行其所謂「社會主義建設」的階段，這豈不同樣的能發揮其更大更多的潛力，如此水漲船高，敵我力量豈能對比？我們在武力上怎能以寡擊眾？這祇不過是自我陶醉，亦如同夜行人吹口哨而已。若我們真的存有此一錯誤觀念，則不但不理解眾與寡的實質，抑且對中共外強中乾的實況，還認識不清。若我們能深研　總統在文告中所指示的下列要點：(一)我們大陸上的五億以上同胞，並不是中共的五億人民，而恰恰是中共的五億反抗者。(二)共軍共幹，亦隨時都是中共一個血浪接著一個血浪，鬥爭整肅的「階級的敵人！」誰能說這種望眼欲穿，響應國軍反攻惟恐不及的人民，會是中共所能用以抗拒國軍的「民兵」？誰又能說這種眼看著骨肉凍餓，社會黑暗的共軍，還會忍心為中共所驅使，而延長其父子，兄弟，夫婦、兒女在暴力鞭韃下鬥爭、饑餓的痛苦？所以在中共來說，不但這五億以上人民，個個都是敵人，就是它共軍共幹，在心底裡，絕大多數亦都是辛亥首義時期一樣的新軍；而在我們這方面來說，自然個個都有血肉相連，呼吸相通的自由鬥士。(三)現在中共竊據的土地，也正是到處「爆炸」、「動亂」的震源……所以在我們而言，寸寸土地都是自己民族生存的領域，也處處都是爭取自由的戰場；而對中共來說，卻處處都是它們的刑場，寸寸都是它們的墳墓。至此，自然可以明瞭諸如此種形大而體小的暴力集團，難以抵抗我「以仁抗暴」的革命武力？亦同樣可以瞭解我們以寡擊眾與以眾擊寡的意義之所在了。

二、以寡擊衆與以衆擊寡的歷史通則

須知「以仁抗暴」的革命戰爭，在武力上做到以寡擊眾的事實，已不是歷史上偶然發現的奇蹟，而是中外古今革命史上的通例，如我國少康中興、湯武革命、光武中興，都是以寡擊眾有名的例證。在作戰方面，肥水之戰、赤壁之戰，固為盡人皆知的事實，即外國的堪尼會戰以及坦能堡會戰等等，又何嘗不是戰爭史上最燦爛的詩篇！以我國現代革命的史實來看，辛亥革命，我們既無如今的革命根據地，亦無如今日國際力量的支援、更無如今日現代化的革命軍，但是武昌起義，當第一響槍聲發出之後，就立刻獲得了全國各地的響應，並在三個月以內，終於推翻了二百六十年來的滿清政府，與數千年來的君主專制政體。再如國民革命軍北伐的歷史而言，由於當年蔣總司令的領導與全國民心和革命武力的相互結合，不及兩年的時間，終於以十幾萬的劣勢兵力，摧毀了號稱幾百萬大軍的北洋軍閥，諸此無一不是在武力上以寡擊眾與在政治上以眾擊寡斑斑可考的歷史通例。

三、以寡擊衆與以衆擊寡的實踐要領

從上述各端，我們對於以寡擊眾與以眾擊寡的概念，及其歷史的通例，已有了概略性的瞭解，但是我們還要更進一步的探討，武力上究竟如何做到以寡擊眾？政治上亦應如何做到以眾擊寡？在此我們首先須要研究的，即武力上以寡擊眾，並不是坐待勝利的到來，而必須要從革命奮鬥中做到「變寡為眾」，是則以純理論的觀點來分析，武力上以寡擊眾，必須憑藉政治上以眾擊寡的力量。換言之，惟有在政治上能爭取大多數被壓迫，被奴役者的共同意向，武力上的寡才能具備擊眾的力量，所以國父在遺囑中指示我們欲達到國民革命的目的，「必須喚起民眾與聯合世界上以平等待我之民族共同奮鬥」。我們知道喚起民眾與聯合友邦，即是「變寡為眾」的不二法門。因此我們認為武力上以寡擊眾的憑藉，是在政治上以眾擊寡；而政治上以眾擊寡，即提供了武力上以寡擊眾的先決條件。反過來說，統治者如其政治腐敗、則不但要失去民心，且必然要受到人民的反抗，是則在武力的形勢上雖「眾」，但在革命抗暴力量興起時，即變為「寡」，而革命抗暴者因受仁本政治的號召則成為「眾」。由此我們又可得一結論，革命勢力，始終如同滾雪球一樣，愈滾而愈大，而暴力集團因實行暴政，即如同火山巔的雪人一般，愈溶而愈小。

如上所述，政治上做到「以眾擊寡」是在武力上「以寡擊眾」的先著，但是我們應如何貫徹此一要求，期能造成政治上「以眾擊寡」的形勢，並進而促成中共政權的早日崩潰，與我反共復國的早日成功，謹就要者列舉如後：

㈠實踐「革新、動員、戰鬥」的號召：　總統在今年元旦文告中指出：「真正戰爭要打在開火之前，最後勝利要取決於準備之日。」目前我們反共復國的戰爭，雖已有了相當的準備，但為了造成政治上「以眾擊寡」的形勢，我們不但不能滿足現有的成就，亦不容鬆弛一貫的努力，惟有更進一步的團結意志，集中力量、實踐　總統「革新、動員、戰鬥」的號召，從個人的心理，生活，工作革新，進而影響政治與社會的革新，同時由思想與組織的動員，才能迎接未來反共復國的全面戰鬥。

(二)繼續建設臺灣，激發大陸革命：臺灣是我們反攻復國的基地，十三年來政府在臺灣從事各種建設的偉大成就，固已贏得國際人士與海外僑胞的讚譽，但是為了爭取大陸同胞的意向，我們仍應繼續加強三民主義的建設，以使臺灣社會繁榮，民生樂利的實況與大陸同胞的生活情形做一強烈的對比，則無形中亦可激發大陸人民的群起抗暴。

(三)團結國際力量、粉碎中共和俄共的陰謀：　總統在文告中指出，國際人士對大陸真象，現在已經逐漸了解，過去他們常常討論中共究竟強到甚麼程度？現在則是研究中共弱到怎麼的地步？他們過去以為中共的控制已經鞏固；大陸現狀無法改變，現在則已承認鐵幕內部不安，隨時可能發生變故。我們認為國際人士對中共政權認識的轉變於我極為有利。尤其自寮越局勢的日益惡化，柏林問題的空前緊張，以及俄共在古巴所採取的侵略佈署而促使美國以軍事封鎖古巴的堅決行動，更足以顯示世界性的反共鬥爭，已發展到了一個新的境界。我們是國際間反共的忠實盟友，亦是自由世界反抗侵略的有力支柱，對於這種有利的情勢應好好的把握，並妥為運用。特別要緊的，是將「中共竊據大陸是人類禍亂根源」的明確事實公諸於世，以激發國際人士對中國問題有著更深刻的認識與瞭解，如此不僅使中共和俄共任何陰謀永遠無法得逞，且對我在政治上造成「以眾擊寡」的形勢亦為有利。

(四)擴大政治號召，摧毀中共政權：我們首先須要瞭解，擴大政治號召的目的，在於摧毀中共政權，而擴大政治號召的要求，是以「大陸革命運動與臺海軍事行動」或「臺海軍事行動與大陸抗暴運動」相互配合，內外夾攻，以達到兩個戰場共同消滅一個敵人的目的。基於此一認識，我們必須將總統歷次所提反共復國的戰略指導方針，光復大陸的「政治指導綱領」，「六大自由」，「三項保證」，以及今年雙十國慶告中共陸海空軍各級幹部官兵書中所附「四項原則」，「十條約章」等等向大陸軍民廣為號召，並將「不是敵人、就是同志」的反共復國信條，昭告大陸同胞，以直接行動發動反共抗暴，或率先響應臺灣軍事反攻，如此裡應外合，兩面夾攻，始能摧毀中共政權、解救大陸苦難同胞。

四、結論

恭讀　總統國慶文告，盱衡當前革命情勢，反共復國必勝必成的趨勢，已為萬眾心理所造成，而武力上「以寡擊眾」與政治上「以眾擊寡」，並非歷史上偶然發現的奇蹟，乃為革命戰爭與仁本政治勢所必至，理所當然的明確事實。以我們目前的現實環境而言，在大陸有五億以上的反共民眾；在臺灣有總統　蔣公的領導及六十萬以上的反共隊伍；在海外有一千餘萬的忠貞愛國僑胞；在國際間有許多忠實的盟友，是則在政治上我們確已具備了「以眾擊寡」的優越條件。

然而，勝利愈接近，困難也許愈多，危險也可能愈大，因此我們一方面要切實運用上述的優越條件，另一方面更應恪遵　總統在文告中所提萬眾一心的訓示，為造成仁本政治上「以眾擊寡」更有利的情勢，作百尺竿頭，更進一步的努力，以使我似寡而實眾的革命武力，一舉擊潰似眾而實寡的暴力集團。

（原載中華民國陸軍裝甲兵月刊第十二卷第九期）

參、記敘習作

一、處理蔣緯國將軍函札的心得

自民國四十八年八月六日至民國五十四年十二月二十五日，我在陸軍裝甲兵司令部（民國五十三年十二月改編為陸軍裝甲兵訓練指揮部）政戰部第五科服務期間，早先是任上尉政戰官，官階很低，可是承擔的業務很重，那就是司令蔣緯國將軍所交辦的一些函件，這種業務在我沒有接辦以前，沒有一個承辦人不感到頭痛，因為蔣將軍的聲望崇隆，待人非常熱忱，做事更是踏實、認真、徹底。凡是對有求助於他的部屬、戰友、或政府機關、社會人士等等，都要做到事事有著落，案案有結果。而承辦人的作業又必須做到精細，連標點符號也不准有絲毫的差錯，如被發現錯誤，按「點」記算而追究責任，並要求從承辦人開始，凡是經過核稿的科長、政戰部副主任、主任、副司令等都要受到連帶處分，像這樣的要求，使任何承辦人都有著戒慎恐懼的心理，就因為這樣，曾有好幾位承辦人都怕受到處分而紛紛求去的。

我當年是從陸軍裝甲兵第一師政治教官組（任務編組）調來裝甲兵司令部的，對於承辦這種業務，真有著臨深履薄的感覺。然而因為我有了接受考驗的心理準備，而且具有一種不計名利、成敗、得失、毀譽的犧牲精神，在承受蔣將軍的嚴明教導下，直到蔣將軍於民國五十二年八月六日離職榮陞之日止，在整整四年的時日裡，我雖然備極辛勞，但在辛勞中能順利達成任務，未曾牽累任何長官受過連帶處分，的確是一件很難也很快慰的事。謹就記憶所及，把當年承受蔣將軍交辦函件的作業心得條舉如後：

一、當年接獲的信件甚多，在蔣將軍離開司令部時，為了讓官兵了解蔣將軍對於接獲信件的處理情形，特製作了一個「書翰齋」木箱，把四年來所處理的信件，共計一萬三千七佰二十八封都裝入「書翰齋」，陳列於該部的隊史館內。在這些信件當中，對於長官的稱謂與中、西兩式信封的寫法，多不一致，例如寫給指揮官的信件，有的尊稱為「指揮官某某」，有的尊稱為「某某指揮官」，也有的尊稱為「某公指揮官」，或「指揮官某公」等。寫給司令的信箋上，也有類此稱謂的，也有稱將軍的。至於寫信人的自稱，有的稱「職某某」，有的稱「部屬某某」，也有的稱「屬某某」。再就信封的寫法來說，有的寫「某司令某某」，有的寫「某公某某」，也有的寫「某某司令」，更有的寫「某某先生」，或「某先生某某」等等。像這種種稱謂，以及信封的寫法，蔣將軍認為不但未能統一做法，而且覺得都不合乎時代的潮流和現實的需要。因此，曾於民國四十九年九月五日以(49)戚忠字第〇一四一號令頒一項規定，將信封、信箋的稱謂，以及中、西兩式信封的使用方式，作了如後述的統一規定，期能有所改進。

二、信箋的稱謂（也就是信的首部稱謂）：對於長官的稱謂，固然應以尊稱為首要，但也不可過於守舊或泥古，例如寫給長官的信件，首先要注意到「職稱」然後再寫「提稱語」，如對司令或師長來說，僅稱「司令鈞鑒」、「師長鈞鑒」即可，或在職稱上加以「敬愛的司令」，「敬愛的師長」也可。至於寫信人自我的稱謂，千萬不能冒犯以往的錯誤——職某某，或屬某某，必須要詳細註明單位、級職與姓名，例如士官長張德功給司令寫信時，自己必須註明某師某營某連士官長張德功謹上，這樣司令一接到這封信，就會知道張德功是屬於那一個單位的那一個職位了，如屬已經退役的，那末就應將某某年退役及當時的級職、單位寫明才對。

三、信封的稱謂：首先要注意到的，就是信封上受信人和發信人的姓名，都應該詳細書寫，不過對受信人的稱謂，要有階級次第的分別，例如某士官長寫給現階將級長官的信件，無論用郵寄、托人帶交或面交時，都必須書寫「某某將軍鈞啟」。寫給校尉級軍官的信件，也一樣的必須寫明階級，除非是為了保密起見，郵寄時須書寫「某某先生」外，其餘無論托人帶交或面交等，都必須書寫其官階。例如某士兵寫給李營長德勝或王排長救國的信件，那就要寫「李德勝中校鈞啟」或「王救國中尉鈞啟」。至於對非軍人的信件，則在信封上至少應稱「某某先生」，不過對於有學位的，則稱其學位（如某某博士或某某教授）。

四、中、西兩式（直式與橫式）信封的書寫方式：信封的種類本來很多，但目前一般使用的信封，大多屬於中式和西式兩種，而這兩種信封，都包括受信人和寄信人的地址，以及受信人的姓名

（如上所述，毋須重複）。現就這兩種信封在受信人和寄信人，以及寄信人地址的關係位置與貼郵票的位置和貼法等說明如後：

㈠中式信封：中式信封，一般稱之為直式信封，當我們使用這種信封時，受信人的地址，一律寫在你看上去的右側（相當於地圖之東側），在地址上端，應寫上收件人的郵遞區號。中間（有些信封上印有長方格）寫受信人某某某收啟。左側（相當於地圖的西側）離頂邊稍低三分之一處，開始寫寄信人的詳細地址，或郵政信箱字號和寄信人的姓名。郵票則貼在信封的左上角（即寄信人地址的上方）左下方則填寫寄件人的郵遞區號。（如範例一）受信人與寄信人的地址，如一行寫不完時，則在原規定的位置內，可排列成二行，受信人如須由第三者轉交時，則可在受信人之右（東）側較低一格處開始寫某某先生轉交等字樣，（同範例一）。如果郵票位置亂貼，那末郵局就無從加蓋日期印戳，更無法使用機械蓋印，以加快工作了。

範例一：使用中式（直式）信封的範例

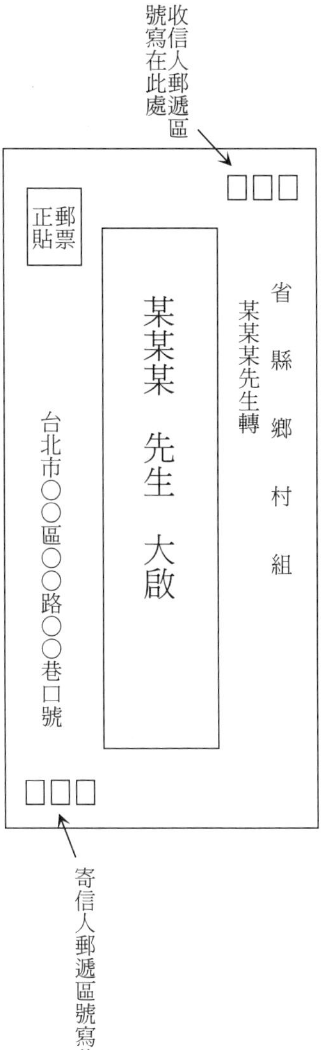

(二)西式信封：西式信封，一般稱之為橫式信封。過去使用橫式信封的一般錯誤，就是把受信人的通訊地址寫在受信人的上方，而寄信人的通訊地址則寫在受信人的下方，同時把郵票隨便亂貼。殊不知使用西式信封時，受信人的地址，應寫在寄信人的正下方，可用「首端看齊法」「每行梯次法」與「各行兩端均伸法」三種方式的任何一種，而寄信人的通訊地址和姓名，則須寫在受信人的左上方，也就是信封的西北處，轉信人應該寫在受信人地址最上面的一行。郵票則應貼在信封的右上角（即東北角），其整個的關係位置，就等於將中式的直寫信封作「順鐘向」的九十度旋轉一次（如範例二）。至於郵票只要面值相當，其張數越少越好，以免增加粘貼之空間，導致各種郵務上的困擾。

範例二、使用西式（橫式）信封的範例

一、橫寫者寄信人姓名、地址、寫在左上角或背面，一律自左至右橫寫，其順序：

第一行郵遞區號，第二行地址，第三行寄信人姓名。

二、橫寫者收信人的姓名、地址寫在寄信人的正下方，一律自左至右橫寫，其順序為：

第一行地址，第二行收信人姓名，第三行郵遞區號。

書信是表達人我心意，縮短人我距離，交換人我經驗，增進人我感情的重要工具。由於它對人們生活有著密切而不可分的關係，所以我們對於書信的稱謂和信封的使用，以及郵票的粘貼等，都應該按照規格，並且隨著時代的進步而革新，如此才能使新的知識，配合新的時代；新的做法配合新的要求，而且還不致於增加郵務工作人員不必要的麻煩和處理上的困擾，這就是我過去處理蔣將軍交辦信函的重要心得。

（原載中華民國陸軍裝甲兵月刊第十卷第十期）

106
台北市永春路 00 巷 2 號 3 樓
王大明

郵票正貼

台中市東區育英路 00 號
陳大同　先生 啟

郵遞區號

二、政戰學校政治作戰研究班的回憶

自民國四十二年畢業離開復興崗之後，雖然有過四次返校受訓的機會，但民國七十年調回政戰研究班任職，還是第一次返校服務。因此，在心理上格外有著戒慎恐懼的感覺。

政戰研究班是母校當年最高的教育班次，也是國軍中、高級政戰幹部教育的最高學資。正因責任重大，所以必須把握革新、務實、開創的方針，全力以赴。

先講革新：首先就六大戰課程，把原先「五段教學法」改為想定作業方式施教，用連續想定貫穿全部課程內容，促使同學發揮想像力，加強自我學習。在戰術課程方面，置重點於政治作戰和軍事作戰緊密結合，把所有的參謀業務課程併為師作戰一至十想定，從四十七期起再增加四個想定，合併成十四個想定。為磨練同學們指參作業能力，在步兵師圖上對抗演習，或參加部隊實兵演習裁判前，先實施圖上演習或裁判講習一週，經這樣反覆磨練後，同學們對各種軍事或政戰狀況的處置措施，就顯得更加具體了。

次說務實：我常說教育事業是良心事業，一定要腳踏實地的去做。在我記憶中，有兩件事情值得一提：第一件是「六大戰」教材，已有十二年未曾修編過，部份內容未能結合現況，為了教學需要，祇用了半年的時間完成修編，並自四十七、四十八期啟用，這項工程應歸功於蔡振邦、王秀菁、張麒麟、瞿又耜、向志進（已於民九十六年辭世）、林武彥等六位專任老師，他們那種積極負責的精神，使我非常敬佩。第二件是以精神教育為重心的訓導工作，在課程方面，絕對按照進度實施，一切作為以陶鑄幹部武德，砥礪犧牲奮鬥精神為指標。在考核方面，除充分授權自治幹部照規定事項認真執行外，並親自一一約談，期收個別輔導之效。這方面的工作，訓導主任喬敬敏上校的協助很多，至今我仍銘記在心。

再談開創：「為者常存，行者常至」，這是我時常用來開創工作的「座右銘」。民國七十一年四月二日當英國和阿根廷爆發富克蘭群島戰爭時，我立即策動六大戰的專任老師和全體同學，就政治作戰六大戰的觀點，針對英、阿雙方在富島戰爭中有關思想、謀略、組織、心理、情報、群眾戰的運用情形，進行學術研究，並於戰爭結束一週內完成，經在訓同學集體討論，作出結論時，咸認這種做法，對開拓同學知識領域，增進本職學能，裨益至大。復於同年八月，為預防B型肝炎的傳染，經克服困難後，於九月十六日將桌餐改為盤餐，為母校當時供應盤餐的第一個單位。像這些工作，豈不都是上述古訓的印證嗎？

回憶在母校服務一年五個月期間，雖然是盡心、盡力、盡責的投入工作，但在民國七十一年年底，當我奉命調離復興崗，踏上另一個奮鬥的里程時，心中仍感覺十分悵然，因為母校過去所賜予我的太多，但無法細說從頭，而我回饋母校的太少，確實微不足道。但願政戰研究班的未來，日新又新，百尺更進，為國家培訓更多更傑出的人才。

原載政戰學校第一期同學畢業四十周年專輯

三、踐履「復興崗精神」的幾個小故事

民國四十年十一月一日，政工幹部學校（後改為政治作戰學校，現再改隸國防大學政治作戰學院）創校人　蔣經國先生以「本校的革命任務」為題，向第一期同學第一次訓話，指出：「謙讓、虛心、深刻，是我們做人做事的基本條件，更是我們政工人員應有的基本風度」。所以政工幹部學校應樹立起一個幹部的特質，其具體要求是：一、絕對性信仰主義。二、無條件服從領袖。三、極嚴格執行命令。四、不保留自我犧牲。惟有做到這四點，才能在這天翻地覆的時代裡，完成驚天動地的偉大事業。」（蔣主任講詞集第一輯四、五頁）

復於民國四十一年九月十七日，　經國先生以「復興崗命名的真義」為題，訓勉全校官員師生說：「要怎樣使我們這裡名副其實地成為復興崗？那就要把學生的精神氣魄培養起來，也就是要培養始終不渝、堅忍不拔、以擔負起復興中華民國為己任的氣魄。」（蔣主任講詞集第一輯一三六頁）

從經國先生以上的訓示，便可瞭解　經國先生對復興崗子弟和復興崗的期許是何等的殷切。母校為了貫徹　經國先生的旨意，即把幹部特質的四大要求，確定為「復興崗精神」，並以「培養驚天動地的革命氣魄」、「發揮埋頭苦幹的實踐精神」作為實踐「復興崗精神」的動力和指標。我雖然不是母校的傑出校友，但過去在政治作戰的工作崗位上，自信是一個具有氣魄、堅守原則、堅持立場、不畏艱困、不計毀譽、只問是非不問成敗，並且始終不渝的為踐履「復興崗精神」而肯犧牲奮鬥的學生。謹列舉下述幾個小故事，以資印證。

一、嚴格執行命令，促使基層管教合理

民國四十二年至四十五年，在台中師管區步第一團（後改為陸軍新兵第五訓練中心）第十一連任指導員（後改為輔導長）時，為貫徹上級禁止體罰、凌虐士兵的命令，曾感受到許多的困擾，因為有些資質平庸，既不能聽、也不會講國語的新兵，每遇到個性急躁、缺乏愛心和耐心的班、排長，極容易發生管教不當的事件。當時我和連長經常透過各種會報，或利用個別接觸的時機，宣導有關管教的做法和禁令，勸導班排長要發揮愛心、耐心，做好管教工作，嚴禁體罰、凌虐不法的行為，可是效果不彰，不僅體罰、凌虐事件未能根絕，且有變本加厲的情形。連長對於剛愎自用的幹部感到無奈，我也到了無法容忍的地步，因為上級的禁令未能貫徹，新兵的尊嚴和安全得不到保障，影響政府的形象和軍民的感情，至深且鉅。當一切辦法都運用無效時，我祇有不計個人的成敗和毀譽，把體罰新兵致傷的某排長報請團部處理，於核定記大過乙次後，曾引起班、排長的反彈，認為我妨礙了他們對新兵的管教，揚言要對我採取報復行動，可是我不為所動，仍繼續貫徹禁令，當另一排附（班長）凌虐新兵成傷時，再依規定呈報團部核定記大過乙次，這時候排長發現我已不再有所寬容，也就不敢以身試

法了，管教工作也逐漸合理了。

二、清除伙食積弊，拒絕調離工作崗位

民國四十三年春，新兵用餐時經常出現「打衝鋒」的現象，可是伙食委員和監廚都查不出其中的弊端。有一天我請一名伙委和監廚的弟兄，偕同補給官等帶著磅秤和一袋米，去和團部的標準磅秤作一比對，竟發現我連的磅秤和團部的秤，每六十公斤短少六公斤，這是米飯不夠，造成喫飯「打衝鋒」的主要原因。為了整飭法紀，我把這一疑案報請團部轉呈台中師管區偵辦，經判處特務長有期徒刑三年。

除此以外，當年有的連隊蓄意將結餘的伙食物資，控存起來，待新兵結訓離營後換成現金，作為建制官兵的福利，諸如會餐、購買便服、皮鞋、手錶、太陽眼鏡等。我對於這種損害多數、圖利少數的作法，認為是敗壞社會風氣、傷害政府形象，影響軍民團結的不法行為，不應仿傚，並曾以情、理、法三者向建制官兵作道德勸說，要求結餘物資除用於平日加菜、新兵結訓會餐，以及新兵解召返鄉時在旅途所需的餐點以外，建制官兵不得享受任何特權。

我這種種認真的工作態度，也曾引發少數幹部的不滿，認為我沒有照顧到他們的生活福利，其中居然有人向上級反映，指我人地不宜，建議把我調離。沒多久奉團主任王（汝濟）中校召見，於垂詢連內有關情況時，我把幹部管教不當、特務長貪瀆不法，以及伙食結餘物資的公平處理情形等項詳細

回報。主任聽完以後，即徵詢我是否願意調換工作單位？我當以誠懇的態度回答：「若是我的品德、操守不好，或工作不力、績效不彰而調職，自當心甘情願，可是為了革新管教、端正部隊風氣、認真執行命令而調職，豈不助長部隊的歪風嗎？我寧可忍受屈辱，卻不願因整飭部隊紀律而調職。」團主任對於我的堅持，深受感動，於是調職的事也就擱置下來了。嗣後連內的風氣和幹部對新兵的管教，都有耳目一新的感覺。而我和全連幹部，並沒有因此而有任何芥蒂，這證明了「能堅持就能得到勝利」，是有道理的。

三、處逆境時，仍能多次完成重大任務

民國六十四年至六十六年，任陸軍二九二師政戰部主任期間的工作績效評比，均名列前茅，且被列為陸軍總部政戰部處長候選人，只因未能「迎合上意」，亦不諳「官場文化」，於六十六年七月調任新竹軍政戰部副主任。我對於這種「明昇暗降」的職務，不但不灰心，而且發揮「逆流而上」的奮鬥精神，繼續為政戰工作盡心、盡力。嗣經策劃、參與「光華演習」、全國也是全軍性的「莒光三號」政治作戰示範演習，都能獲得傲人的績效。特別是「莒光三號」演習，曾贏得觀摩人員一致的肯定，並深受前總政治作戰部主任王昇上將的賞識（王上將現場視導演習），把我調任國防部總政戰部戰地政務處副處長，這是我從「敗部復活」的轉捩點。但是，當我到職正在積極推展工作時，前陸軍總部政戰部某主任，於民國六十七年十月一日調任總政治作戰部副主任，督導人事和戰地政務的業

務，這就使我聯想到「不是冤家不聚首」的事實，終於落到我的頭上了。果然不出所料，某副主任時常以「莫須有」的指控，繼續打壓我以外，並於民國六十八年十一月九日至十三日，國防部舉行全國防衛作戰，命名為「漢陽演習」時，諭示前政計會政戰組某組長，派我擔任政戰第一總隊裁判官，並只給我一個狀況（即動員召集）去擔負為期五天的裁判勤務，依某副主任的計謀，我不可能有達成這一任務的本事，若查出是虛應故事，很可能會以本職學能不足與怠忽職責，立即把我調離參謀本部，使我與將級軍官絕望。然而，在五天演習過程中，我能本著「自編、自導、自判」的做法，使該總隊每天從早到晚的演習課目，無論兵棋推演、實兵演練，或高司作業，都能井然有序，至總結檢討時，深獲全體官兵一致的推崇，認為這是總隊暨其所屬部隊自成軍以來，最成功的一次演習，實在受益良多。這也是我沉著、忍耐、堅毅、勇敢、埋（抬）頭苦（樂）幹所得來的成效，同時也更加是某副主任所料想不到的奇蹟。

四、緊急受命，竟用最短時間達成重任

國防部為了因應中美斷交情勢，除舉行「漢陽演習」外，復於同年十一月底和十二月初，連續舉行軍事檢討會議、政戰會議及金馬地區戰地政務戰備整備會議。這三大會議已準備約四個月之久，祇因承辦綜合業務的某副處長，於「漢陽演習」後高陞離職，新任副處長陳代昌上校尚未到職，某處長奉核准於十一月二十一日去日本考察農、漁、牧業，致使三大會議的資料均未定稿。至二十一日上班

時，某處長的駕駛送處長至桃園中正機場搭機赴日後，將處長交下的上述三大會議資料，突然送給我，並在公文封背後寫了許多交代的事情和規定完成三大會議資料的期限。我看這三大會議將在十二天內召開，於是立即向某副主任請示戰備整備會議中心議題的政策取向，並分別通知各承辦同仁於每天下班後，分別和我留在辦公室一同加班，就在這樣集思廣益的情形下，上述各種會議的專題報告、中心議案、一般提案和建議事項解答等，都在十一月二十五日上午按時完成。至於金馬戰地政務戰備整備會議手冊，亦於十二月二日交給駕駛弟兄於當日處長自日本返國下飛機時一併遞上。次日上午在三軍軍官俱樂部舉行會議時，因準備充分，內容充實，深獲與會各單位主官（管）一致的肯定。自問若不是我自己禁得起考驗，怎能在急迫的時限內完成過去四個月來未能完成的重大任務？

復興崗是我發跡的所在地，我所獲得的不只是五紙畢（結）業證書，也不只是當年的少尉官階或學士學位，而是母校的師長們教誨我許多做人、做事的道理和方法。特別是創辦人　經國先生每次來復興崗作精神講話時，都在教導我們「要有堅定的信心和立場，革命的氣魄和高尚的人格，要有衝鋒陷陣，忍辱負重的犧牲精神，具有一切不怕，從容應變的沉著態度。」「希望同學們要健全自我、虛心好學，在惡劣的環境中，不學適應環境或迎合環境的作法，要學克服環境、創造環境的本領。」「寄望學校要培育有理想、有骨氣（頭）、能埋頭苦幹的幹部，要訓練能創造、改造社會的人，不要訓練逢迎拍馬、見人說人話，見鬼說鬼話的人。」（政戰學校所印蔣主任講詞集第一輯第二〇、六七、一六四頁）這些語重心長的遺訓，言猶在耳，迄今不敢隕越。幸承國防部總政戰局局長鄧祖琳上將函囑寫稿，用作編纂「永遠的復興崗」專輯，謹條舉自己經歷的小故事，也就是用行動踐履「復興崗精神」的事實，提供母校現職老師和後期同學參考、檢驗。倘能因此而培育更多優秀而傑出的骨幹為國軍政戰工作奉獻、犧牲，則復興崗幸甚！國民革命軍幸甚！中華民國幸甚！

（本文是應國防部總政戰局爲編印「永遠的復興崗」徵稿而作）

四、嚴以律己、寬以待人的馬家珍學長

家珍學長雖然是和我在政工幹部學校第一期本科班的同期同學，但是很遺憾沒有和他在同一個中隊受過訓；畢業後僅在前台中師管區步一團共事過幾個月，可是不在同一個營、連服務，所以對這位多數人讚不絕口的大學長，認識並不深刻。日前承曾易之學長先後兩次遠從台中來電，要我寫篇追思家珍學長的文稿，以為紀念，實在有些「難以承受之重」的感觸，但又不好意思全都拒絕，想了想只能就我和家珍學長聚晤時所認知的二、三瑣事，寫出我對這位大學長的追思和悼念。

家珍學長是一位謙抑君子、也是道地的好人、更是一位忠黨愛國的志士。記得民國四十三年，他奉命調任台中師管區步一團第四營某連政治幹事時，他看到我和易之學長都任連指導員，自己不但不感到委屈，而且幹勁十足，深獲長官倚重、同事尊敬。沒有多久，大陳島的局勢逆轉，因而在緊急情況時，奉命調往前線支援。在我記憶之中，連同學們歡送他的餐會也來不及舉行，只是在送行時看到他那副無畏無懼，勇往直前的神情，便可領悟到他對經國先生當年所提「革命工作需要你去那裡，你就去那裡」的訓示，是不折不扣的做到了。

自從家珍學長調離台中車隴埔營區（後改稱光隆營區）以後，我雖然也關心到他的行蹤，可是聚晤的機會，幾乎少之又少，約在民國六十四、五年間，他偕王子翰（已故）學長駕臨我位於台中市東區那幢老舊的眷舍來探望，當話匣子打開後，便直截了當地告訴我說：「你現在擔任前瞻師的政戰部主任，婦聯總會正計畫為陸軍上校以上的主官（管）興建職務官舍，你應盡快放棄這一眷舍（按：該眷舍不但破舊不堪、而且房屋狹窄，連出入巷道的腳踏車，也無法調頭），將有機會配賦新舍。沒多久我和內人商定後，果然把前裝甲兵「迅雷新村」那幢克難式的眷舍轉讓掉，搬到台中市國瑞街賃屋居住。時至民國六十六年秋，當我從金門調回新竹軍時，真的分配到台北市慈光五村新建的眷舍，如今又因該村即將改建，已奉命分配到松山區健安新城的電梯大廈。言念及此，我和全家大小對家珍學長當年的關懷和提醒，莫不心存感激，抑且永遠難忘。

家珍學長秉性真誠，他最大的優點是平易近人、愛心廣被，對親朋好友和故舊的任何請託，莫不全力以赴，縱使遇到無法解決的困難問題，也會給予說個清楚、講個明白，使人口服心服。

回憶從他離退公職以後，參加了我們只有十幾位同班同學的週末俱樂部，可是因為健康欠佳，行動不便，有時礙難出席，遇到出席時，都由其夫人開車接送，每見到我和王宗漢學長，便事先徵詢我倆返回北投寓所時，是否需要搭乘他的座車？我們都欣然答應。在車上閒聊時，我跟宗漢兄對於他的健康，深表關切，經常談及各種養生之道。他也談及我血糖稍微偏高的話題，要我做好「節制飲食、注意運動、按時服藥」三件大事，情深誼重，溢於言表。年前十二月六日黃昏時刻，忽然接聽易之兄的來電，略告家珍學長病危，情況緊急，約我於當晚八時在台北榮總中正樓二樓加護病房去看他。我用畢晚餐後，準時趕到現場，眼看馬府的親屬也都抵達，而且面色凝重。我繼易之兄的後面，罩上滅菌衣進入，先佇立在病榻的左邊呼喚，沒有任何表情，再轉到病床的右邊呼叫，也沒有得到回應，內心有著無限的感歎！我仍祈禱上蒼保佑這位嚴以律己、寬厚待人的大學長，能平平安安地渡過難關。

然而，蒼天竟如此的不從人願，在一月九日九時許，接到老長官賀雨辰將軍所賜的電話，告知馬學長大去的消息，我和家人都感到非常的悲痛，也將永遠的懷念！

（原載馬中將家珍公紀念專輯）

肆、講演實錄

一、從俄共侵華史剖析俄共「和平共存」的策略

——民國47年2月26日在陸軍裝甲兵第一師司令部軍官團講——

各位長官、各位同仁：

一年容易，又是新春的到來，我們中華民國在艱難困苦的境遇中，已經渡過了半個世紀。在這歲序更新的時刻，能夠有這麼一個好的機會，在這裡向各位長官、各位同仁報告有關俄共「和平共存」的策略，內心的確感到格外的榮幸。

這一個問題，如果用歷史的眼光來觀察，那末我們自然可以了解到一部俄共的侵略史，也就是一部「和平共存」史，遠的不用說，就從民國四十一年十月，俄共第十九次黨代表大會中，史達林提出了「和平共存」的口號之後，這些年來俄共在自由世界每一個角落，到處都吹奏起和平濫調的序曲，對自由世界展開了一連串的和平攻勢，直到現在，雖然史達林已經死去了十年之久，它的遺體被它的黨徒清算而鞭屍，同時莫斯科的政權由馬林可夫轉移到赫魯雪夫手裡，但是對於「和平共存」的策

略，仍舊是奉命惟謹，拳拳服膺，而且不惜使用任何毒辣的手段，以使這一策略能夠全程貫徹。現在謹以學習的態度，就以下三個題綱提出來向各位作一簡要的報告。

一、俄共「和平共存」策略的意義

我相信我們大家都會理解，「和平共存」本來是一種至高無上的美德，因為我們平常是以「互相諒解、互相尊重、親愛精誠、互助合作」來解釋和平。可是俄共所謂的「和平共存」，只把它看成一種空洞的概念，把它做為向敵人鬥爭的手段。我們通常用「己所不欲，勿施於人，己立立人，己達達人」的古訓來解釋共存，而俄共的所謂共存，不是惟我獨尊，就是同歸於盡。所以我們認為俄共對於自由世界和自由人類的鬥爭是絕對性的，也是長期性的。而他們所提出的「和平共存」，祇不過是過渡性和暫時性的手段而已。也就是說當它鬥爭順利的時候，就一直鬥爭到底，當它的侵略戰爭，因內在或外在的因素遭受挫敗的時候，就拿「和平共存」來掩護自己，以欺騙自由世界的人士，達到不戰而屈人之兵的目的。我們回憶民國四十一年，恰好是自由世界對俄共實施「圍堵政策」和「區域防守」的時候，俄共看到這一對它不利的形勢，所以立刻提出了「和平共存」的口號，用來分化自由世界的團結，鬆弛自由世界反共的準備，抵制自由世界反共的戰力。像這些例子，總統　蔣公於「蘇俄在中國」的巨著中說的非常詳細。自民國四十一年以後，莫斯科的政權由馬林可夫轉移到今天的赫魯雪夫，雖然侵略的頭子換了，但是「和平共存」的口號不但沒有變，而且比以前更加陰險，狡詐，運用的方法也更為神秘。我們就以最近的事實來看，去年十月十七日俄共第二十二次全國代表大會所通過的新綱領上面說：「社會主義國家和資本主國家的和平共存，是人類社會發展的客觀必要性，戰爭不能也不應當作為解決國際爭端的方法。」赫魯雪夫在大會上說得更加漂亮，他說：「社會主義和資本主義的戰爭不是不可避免的，兩大集團的戰爭，可以阻止發生。」這幾句話和這幾十個字，都已成了俄共二十二次大會的現存資料。各位長官、各位同志，讓我們仔細的思考一下，如果我們認為這幾句話和這幾十個字，足以代表俄共現階段的和平誠意的話，那末他為甚麼又要在二十二次大會期間，於十月二十三日和三十日連續在舉世憤怒、譴責之下而試爆五十萬噸和一萬萬噸威力的超級氫彈？從這一點我們也就不難了解俄共的「和平共存」和他的戰爭恫嚇是一體的兩面，交互為用的，也就是說當他們的武力不能消滅敵人的時候，就使用和平，當他們和平不能欺騙敵人的時候，就要使用戰爭。從這裡我們可以對「和平共存」的意義下一個結論，那就是說俄共的「和平共存」，是俄共最後統制世界，奴役人類的一個代名詞，也是國際共黨政治攻勢與和平轉變的護身符。

二、俄共「和平共存」策略的要求

在俄共勾結中共侵華的歷史過程中，從民國十三年到民國三十八年，我們和俄共一共有過三次「和平共存」的歷史經驗，這三次「和平共存」所得的結果，每一次都是我們吃大虧、上大當的，雖然我們的遭遇是這樣的慘痛，但是我們所得的經驗，正好是當前自由世界各反共國家和反共人士的一面寶貴的鏡子，使他們確確實實地能了解到「和平共存」的意義和要求，究竟是怎樣的一回事。今天檢討起來，俄共對「和平共存」的要求，不外乎是有時候用來作為退卻的掩護，有時候用來作防禦的手段，有時候又用來作為攻擊的方法。現在我舉出下面的幾個例子，向各位報告：

(一)就「退卻的掩護」來說：民國二十年「九一八」事變爆發以後，俄共就不斷地向我們政府表示，希望中俄早一點時間復交，他為甚麼要求我們和他復交呢？這就是因為他當時的外交活動是想竭力緩和國際間對他的防範，所以對外進行和平外交，以避免其他國家對他的注意和防範。其次就中共來說，我們自民國十六年實施全面清黨以後，接著又實施了五次圍剿，使中共幾乎到了無法生存的境地，因之在苟延殘喘時逃到了陝北，正在這個時候，共產國際為了挽救中共的厄運，於是在民國二十四年七月至八月間，在莫斯科召開了一個第七次大會，對於我們中國主張建立「廣泛的抗日反帝統一戰線」，中共受了共產國際的命令，乃假借「國共合作」、「抗日救國」的口號，以作為政治生命的解圍。到了民國二十五年五月五日，中共發出了停戰議和的通電，同時在大陸各省開始發動「和平宣傳」攻勢。到了民國二十六年「七七事變」爆發，中共又於九月二十二日發表「共赴國難宣言」，向國民政府提出「四項諾言」，表示願為徹底實現三民主義而奮鬥，這一段由中俄復交到停戰議和，以至「共赴國難宣言」的發表，在在都可以反映出中共的「和平共存」，是要在危急存亡的關頭，用來掩護退卻的要求。

(二)就防禦的手段來說：我們再拿「七七事變」爆發以後的事實來說，民國二十六年八月二十一日中蘇簽訂了一項互不侵犯的協定，在這個時候俄共之所以願意和我們簽訂互不侵犯協定，其目的就是為了避免日本對它的攻擊。

民國三十年德俄戰爭爆發了，俄帝希望美、英兩國的援助，在這個時候，中共不但不反對所謂「美英帝國主義」，而且對我們中央政府又表示精誠合作、永遠團結的誠意。從這兩件具體的事實看來，我們就可以了解，俄共和中共在當時之所以要和我們和平共存，就是惟恐我們政府和我們的友邦合力把它們消滅掉，因此要用和平共存來作為它們在政治上所採取的防禦措施。

(三)就攻擊的方法來說：自民國二十年「九一八事變」以後，一直到民國二十八年這一段時期，俄共其所以對我們表示友好的態度，就是因為害怕德、意、日三國去打它，可是到了民國二十八年八月二十三日德、俄簽訂了互助協定，促成了歐洲的戰爭之後，由於俄共本身威脅的解除，於是對我們中國的友誼就顯得淡薄了，這還不算，到了民國三十年四月十三日俄、日簽訂了中立協定，鼓勵日本南進以後，中蘇的友誼不但完全沒有了，而且在民國三十年六月，馬上就展開對外蒙唐努烏梁海，以及對新疆的侵略。

讓我們再來看中共，記得在日本投降之後，　蔣公曾經三次電邀毛澤東到重慶來商談，民國三十四年八月二十七日美國駐華大使赫爾利到達延安，二十八日偕同毛澤東到達重慶，在四十一天以內一共舉行了五次會談，到十月十日發表會議紀要，毛澤東於離開重慶前夕，曾發表演說：「中國今日只有一條路，就是和，和為貴，其他一切打算都是錯誤的，國共兩黨和各黨各派，團結一致，不怕困難，在和平、民主、團結統一的方針之下，在蔣主席的領導之下，在徹底實行三民主義的方針之下，一切困難都可以克服。」可是當毛澤東離開重慶，回到延安之後，不到一個月的時間，不但把上述的一切協議，撕毀得一乾二淨，而且馬上在大陸各地佔領了二百座以上的城市，到處阻撓國軍的受降工作，同時指責美國協助國軍受降的各項活動，誣指為「干涉中國的內政」。從這幾件血淋淋的事實看來，我們就不難了解俄共「和平共存」策略要求的一般了。

三、俄共「和平共存」的鬥爭方式

俄共對於「和平共存」的運用，在鬥爭方式上，本來是以爭取合法地位、運用議會戰術、號召聯合政府為它一貫的手段，但是最主要的陰謀有以下幾項：

(一)要求和平談判：所謂和平談判，在我們一般人看來，認為是從戰爭轉入到和平的途徑，但是俄共所謂的「和平談判」，就認為是戰爭的另一種方式，我們試以最近八年來的事實就可證明：

民國四十四年日內瓦的高層會議，使越南戰爭終止，共黨奪取了越南的半壁江山，俄共認為這是日內瓦的和平精神。民國四十八年艾遜豪和赫魯雪夫在大衛營的會談，俄共也認為是一種大衛營的和平精神，以至於最近赫魯雪夫照會美、英首長要在今年的三月十四日在日內瓦舉行所謂十八國高階層的裁軍談判，又何嘗不是一種和平談判的鬥爭呢？因此俄共所謂的「和平談判」，不是為了和平的結果，而是為求達到作戰的目的。

以中共和我們兩次和談的例子來說，我們認為俄共「和平談判」的主要作用，不外是：

1.可以延緩我們對他的攻擊。

2.可以掩蔽中共的武裝叛亂。

3.可以增強中立者的聲勢，擴張外圍的後備力量，更可以打擊我們的民心士氣。所以我們認為俄共的「和平談判」，是共產集團實行戰爭的另一種鬥爭方式。

(二)簽訂和平條約：當今自由世界也許還有人認為俄共要求「和平共存」與簽訂「和平條約」，就一定不會有戰爭爆發的，其實俄共要求簽訂「和平條約」，其最大的用意是為了獲得一個喘息的機會，也就是俄共慣於使用的喘息戰術，記得在一九一八年三月三日蘇俄和德國簽訂「布勒斯特里托夫斯克」協定時，列寧曾對他的黨徒說：「除非我被迫到不得已，我並沒有意思去履行它」。又說：「你們認為這個條約是可恥的嗎？每一個真正的農工，將要說我是對的，因為他們懂得和平是集結實力的一個手段。歷史告訴我們，和平是為了另一戰爭的喘息，而戰爭只是取得一個或者好些，或者壞些的和平之方法。」這一段話就是俄共要求簽訂「和平條約」的最好寫照。再就中共來說，民國三十五年一月十日，中共和我們中央政府簽訂了一項最後的停戰協定，他願意接受美國的調處，服從政府的命令，絕不阻撓國軍在東北的受降活動，但是這一協定的墨跡未乾，到了二月十六日就把這一協定撕毀得一乾二淨。

現在就以上三個綱要的分析，向各位長官、各位同志作個總結，那就是說「和平共存」是俄共搞世界革命的一張王牌，也是俄共搞政治鬥爭的陰謀策略。他要用「和平共存」來瓦解自由世界的侵略陣線，到最後是以武力來對資本主義和民主國家實行決戰，達到他共產制度成為世界體系，而由俄共完全統制世界，奴役人類的最後構想。所以我們必須要明瞭俄共「和平共存」策略的要求，不外是用來作為退卻的掩護、防禦的手段和攻擊的方法，同時要運用「和平談判」的方式，以簽訂「和平條約」，用這一「和平條約」來束縛敵人的行動，痲痺敵人的心靈，鬆懈敵人的鬥志，分化敵人的陣營，而它自己卻在「和平」煙幕的掩護之下，加強決戰的準備，整頓自己的部署，達到它各個擊破的目的。

各位長官、各位同仁，在這歲序更新的時刻，面對著這一正義與邪惡對峙的世界局勢，我們不但要正視俄共「和平共存」的陰謀詭計，而且更要提高警覺，加強戰備。我們確信，惟有光復大陸，解救同胞，亞洲的局勢才能安寧，世界的和平才能確保。謝謝各位，祝福各位長官、各位同仁身體健康，新年快樂！事事如意！

二、革命幹部的精神修養

——民國47・4・8在陸軍裝一師司令部擴大軍官團教育講——

各位長官、各位同仁：

正當海峽情勢看來日益緊張的時刻，奉命利用軍官團教育的機會，來這裡以「革命幹部的精神修養」一題，向各位作一次讀書心得報告，感到非常的榮幸！

我們知道，革命是救國救民、救濟全世界人類的神聖事業。也是驚天動地，繼往開來的非常事業。我們生長在這樣一個狂風暴雨，驚濤駭浪的大時代中，能從事這樣一個旋乾轉坤的非常事業，肩負起時代所賦予的使命，固然感到無上的光榮和驕傲，然而如果沒有高度的精神修養作為從事於革命事業的基礎，那末，我們所費的心思是事倍功半的，我們的遠大理想也更不容易促其實現的。

所謂精神修養，就是以哲學為基礎的品格修養，也就是「麋鹿興於左而目不瞬，泰山崩於前而色不變」的鎮定工夫，像我國歷史上諸葛亮的鞠躬盡瘁，死而後已，謝安在大敵當前的從容不迫，鎮靜如常，以及文天祥、史可法與無數革命先烈的臨大難不苟免，慷慨成仁，從容就義，冒險犯難，犧牲奮鬥，這都是精神修養的具體表現。

總統蔣公中正先生在「革命教育的基礎」一訓詞中，曾經昭示我們：「像這樣大家都缺乏革命精神的修養，心中並無主宰，執德不宏，信道不篤，那我們如何能革命？如何能反攻？更如何能復國建國呢？」又說：「由於反攻復國戰爭所要求於我們堅忍、苦鬥、犧牲的幅度加大，所以我們對黨政軍幹部哲學，科學，兵學的存養之要求，也就不能不更加嚴格，我相信大家惟有多一分德業的磨練，才能多一分勝利的把握。」　蔣公雖然把哲學、科學、兵學三者作為我們精神修養的基礎，但是到最後作結論時，卻一再的指出：「……所以三者之中，尤其以哲學修養最為重要。只有以哲學作基礎，來貫通科學、兵學，那才是真正的革命者的教育和學問」。不僅這樣，當　蔣公在講解「解決共產主義思想與方法的根本問題」時又再度的指示：「我們的幹部缺乏革命哲學的修養，實為我國三十年來反共戰爭屢遭挫折的根本原因」。從以上這幾段訓詞中，即可知道哲學的精神修養，對於我們革命幹部的成功、立德、創業是何等的重要。現在謹就下列幾個要點向各位報告，並請指教：

一、精神修養的要領——致良知

任何事業的成敗，得失，固然在乎人為，但在人為的因素中，除了具備成功的基本條件以外，還要著重其所運用的要領以為斷。同樣的，一個革命幹部能否成功、立德、創業，也完全視其精神修養的要領來決定。今天，我們所須要強調的要領，當以明代理學家王陽明所倡導的「致良知」哲學為首要，因為「致良知」哲學，是我們革命幹部醫治革命病根的一粒金丹妙方，同時也是我們為人處世，修齊治平惟一的要領，我們如果能把握住這個要領，就足以解決我們革命過程中的千頭萬緒，排除在革命工作上所遭遇的一切疑難，激勵我們在艱難困苦的環境中愈挫愈勇，再接再厲的奮鬥精神。

就革命哲學的觀點來說，我們雖然有著與生俱來的「良知」，能知是非、別善惡、明天理、通天道，且具有仁義禮智四端的德性，但如果不去恢復良知，擴充良知，實踐良知，將如何能求其心之所安？換句話說，如果我們專賴以「良知」，而不能做到存天理、去人慾，我們的精神修養如何能砥礪？我們成功立業的理想又將怎樣實現呢？至於如何去「致」良知？個人認為必須做到下列數項：

(一)惜陰力行：良知就是天理，這天理是無時無刻不在我們心目中存在著，王陽明說：「致良知之道無一息之或停者，則知惜陰也。致惜陰者，則知致良知也」。惜陰以致良知，是我們　國父和蔣公力行主義的一大思想淵源，同時也是我們做人做事應有的一種表現。

(二)慎獨存誠：良知就是真誠，我們致良知，就必須要存誠去偽，把那些瞞上欺下、虛浮不實的惡習一概革除，做到言行一致，表裡如一，有了這樣的涵養，自然可以實現「獨行不愧影，獨寢不愧衾」，「仰不愧於天，俯不怍於地、中不羞於人」的人生境界了。

(三)研幾明善：因為良知就是別是非、明善惡、辨公私、別正邪，我們要致良知，以求得人心的安樂，就須要研明是非、善惡、正邪、公私，以決定取捨、趨避，這樣自然也就可以做到存天理、去人慾了。

(四)省察克治：這種工夫，在我們一般人是不容易做到的，但也是非常重要的，因為省察克治，是須要有恆心、毅力、決心去做，否則，自然的天理（良知）就很容易被人慾（物慾）所浸蝕的。王陽明說：「省察克治之功，則無時可間、如去盜賊，須有個掃除廓清之意，無事時將好色、好貨、好名等私念，逐一追求搜索出來（這是指省察工夫言），定要拔去病根，永不復起，方始為快，我們認為有了這種工夫，天理自萌，萬惡皆絕了。

二、精神修養的程序——「存養省察」、「定靜安慮得」。

精神修養是一種內心的涵養工夫，所以必須從內心做起，所謂從內心做起，也就是以存養省察為開端，有了存養省察的修養，然後再循定、靜、安、慮、得的程序，逐步向成功、立德、創業的目標邁進，這樣無論做人做事，革命救國，必可達到「危微精一中」哲學（精神）修養的境地。

我們為什麼把「存養省察」作為進於「定靜安慮得」的門徑？又為什麼把「定靜安慮得」作為我們導至於「危微精一中」精神修養的程序呢？要瞭解這一問題，就必須從中庸上說起，朱子在註中庸時說：「是故君子戒慎乎其所不睹，恐懼乎其所不聞，莫見乎隱，莫顯乎微，故君子必慎其獨也。」這話就是勉勵我們要戒慎恐懼，慎獨存誠，有了這種涵養，無論在任何時間空間，均可使自己抵於心安理得的境地，同時也自然能使我們時刻加以省察，省察我們所發動的意念是否是至善的？所做的事情是否是公正無私的？我們的良心是否存著天理？我們的天理是否被人慾（物慾）所侵蝕？像這樣時刻加以反省、檢討、改進，那還有什麼值得懷疑害怕？還有什麼不可以告人？更還有什麼不可以成功的呢？因此　蔣公在「孫子兵法與古代作戰原則」以及「今日戰爭藝術化的意義之闡明」（下篇）一訓詞中曾說：「我們必須要如王陽明所說的：「如去盜賊，須有個掃除廓清之意」來省察克治，時時反問自己，我這顆心是不是又放肆了？散漫了？搖動了？沮喪了？是不是又被人慾（物慾）浸蝕了天理？如此，每一天都像越王勾踐，反問自己「汝忘會稽之恥耶」一樣地來省躬自責，那對於「危微精一中」哲理的修養工夫，雖不能事事皆中，亦必不遠了。這也就是說，只要我們時刻保持著存養省察的修養，自然也就能進於「定靜安慮」的門徑了。

上面說過，精神修養是一內心的涵養工夫，必須從內心做起。但是從內心做起，除了「存養省察」以外，還須要「定靜安慮」的修養，大學上說：「知止而後有定，定而後能靜，靜而後能安，安而後能慮，慮而後能得，物有本末，事有終始，知所先後，則近道矣」。這「定靜安慮得」，是我們砥礪精神修養更為重要的。不過，我們須要知道在「定靜安慮得」的前面其所以加上「知止」二字，乃是告訴我們凡事能「知止」，我們的心裡就有個一定的方向或目標，換句話說，就是要我們永遠不斷的追求一個至善的目標。例如，我們都是三民主義的忠實信徒，總統　蔣公的忠實幹部，今天，我們之所以為反共抗俄的革命大業犧牲奮鬥，所追求的只有一個目標，那就是實行三民主義。當我們確定了這個奮鬥的目標以後，不論環境怎樣的艱苦？工作如何的困難？敵人是如何的殘暴？戰爭是多麼的危險？時局是何等的不利？也永遠動搖不了我們奮鬥的意志，這樣我們的心是寧靜的，所處的境遇是安樂的，所作的計劃（慮）是週詳的，到最後怎麼會不能得（達到目的）呢？相反的說，在人生過程中，既無遠大的理想，又沒有中心的奮鬥目標，動念之間，只知求名求利，患得患失，貪生怕死，想來想去，究竟不知道怎樣做纔好，像這種人，他的心怎樣能定？他的處境怎麼能安靜，所作的計畫怎樣會能週詳？到最後又怎麼會能得呢？因此，我們始終認為「定靜安慮得」，是我們砥礪精神修養的門徑，同時也是我們「近道」的不二法門。

三、精神修養的要旨——危微精一中

我們既已知道以哲學為基礎的精神修養，對於我們革命幹部成功立德，創業有著極重要的關係。同時也明白了「致良知」，「存養省察」和「定靜安慮得」的精義，但是我們應怎樣去實踐這哲學（精神）修養的要旨呢？書經大禹中曾說：「人心惟危，道心惟微，惟精惟一，允執厥中」。這四句話雖然是我國古代聖賢修身養性的心法，但對於我們當前革命幹部的精神修養仍是極為重要的。因為這「危微精一中」的哲理，就是須要我們以人心的「危」去求道心的「微」，惟有這樣「專精專一」永遠不斷的奮鬥到底，才能求其「執中」，而這種所謂「執中」，也就是要我們「擇善而固執」的意思，更淺近一點說，凡事只要我們存天理、去人慾，打破生死、名利、禍福、利害得失的觀念，以大膽的分析，小心的求證和精益求精，凝神一致的精神，為追求真理而作不斷的努力，到最後自然能克服危難，獲致成功。

蔣公說：「危微精一的義理，就是指人心，最容易以私慾自蔽、見利忘義、背天逆理、陷於危殆的境地。必須要以臨深履薄，閑邪存誠，勿忘勿助，時時體察到戒慎恐懼的知危之心，來克服它。道心則是難見而易昧的，所以要以『微』求之，我們要能知『危』求『微』，必須從專『精』專『一』的上面去下工夫，然後才能允執厥中，恰到好處」。又說：「我們要知『危』求『微』，必須專精專一，然後料敵定謀，處事決策，纔能允執厥中，不致有所偏差貽誤」。當我們讀了這兩段訓詞之後，自不難明瞭良知是人人都有的，但是良知最容易為私慾所浸蝕，利害所動搖，如果我們在革命過程中不加注意，稍有貽誤疏忽，就必然會違反良知，背離主義，危害國家，到這時我們怎麼能「得」，又怎能「中」呢？所以一個革命幹部的思想言行，必須以主義、領袖、國家、責任、榮譽為依歸，也就是這個道理。至於個人的（生死成敗）、利害、得失、則是在所不計的，只有一心一意為實現三民主義而奮鬥的精神修養，自然是雖苦亦樂，雖敗猶榮，也惟有這種以哲學為基礎的精神修養，才能做到「至善」的境地。

最後我用以下幾句話作一結論，以哲學為基礎的精神修養，不僅是我們個人成功立德創業的基礎，而且對國家民族的復興、歷史文化的延續，以及三民主義的實現，更有著密切而不可分的關係。因此，我們必須涵養蹈勵，以「致良知」為砥礪精神修養的要領，用「存養省察」，「定靜安慮」作為抵於「危微精一中」的門徑，有了這種「危微精一中」的修養心法，自然能夠克服萬難，促進三民主義的實現，加速國民革命的成功。因為自己才疏學淺，我的讀書心得報告，到此結束，不周之處，還請各位長官、各位同仁多多指教！謝謝！

三、「蘇俄在中國」巨著的歷史意義和時代價值

——民國48・7・24在陸軍裝甲兵第一師僑生暑期夏令營講——

各位同仁！各位青年朋友！今天能有這樣一個好的機會和各位見面，同時能夠有五十分鐘時間，讓我向各位報告　蔣總統（中正先生）的巨著——蘇俄在中國一書，我的確感到非常的高興，也非常的榮幸。

在過去的時日裡，各位青年朋友，無論在海內外，大家都會知道我們自由祖國反共抗俄的革命大業，在　蔣總統的英明領導下，一天比一天光明，自由世界反共鬥爭的勝利，也一天比一天接近，這中間究竟是一股什麼樣的力量在推動著呢？這當然是由於　蔣總統的領導，和自由世界反共人士的覺醒；而覺醒的起點，就是自民國四十六年　蔣總統的巨著——蘇俄在中國出版以後，給自由世界各個反共國家和反共人士提高了反共的警覺，指出了為自由世界和平奮鬥的方向，使全世界認清了俄共和中共的面目，瞭解了俄共和中共的關係，因此進一步產生了一股強大無比的力量，堅定了反共的決心。所以我們認為　蔣總統的巨著，是自由祖國反共復國勝利成功的保證，是自由世界反共鬥爭爭取勝利的指針，也是給俄共和中共致命的打擊，更是為大陸同胞帶來了希望的福音。這是我在沒有報告

這本巨著以前，首先向各位說明的第一點。

第二點我要說明　蔣總統這本巨著，是從歷史的發展找出了革命的理論，也用革命的理論貫穿了歷史的發展。正因為這本書的意義深長，價值崇高，內容豐實，所以使我深深地感覺到要在五十分鐘有限的時間內，向各位作有系統而且很詳細的介紹，那的確是很不容易的一件事情。因此，我祇能就以下的幾個要點，也是書中最重要的部份，用表列方式提出我的心得來向各位報告：

一、「蘇俄在中國」一書簡介

(一)本書的歷史背景：我們首先要了解的，是　蔣總統這本巨著，於民國四十六年六月二十四日在中華民國、美國、英國同時出版，回憶當年這本巨著剛出版的時候，正是大陸各地同胞，以及東歐共產國家八億人民群起反共抗暴的時候，也是自由世界反共形勢轉變的時期。所以我們認為這本巨著的出版，不僅是富有歷史的意義和時代的價值，而且也給予當時反共抗暴人士在精神上得到了莫大的鼓勵。

其次我們要了解的，就是這本巨著是　蔣總統自己在最近三十年來和俄共鬥爭所受慘痛教訓的重要紀實，也是　蔣總統對俄共三十年來侵略我們中國的重要事實，重新檢討的歷史巨著，所以本書又名為「和平共存」，或中國與俄共三十年經歷紀要。

這就是說，這本書的出版，對　蔣總統自己來說，是反共經驗的累積，也是智慧的結晶；對自由世界來說，更是一個最有力的啟示和最大的貢獻。

至於為什麼把這本巨著稱為「和平共存」呢？這就是因為我們過去反共鬥爭之所以失敗，大陸之所以被中共奪取，就是由於俄共在中國所施展的「和平共存」詐術的結果。我們為了使自由世界人士認清俄共「和平共存」的政治詐術起見，所以要把俄共在中國所施展「和平共存」的歷史事實公諸於世，以便讓世界人士瞭解俄共「和平共存」的陰謀，不上俄共「和平共存」的當，再也不吃俄共「和平共存」的虧。

(二)本書的主要內容：

「蘇俄在中國」共有四三六頁，二十六萬字，其中分成四編二十章。

第一編的主要內容，是敘述我國政府和俄共三十年當中有三次「和平共存」的事實及其最後的結果。這三次「和平共存」是：

第一次是從民國十三年中國國民黨聯俄容共，到民國十六年的全面清黨，及國民政府對俄絕交。

在這第一次的「和平共存」中，蘇俄對我們中國的滲透是兩方面的，一方面是要想獲得中國的同情，必須要對中國表示友好，所以在民國八年（一九一九）和民國九年（一九二〇）先後發表兩次對華宣言，表示願意放棄在中國的一切特權。另一方面是製造第三國際的中國支部，就是在民國十年成立中國共產黨，使中共成為一個暴動的間諜組織。可是蘇俄知道共產黨在中國剛成立，基礎很脆弱，非寄生於中國國民黨是不能達到他發展組織，實現其陰謀的。因此卻命令共產黨黨員加入中國國民黨。不過中國國民黨總理　孫中山先生的態度是很堅定的，於民國十一年十二月二十六日發表和越飛的共同宣言，確認共產組織甚至蘇維埃制度，事實上都不能引用於中國。大家也許要問，　孫中山先生既然瞭解共產組織乃至共產制度，均不能引用於中國，為什麼後來又要實施聯俄容共呢？這是因為國父孫中山先生為求國民革命力量的集中和意志的統一，如果中共願為國民革命努力，那我們儘可把中共這分力量納入本黨領導之下。然而，當時的中共，不但沒有和國民黨合作的誠意，而且在蘇俄的策動指揮下，一方面挑撥離間本黨同志，製造革命力量的分裂，另一方面製造暴動，挑起國軍和列強勢力的衝突。例如民國十五年三月二十日的中山艦事件，想強迫　蔣總統離開廣東，並送往蘇俄。民國十五年元月本黨第二次全國代表大會決議北伐的主題後，蘇俄軍事顧問季山嘉極力宣傳北伐必敗的謬論，共黨權威人士陳獨秀也明白表示反對北伐的主張。民國十六年三月二十四日當北伐軍光復南京以後，在部隊裡的共產黨員，在南京侵入美國和英國的領事館，殺害外國人，企圖激起列強和國軍的衝突。

中共這種作法，其陰謀詭計已被全國同胞看得非常清楚，中國國民黨如果再要退讓，那便是革命事業的中途夭折。因此於民國十六年四月十二日毅然決定清黨，把共產黨員從中國國民黨內趕出去。從此以後，俄共史達林又命令中共在我國製造城市暴動；例如七月三十一日的南昌暴動、十二月十一日的廣州暴動、當時的國民政府眼看俄共是這樣的陰狠惡毒，不得不於十二月十四日下令撤銷各地的俄國領事館，並立即宣布和蘇俄斷交，這就是第一次「和平共存」的事實經過。

第二次「和平共存」：是從民國二十一年中俄復交，到民國二十六年中國對日抗戰發生，中共乞降投誠，以至於民國三十四年抗戰結束。

在第二次「和平共存」過程中，我們首先要認識清楚的，就是我國從民國二十年「九一八」事變發生後，俄共曾不斷地希望和我國復交，它為什麼要求和我國復交呢？是因為它當時對外進行著「和平外交」，以便緩和國際間對它的防範。其次是我國從民國十六年實施清黨，給中共的致命打擊之後，又經過我們連續五次的圍剿，使中共幾乎到了無法生存的境地。在「苟延殘喘」時逃去陝北，這時候國際共黨為了挽救中共的命運，於是在民國二十四年七月至八月間，於莫斯科召開了第七次大會，對於中國主張建立「廣泛的抗日反帝統一戰線」。中共接受國際共黨的命令，乃假借「國共合作、抗日報復」的口號，作為政治生命的解圍。到了民國二十五年五月五日，中共發出「停戰議和」的通電，同時在大陸各省開始發動其「和平宣傳」攻勢，民國二十六年二月十日，中共向中國國民黨提出投誠條件，到了同年「七七事變」抗戰軍興，中共於九月二十二日發表「共赴國難宣言」，向國民政府提出四項諾言，表示願為澈底實現三民主義而奮鬥。儘管中共的口號喊得如此動人，但是中共的投誠，並非為了抗日救國，而是認為中日戰爭是中共發展的最好機會，因為中共當時的決策是「七分發展，二分應付，一分抗日」。正因為如此，所以在民國二十六年抗日戰爭開始，一直到民國三十四年抗日戰爭終止，中共不但沒有為澈底實現三民主義而奮鬥，不但沒有打日本鬼子，而且調轉槍口打我們的中央部隊；幸好我政府對於戰局的控制，始終穩固，國人的抗戰意志，始終集中，使中共在抗日戰爭當中奪取政權的陰謀和企圖，始終無法實現。

同學們也許要問，中共既然是這樣的狡詐、陰險，為什麼在對日抗戰剛開始的時候，政府還要接受中共的投誠呢？這就如　蔣總統所說，當時我們相信中共是有悔過歸誠，共禦外侮的誠意的，不料中共的行動，完全和它的語言相反，這固然是我們自信太過，遭受了重大的挫敗，但也證明共產黨徒畢竟是共產黨徒，他們是沒有任何信用的。

第三次「和平共存」：是從民國三十四年至民國三十八年，由中蘇條約、政治協商，經中共全面叛亂，以至大陸淪亡。在這次「和平共存」的過程中，首先是民國三十四年八月十四日，中蘇友好協定簽字，蘇俄保證於日本投降後三個月內，俄軍全部撤出中國，並保證援助我國政府，但是俄共不但沒有實踐條約的諾言，而且把收繳日軍百餘萬人所使用的武器交給中共，中共得到了這批武器之後，聲勢更加囂張，於是進行了一連串的叛亂活動，其中雖然經由美國特使馬歇爾到中國來協助政府與中共和談，但結果只有我們忠實的執行了協議，而中共卻始終反復無常。到了民國三十五年四月，共軍林彪部隊號稱三十萬大軍，集中於東北的四平街，在蘇俄支持下，阻撓我國軍從瀋陽北上接受主權，因而引發了戰爭，當時的共軍被我國軍打的落花流水，在挫敗之餘，要求停戰，舉行和談。等我中央下令停戰後，共軍實施部隊整編，又向國軍發動攻擊，馬歇爾當時受了蘇俄宣傳的迷惑，不知道蘇俄和中共的詭計，反把和談破裂的責任，推到　蔣總統和政府身上，因此將預定借給我們的五億美元，也被中途停止。

回想第三次「和平共存」，中共是運用美國的調處，助長了中立主義的發展，並利用停戰協定來掩護中共的軍事行動。他們從頭到尾就沒有履行或實施這一協定的任何一條規定；而我們政府為了遵守這一協定，使國軍處處陷於被動的地位，坐待共軍的攻擊。所以第三次「和平共存」的結果，終使大陸的錦繡山河落到中共的手中。

第二編的主要內容，是以中國反共鬥爭經歷中成敗得失的檢討，來喚起自由世界反共國家的覺醒。

大家知道在我們抗戰勝利之後，不出四年之內，終被中共打敗，其原因究竟在哪裡？這是世界人士所無法了解的。有人認為我們在抗戰勝利之後，接受雅爾達密約而和蘇俄簽訂友好同盟條約、接受美國對國共衝突的調處，以及我們剿共未成就實行憲政，是反共戰略唯一的錯誤；但是，　蔣總統認為這都不是錯誤。而主要的錯誤，是民國二十一年十二月和蘇俄復交、民國二十六年八月二十一日收編投誠的共軍、民國三十四年八月俄軍佔領東北，違約不撤兵，我們對東北問題處置的錯誤（我們應停止接收東北計畫，將東北問題向聯合國提出，以暴露蘇俄獨佔我東北的企圖），以及民國三十五年一月當中共破壞第一次停戰協定後，沒立刻集中力量予以嚴厲的制裁。

因為我們在反共戰略上，過去有了這四大錯誤，所以　蔣總統向今日民主陣營提出了兩點建議，那就是第一、要認識「和平共存」和「中立主義」的不可能。第二、民主陣營的反共鬥爭，不宜採取直接行動，必須採取間接作戰的迂迴戰略。　蔣總統這項建議，是針對今日民主國家的需要而提出的，也就是告訴民主陣營，我們過去所犯的錯誤，已經給俄共的侵略政策得到了勝利。因此，要喚起自由世界反共國家和反共人士應檢討他們現行的政策，是否犯了我們過去所犯下的錯誤，反共者的錯誤如果能及時改正，也就是共產主義今後失敗的開始。

第三編的主要內容：分析俄共「和平共存」的企圖，要說明間接作戰的迂迴戰略，以防止第三次世界大戰的發生。

俄共今天還要重彈其「和平共存」的老調，其企圖不外：

蘇俄尚未完成其軍事準備，不敢主動發動大戰。

赫魯雪夫在所謂集體領導上，內部有不可克服的矛盾。

附庸國家反俄暴政的革命，有隨時爆發的可能。

分化民主國家的團結，鬆弛民主陣營的力量。正因為這樣，所以世界反共人士一方面應提高警覺，另一方面要援助被共產政權統治的反共革命，來推翻共產制度，使俄共不致於發動第三次世界大戰，才是維護世界和平的正確道路，這是　蔣總統世界反共戰略——間接作戰迂迴戰略的高瞻遠矚。

補編的主要內容：分析俄共在中國三十年來所使用的各種政治鬥爭的戰術，及其運用辯證法的方式之綜合研究。

這一編是　蔣總統和俄共接觸三十年，痛苦經驗的敘述。說明俄共的一舉一動，絕沒有絲毫的誠意，完全是虛偽和欺騙。無論是政治戰、心理戰、宣傳戰、組織戰、矛盾戰、謀略戰，都是對辯證法的矛盾律來運用的。這一分析，對於今後自由世界反共鬥爭的方法，是很有幫助的。

(三)本書的價值：我們認為「蘇俄在中國」一書的價值，其所以崇高無比，是因為這本書的出版，正好是針對俄共對自由世界和平攻勢的時候，現在就以下幾個層面來說明它的價值：

對美國決策的影響：大家知道在第一次世界大戰沒結束前，美國就成為俄共鬥爭的對象，俄共今天之所以提出「和平共存」的口號，就是要使美國可以打敗蘇俄以前，先要凍結美國的力量。可是自蔣總統的巨著出版之後，美國就提高了警覺，例如去年七月當中東情勢緊張時，美國毫不猶豫的出兵黎巴嫩。去年八月台海局勢緊張時，美國堅決地支持我們抵抗中共。去年年底柏林局勢陷於危急時，美國的立場顯得如此的堅定，今年年初艾森豪總統在國情咨文中特別說明民主國家和任何國家簽訂條約，都是一件神聖不可侵犯的事，可是與共產國際簽約就等於一張廢紙。從這些便可看出　總統的巨著，對美國決策的影響是非常深遠的。

對中立國的影響：我們認為「蘇俄在中國」這本書，是對中立國家的當頭棒喝。今天世界上以中立為號召的國家，表面上是印度，而實際上是英國。無論印度也好，英國也好，過去對俄共的本質和戰略都是認識不清的，可是現在都漫漫地開始覺悟了。我們看柏林問題，英國雖然為了明年的大選，想在國際間抬頭，而有意促成四國首長會議的召開，但是在日內瓦會議中，大體上還是能和美國、法國合作的。就印度來說，自今年三月西藏同胞發起反共革命運動以後，達賴喇嘛逃到印度，使印度對於中共的譴責和防範慢慢地嚴厲起來，這是什麼道理呢？是因為對俄共的陰謀慢慢地有了認識與覺醒了。再看埃及的納塞，表面看來是中立，但實際上是傾向俄共的，同時也是和印度的尼赫魯是一個鼻孔出氣的。然而從俄共和伊拉克的共黨日益勾結後，納塞也開始反共了。從這些我們便可以看得出來，無論是英國、印度、埃及，這些國家其所以有了覺醒，都是由於「蘇俄在中國」的問世而所受到的影響。

對俄共集團的影響：「蘇俄在中國」這本書，對於文明人類來說，是一項最寶貴的精神資產，對自由世界來說，更是一項最有力的貢獻，然而對於俄共集團，則是一項嚴重的打擊；因為這本書完全是針對俄共和中共在今日自由世界重彈和平濫調的時候而問世的。因此，俄共集團當時聽到這本書出版的消息，就覺得惶恐不安，同時也想盡辦法對這本書發動攻訐和誣蔑，藉以破壞本書的價值和影響力。他們為什麼會這樣呢？就是因為他們當前所害怕的，並非足以毀滅人類文明的核子武器，乃是文明人類真正的覺醒。只要文明人類能認識俄共的特性、野心，俄共的和平膏藥就要破產了，而侵略世界的計畫，也就不能實現了。

對自由世界的影響：現在我謹提出　總統兩大觀點來向各位說明：

第一、　蔣總統檢討民主集團在反共鬥爭中的基本政策和戰略，無論是圍堵政策、報復主義、嚇阻政策，都不足以遏制俄共的侵略，只有解放政策，才是反共、反侵略的基本政策，而解放政策的實施，必須採取迂迴戰略和間接作戰的方法。　蔣總統這項見解，值得民主國家，特別是美國政治家的重視。假如美國的政治家真能實行過去所標榜的解放政策，反共鬥爭的勝利，才會一天比一天接近。

第二、　蔣總統指出俄共所謂的「和平共存」，是俄共用來玩弄民主國家的魔術，包括對東南亞國家和非洲國家的引誘、對中東阿拉伯國家的挑撥、對歐洲國家的分化和對中南美國家的顛覆工作與孤立戰術。這是對民主國家誠懇的警告，我們當然盼望民主國家都能夠接受，不再為俄共的甜言蜜語所欺騙、動搖，才能免除自由世界重蹈我們過去大陸失敗的覆轍，也惟有這樣，才能爭取自由世界永久性的和平。

二、本書對俄共「和平共存」策略的剖析

(一)「和平共存」策略的意義：

「和平共存」本來是一種美德，我們平常是「互相諒解、互相尊敬、親愛精誠、互助合作」來解釋和平。而共產黨所謂「和平」，卻把它作為鬥爭敵人的手段。我們通常以「己所不欲、勿施於人、己立立人、己達達人」，來解釋「共存」，而共黨所謂的「共存」，不是唯我獨尊，就是同歸於盡。而共黨所提出的「和平共存」，只是過度性和暫時性的手段而已，當他們鬥爭順利時，就一直鬥爭到底；當俄共的侵略戰爭失敗時，即以「和平共存」來作掩護，用欺騙的手段，來達到「不戰而屈人之兵」的目的。所以說俄共數十年來的歷史，就是一部階級鬥爭的歷史，也是一部「和平共存」的歷史。

今天俄共之所以高唱「和平共存」的濫調，是以中共對我國政府所用的手段為藍圖的，也是俄共在第二次世界大戰之後，因為侵略受到阻礙，才由史達林於一九五二年十月在俄共第十九次大會時所提出的。史達林提出所謂資本主義和共產主義兩種制度可以「併存」時，正是自由世界對俄共實施

「圍堵政策」的時候，當時「圍堵政策」的用意，是促使俄共不敢發動新的侵略戰爭。俄共針對這一不利的情勢，所以提出「和平共存」的口號，用來分化自由世界的團結，鬆弛自由世界的反共力量。

史達林於提出「和平共存」的策略之後，蘇俄的政權，經由馬林可夫到現在的赫魯雪夫，其中雖然換了兩個領導人，但是「和平共存」的口號不但沒變，而赫魯雪夫上台之後，又提出了所謂「阻止戰爭」，用以配合「和平共存」的策略。從這裡我們便可以了解儘管俄共「和平共存」的口號，喊的多麼的響亮，但實際上他不僅隨時準備戰爭，而且隨時可以發動武裝叛亂。例如前年秋天宣布擁有五千五百英里的長程洲際飛彈之後，接著放射了兩顆人造衛星，企圖以科學技術來赫唬自由世界的人心。同時在去年一年之內從北非經中東，到東南亞，以至於歐洲等一連串的展開了政治滲透和暴力顛覆活動。尤其是去年八月二十三日，在我們台海地區發動了陸海空三方面的軍事冒險行動，更加可以看出他對於自由世界侵略野心的一般了。因此，我們認為俄共所謂「和平共存」，就是俄帝最後統制世界、奴役人類的代名詞，也是國際共黨征服自由世界的一種陰謀策略。

(二)俄共對「和平共存」的作用

我們都知道俄共集團近半個世紀以來，對於自由世界的鬥爭，不外乎兩種方式：第一就是武裝鬥爭，第二就是「和平共存」。也就是說當時局對他有利時，他要用毀滅人類的槍砲去打擊敵人；但是當時局對他不利而要採取守勢或退卻的時候，他便要求和敵人「和平共存」。這一種「和平共存」並不是否定「鬥爭」，而是鬥爭的另一種方式。因此，我們認為俄共「和平共存」策略的要求，不外有下列三種：

1.退卻的掩護：例如民國二十四年七月至八月共產國際第七次大會在莫斯科召開，它為了挽救中共的危亡，便對中國主張建立「廣泛的抗日反帝統一戰線」，中共接到共產國際的命令，於是假借「國共合作、抗日救國」的口號來作政治解圍，這就是第二次「和平共存」的開始。到了民國二十五年中共困處陝北，在苟延殘喘中發出「停戰議和」的通電，到了民國二十六年七七事變，抗戰開始，中共又於九月二十二日發表「共赴國難宣言」，向國民政府提出四項諾言，表示願為實現三民主義而奮鬥。這一「停戰議和」和「共赴國難宣言」，就是他掩護退卻的要求。

2.防禦的手段：我們回想「七七事變」以後，八月二十一日中蘇簽訂了互不侵犯協定，這時候蘇俄之所以要跟我們簽訂互不侵犯協定，其用意是避免日本攻擊蘇俄。

舉一個例子來說，民國三十年四月德俄爆發了戰爭，蘇俄希望求得美、英兩國的援助，而中共在這時不但不反對所謂美、英帝國主義，而且對我們中央又表示「精誠合作」、「永遠團結」的誠意。從這兩件具體的事實看來，便可知道俄共在當時之所以要和我們「和平共存」，是怕我們要消滅他們，因此要用「和平共存」來作為他們在政治上所採取的防禦措施。

3.攻擊的方法：這一方面我也可以列舉一些具體的事實向各位說明，自民國二十年「九一八」事變以後，一直到民國二十八年，蘇俄其所以表示對我友好，是因為害怕德國、日本和意大利去攻打它，可是到了民國二十八年八月二十三日史達林和希特勒簽訂了德蘇互助協定，促成歐洲的戰爭以後，蘇俄本身的威脅解除了，於是對我們中國的友誼也就淡薄了。這還不算，到了民國三十年四月十三日史達林又和日本簽訂了中立協定，鼓勵日本對中國加強南侵以後，這時候蘇俄對我們中國的友誼卻完全沒有了，同時也更暴露了侵略的面目。時至民國三十年六月，馬上就展開了對我國外蒙唐努烏梁海的威脅。民國三十年四月在新疆製造事變，企圖推翻盛世才，建立其蘇維埃的傀儡政權。

再就中共來說，最明顯的事實，就是在抗戰勝利以後的和平商談，回憶抗戰勝利，日本投降以後，　蔣總統（中正）先生曾經有過三次電邀毛澤東到重慶來商談，民國三十四年八月二十七日美國赫爾利大使到達延安，二十八日偕毛澤東抵達重慶，在四十一天以內共計舉行過五次會議，十月十日發表會議紀要。毛澤東於離開重慶前夕，曾發表演說，其重要內容為：「中國今日只有一條路，就是和，和為貴，其他一切打算都是錯誤的，國共兩黨（指中國國民黨和共產黨）與各黨各派團結一致，不怕困難，在和平、民主，團結統一的方針下、在蔣主席領導下、在澈底實行三民主義的方針下，一切困難都是可以克服的。」這時候中共的力量非常脆弱，如果用明顯的叛亂，會受到全國人民的反對，所以要以「和平共存」來掩護其叛亂；可是自毛澤東離開重慶回到延安之後，不到一個月的時間，不但把他和　蔣總統協議的事項全部撕毀，而且馬上在大陸各地佔領了二百座以上的城市，並且在華北、華中地區破壞交通，阻撓國軍在各地的受降活動。除此以外，尤其是到處擴大反美宣傳，指責美國協助國軍受降的各種活動，是干涉中國的內政。

從以上這些血淋淋的事實看來，我們便可了解俄共「和平共存」策略的作用了。

㈢俄共對「和平共存」的鬥爭方式：

1.要求和平談判：「和平共存」，在我們看來，是很莊嚴、神聖的一件事，也認為是從鬥爭轉入和平的途徑；可是共產黨所謂的「和平共存」不是這樣，而是戰爭的另一種方式。換一句話說，「和平談判」不是為了達到和平的結果，而是為了達到戰爭的目的，可分為下列幾種：

⑴和談可以延緩我們對他的攻擊。

⑵和談可以掩蔽中共的武裝叛亂。

⑶和談可以增強中立主義的聲勢，可以擴張其外圍的後備力量。

⑷和談可以打擊我們的士氣。

從以上的幾點作用來看，便可知道俄共的「和平談判」，就是國際共黨的一種鬥爭方式。

2.簽訂和平條約：今天自由世界仍有或多或少的國家或人士，以為俄共要求「和平談判」，或要求簽訂「和平條約」時，就認定俄共不再作侵略戰爭，而願和平了。其實俄共要求簽訂「和平條約」，其目的是為了獲得一個喘息的機會，也就是俄共慣於使用的「喘息戰術」。例如一九一八年三月二日，蘇俄和德國簽訂「布勒斯特里托夫斯克」協定時，列寧面對他的共產黨徒說：「除非我被迫不得已，我並沒有意思去履行它。」又說：「你們認為這個條約是可恥的嗎？每一個真誠的農工將要說我是對的，因為他們懂得和平是集結實力的一個手段。……歷史告訴我們，和平是為了另一戰爭的喘息，而戰爭乃是取得一個或者好些，或者壞些的「和平之方法。」列寧的這段話，就是俄共喘息戰術的教條。

從這一教條中，我們便可了解俄共要求敵人簽訂「和平條約」，就是要用這一條約來束縛敵人的行動、分化敵人的實力、打擊敵人的士氣、瓦解敵人內部的團結，以便整補自己的部隊，準備下一次的攻擊。例如民國三十五年一月十日，中共和我們政府簽訂了「停戰協定」，（這是最後的一次協定）表示願意接受美國的調處，服從政府的命令，對政府接受東北，恢復主權的一切措施不加阻撓。可是這一協定的墨跡還沒有乾，到了二月十六日，就馬上把這一協定撕毀得一乾二淨。中共用這一協定來約束我們政府，而他們自己卻不受其中任何字句的約束。這就是俄共在思想上認為「和談」和「和約」，乃是戰爭的一種「否定」，而破壞「和談」與「和約」，乃是「否定之否定」。換句話說：當他的武力不能制勝時，就要求與敵人「和談」，並簽訂「和約」，當他的政治戰術分化了敵人的陣營，動搖了敵人的鬥志，打擊了敵人的士氣，完成了作戰的準備，便否定其「和談」與「和約」，並實施其最後決戰，以便收穫其戰果。

三、本書對俄共「中立主義」的剖析

（一）「中立主義」的意義：

「中立主義」是俄共「和平共存」的主要戰術，而且也是分化敵人、孤立敵人的一種手段。我們為什麼會這樣給予認定呢？因為「和平共存」只是一句口號和一種姿態，而中立戰術才是具體的鬥爭方式。例如民國二十四年九月十八日，有所謂「上海抗日救國大同盟」的政治團體，發表了「九一八四週年紀念宣言」，以中立的姿態提出了所謂「停止內戰、一致抗日」的口號，並且在華北各地舉行示威遊行。這在外表看來，本來是一種愛國運動，但被中共及其同路人利用，來執行他的「中立戰術」，進而發展其「人民陣線」，用「人民陣線」作幌子，在各地展開政客式的活動，挑撥地方軍與中央軍的感情，唆使地方軍在「抗日不剿共」和「中國人不打中國人」的口號之下，採取中立姿態，來阻撓政府消滅共軍，安定內政的政策。除此之外，「人民陣線」的作用，是孤立國民政府與中央軍，讓中立得以生存、發展，重整武裝，準備下一次的叛亂進攻。而中共所標榜的「抗日救國」，很顯然是利用抗戰機會，使中共在抗戰陣營的背後，擴大武裝、乘機坐大，達到顛覆政府、掌控中國的目的。

(二)俄共對「中立主義」運用的方式：

國際共產主義者在訓練他們的幹部時，往往反對中立主義，他們說「不是朋友，就是敵人」，不容有中間路線，不容有騎牆份子。

西方有個故事，據說有一條牛到曠野去吃草，看見左邊的草長的綠油油的，牠很想吃，又看到右邊的草也長的綠油油的，牠也想吃，想來想去不知該吃那邊的草才好，結果是餓死了。當年蘇俄顧問鮑羅廷常把這個故事講給中國國民黨的高級幹部聽，希望他們任選一邊，不要在中間等死。汪精衛當時受了共黨宣傳的影響，大叫「革命的向左轉，不革命的滾開去。」毛澤東當年的外交政策是一面倒，這都是他們要求幹部不准有中立者存在的表現；然而，他們對付敵人就不同了。他們常把敵人分為左、中、右三派，通常採取聯合左派，拉攏中派，打擊右派，是他們的慣伎。換句話說，中共在和敵人鬥爭時，往往是從敵人中間拉攏一部份人使其成為中立份子，又運用這些中間份子的團體或個人，去打擊敵人。而中共自己也以中立者自居，坐視或挑撥甲、乙兩方的鬥爭衝突。例如「七七事變」後，史達林向中國表示友好，於民國二十六年八月二十一日跟我們訂立了中蘇互不侵犯協定，規定締約國的一方受第三國侵略時，彼締約國不得給予該第三國以直接或間接的任何協助，並不得作出任何行動，或者簽訂任何協定。可是墨筆未乾，蘇俄復於民國三十年四月十三日和日本訂立「日蘇中立協定」，給日本以直接協助，陷我國處於不利的情勢。

日蘇中立協定，從中日關係來說，史達林以中立者的身分賣友資敵；從日本與英、美的關係來說，史達林以中立者的身分挑起珍珠港事件，這種作法和俄帝一九三九年八月與德國簽訂互助協定，挑動德國進攻波蘭的作法，完全是一樣的。

日蘇中立協定的簽定，使日本承認所謂「蒙古人民共和國」，蘇俄也承認所謂「滿州國」，不僅妨害了我們中華民國的領土主權，而且進一步粉碎了「解決中蘇懸案」與中蘇互不侵犯的協定。

史達林最惡毒的一手，是在抗戰勝利後，用中立戰術來離間中美的合作關係，曾經兩度邀請　蔣總統去蘇俄訪問，商談兩國合作事宜，並先向蔣經國先生表示贊同中、美、蘇三國合作，但反對中國的門戶開放政策，尤其反對第三勢力進入我國東北，也就是不讓美國的勢力進入東北。如果　蔣總統應允他的邀請去訪問莫斯科的話，無論談判結果如何，總可以得到離間中美的有關資料（話題）而大肆宣傳。幸好　蔣總統拒絕了史達林的邀請，這本來是可以斷絕其「使中國中立化」的夢想，可是史達林又用老奸巨猾的手法對美國人說，　蔣主席曾兩次要求來會晤我（史達林），均已被我拒絕。從這裡又可看出史達林的「中立戰術」，惡毒到什麼程度了。

至於俄共對中立主義的鬥爭方式，依據　蔣總統所得的經驗教訓，可以歸納為：

第一、不要求中立者來幫助他自己，只希望中立者不去幫助敵人。

第二、不要求中立者附和他自己，只希望中立者反對他的敵人。

第三、不要求中立者幫助雙方，只希望中立者反對雙方，一起斥責雙方，對雙方都加以批評。

按照這樣的步驟，先使其中立，進一步就使中立者批評政府、反對政府，在無形中離棄政府，自陷於中立，到了他自己形勢看好，氣勢猖獗、政局動搖時，這些中立主義者就自然而然地附和、靠攏了，也就達到他施展中立主義的目的了。

四、本書對俄共「矛盾戰術」的剖析

㈠「矛盾戰術」的意義：矛盾戰術就是使用挑撥離間的手段去分化敵人，使其互相疑忌、自相殘殺，以致同歸於盡。「矛盾戰術」和「中立戰術」有時候不容易劃分，如將敵人先分化為甲乙兩派，把乙當作敵人，把甲看成為中立份子，然後聯甲以倒乙。就前者來說，是矛盾戰術；就後者來說，就是中立戰術。

對於矛盾戰術的意義，最好是用一個例子來說明：抗戰勝利之後，政府花了一大筆金錢發給各大學作獎學金，而領取獎學金的學生，大多數被中共利用在大陸各地進行遊行示威，並展開反饑餓運動的宣傳，指責政府發的錢太少，而政府官員貪污太多等等。再如抗戰初期，政府雖然很積極地在準備抗日，但在不到成熟階段，不便洩露機密，而中共就利用這個機會在北平、上海、南京各地煽動學生，集會於南京首都，假借「請願」的名義，對我政府加以毀謗、攻訐，並且製造謠言，誤認國民政府和中國國民黨對日本妥協，一定要求政府宣布定期向日本宣戰，甚至阻撓火車通行、砸報社、毆傷中央要員、實行和政府對立，處處使政府為難。像這種種作法，都是中共當年所製造的矛盾戰術。

㈡俄共運用「矛盾戰術」的方式：

1.瓦解主要敵體：就是對於中國共產黨以外的團體，都要加以破壞、瓦解，只允許中共自己的組織生存、發展。

在瓦解主要敵體方面有兩種方式：

第一、從同中求異：即在一個主要團體裡找出許多派別來加以挑撥、分化，使它內部發生歧視、對立。這就是　蔣總統在書中所指出的，是要從敵體中的同一性，找出差異性來，又從差異性裡轉變為相反性，再利用敵人內部的相反性轉變為矛盾性，最後使敵人的組織歸於瓦解。

第二、一鋒兩刃：就是歪曲與顛覆自由、民主、人權的意義。

2.爭取中間勢力：這是俄共孤立敵人、壯大自己最得意的傑作，當他要瓦解敵人時，即從同一性中找出差異性來；當他須要爭取中間勢力時，又從差異中找出同一性來。也就是對臨時的朋友（次要的敵人）講同，對主要的敵人講異。例如抗戰勝利後，政府召開政治協商會議時（民國三十五年一月十日）中國國民黨代表首先提出「擴大政府組織案」，容納各黨各派和無黨籍人士，準備實行憲政。這一提案對於國家的建設、人民的福祉、民主的實施，都是利多。可是，中共發現當時的黨派很多，各黨各派的主義、思想、主張、政綱各有不同，認定這是展開政治宣傳最佳的時機，於是就在各黨各派當中找出了一個同一性來，那就是各黨各派都想要參加政權、組織內閣。中共就抓住這一點，立刻提出一個口號：「反對中國國民黨一黨專政，抗日的大家一起來。」按照當時國民黨的主張，實際上就是容納各黨各派和無黨派人士參加政權，使中共的陰謀無法得逞。然而，那些頭腦簡單的社會賢達，以及各黨各派的人士，都受了中共的欺騙，在他們製造矛盾、擴大鬥爭之後，造成政局紊亂，使政府陷於不利的局面。

3.轉移內外目標：這是中共玩弄「矛盾戰術」最得意的手法。回憶民國二十三年十月，當國軍對中共進行第五次圍剿，獲得全面勝利時，共軍的殘餘兵力總計不超過五千人，眼看很快要被我們全部消滅，於是不得不逃往延安，作苟延殘喘的掙扎。可是從不幸的「九一八」事變爆發後，中共卻透過他的外圍團體，以中立的姿態，提出「抗日救國」的口號，宣稱「國共合作、共同抗日」。當時　蔣總統的主張是「攘外必先安內」，也就是先根絕赤禍，才能抗日。可是當時有一些人不了解　蔣總統的苦心，受了中共的欺騙，因之也認為不要剿共，不要「內戰」，而中共更加大張旗鼓，在前方高喊「中國人不打中國人，他們開槍，我們不還手」的口號，這樣以來，我們的士氣沮喪，中共轉移內外目標的陰謀，也就獲得實現了。

最後，我要提出三點意見，作為這一個專題報告的結束：

第一、認清蘇俄和中共的猙獰面目，並揭穿其陰謀詭計，使自由世界不再重蹈我們過去反共鬥爭失敗的覆轍。

第二、團結海內外同胞的力量，消滅我們共同的敵人：反共抗俄的戰爭，其成敗得失，不僅決定我們國家民族的存亡、歷史文化的絕續，而且關係整個亞洲的安定和世界人類的禍福，所以各位青年朋友，回到僑居地以後，一方面要提高政治警覺，不為俄共「和平共存」和「中立主義」的謊言所欺騙，不受俄共「矛盾戰術」所利用；另一方面要協助各僑居地的政府，共同抵抗俄共的侵略，同時更要響應自由祖國反共復國的號召，手攜著手，肩併著肩，在　蔣總統的領導下，來消滅我們共同的敵人，拯救大陸苦難的同胞。

最後祝福各位身體健康！精神愉快！學業進步！事業成功！

四、國家需要革命青年青年需要革命教育

——闡揚總統　蔣公民41 9 11主持預備軍官第一期學生開訓典禮訓詞的精義——

（民國48・8・13在陸軍裝甲兵第一師僑生暑期夏令營講）

各位青年朋友！今天早晨能利用讀訓的時間，有機會向各位報告總統　蔣公的訓詞——國家需要革命青年，青年需要革命教育，感到非常的榮幸和高興。這篇訓詞是　總統在民國四十一年九月十一日，主持陸軍軍官學校預備軍官訓練班第一期學生開學典禮時發表的。回憶民國四十一年，正是　總統蔣公領導全國軍民積極建設台灣、厲行整軍建軍進入高峰的時期。陸軍預備軍官訓練班的成立，和民國四十一年大專畢業學生應召接受國家預備軍官的養成教育，這是我們自開國以來在建軍史上，最具有革命性和創造性的一頁。這篇訓詞不僅給予當時應召接受預備軍官教育的青年，在精神上得到莫大的鼓勵，就是對於教育當局和一般青年朋友，也是一項偉大的貢獻與啟示。尤其對於有志獻身報國的青年朋友，更提供了成功立業的努力方向和奮鬥途徑。

現在我要用讀書心得報告的方式，向各位闡述這篇訓詞的精義所在：

一、預備軍官教育制度建立的時代意義

(一)是革命建國過程中最有歷史意義的偉大創舉。

預備軍官教育制度建立的時候，正是中共在大陸建政不久；大陸青年身受俄共與中共的雙重迫害，而淪為奴隸牛馬充當砲灰的時候；生活在自由祖國的大專畢業青年，當他們剛離開學校，還沒有服務社會以前，能踴躍應徵參加革命行列，接受為期一年的軍事訓練，對這些青年來說，是他們熱愛自由祖國的行動表現。對我們國家來說，是反共復國走向勝利成功的象徵。對我們整個教育制度來說，更是革命建國過程中最有歷史意義的創舉。

(二)是中國教育史上和軍制史上劃時代的新紀元。

總統指出預備軍官教育制度的實施，和青年學生普遍軍訓的恢復，是針對以往大陸失敗的慘痛教訓，以求得教育的徹底改造。我們服膺　總統的訓示，是非常肯定而明確的，因為我們過去在大陸上的教育，是只重表面而不切合實際；只著眼於一般自然科學和社會科學的探討，而沒有精神教育的實施，因此，使我們的民族精神解體。面對現時代的需要來說，科學一天一天地昌明，戰爭使用的武器，也一天一天地進步，我們要使用最新式的武器去消滅敵人，當然需要最優秀的幹部和文武雙全的知識青年，來承擔這份神聖的責任。因此，預備軍官教育制度的建立，也就是中國教育史上和軍制史上劃時代的一個新紀元。

二、國家需要革命青年與青年需要革命教育的相互關係

各位青年朋友！當你們離開教室，就可看到我們營區附近，豎立著一副標語——國家需要革命青年、青年需要革命教育。大家也許要問，國家為什需要革命青年？道理很簡單，就是國家如果沒有革命青年，就沒有充沛的生機和進步的動力。我們也時常聽說：青年是國家的主人翁、是國家的棟樑、是民族的新血、是時代的寵兒。這一切的讚美，我們感到非常的光榮，也非常的高興。同時從讚美中，也可以體會出國家與青年，青年和國家的密切關係了。但是，青年又為什麼需要革命的教育呢？道理也非常的簡單，那就是國家如果不給青年正確的革命教育，就會使青年迷失了努力的方向，減少進步的動力，甚至會為時代的逆流所湮沒。到那時青年既沒有光明的前途，而國家也沒有進步的動力。總統訓示我們，大陸上千百萬青年陷入如此黑暗的地獄，中華民族的歷史文化，遭受到如此的浩劫，最大的原因就是我們過去的教育，沒有注重民族精神與戰鬥生活的訓練。我們喪失了民族精神，就無法抵抗共產集團思想的滲透；我們脫離了戰鬥要求，也就沒有力量阻擋共產國際的暴力侵略。我們體認　總統這番語重心長的訓示，對國家和青年的前途是大有幫助的，我們應該拳拳服膺，切實奉行。

三、中國青年對於國民革命的貢獻

總統說：「不管國家面臨怎樣的艱難危急，只要作為我們國家中堅骨幹的優秀革命青年，能挺身結合起來，站在戰鬥的第一線，就必然能夠扭轉時勢，克服困難，創造時代。」又說：「近半世紀的中國革命史，可以說就是一部中國先進革命青年的奮鬥史。」　總統的話是有歷史根據的，只要我們翻開中華民國的歷史，便可找到中國青年為國民革命拋頭顱、灑熱血，寫下可歌可泣的革命史詩集。例如中華民國的創始人　國父孫中山先生，在二十歲時，就已立下推翻滿清、建立民國的革命大志。當年和　國父同一時代的革命青年，如陳少白、尤烈、楊鶴齡等也都是愛國家、愛民族的優秀青年。尤其值得我們永懷不忘的陸皓東先烈，當　國父在一八九五年領導第一次革命起義時，因為搬運軍械不慎，為清廷海關所搜獲，致使事機洩漏，陸皓東等數十人被捕，坦承排滿，慷慨不屈，於一八九五年九月二十一日就義於廣州，當時陸皓東年僅二十八歲。

一九〇〇年第二次革命起義於惠州時，史堅如先烈因為在廣州屢次響應起義，都沒有達到目的，於是決心自行用炸藥把兩廣總督德壽炸死，不幸沒有命中，被捕遇難，時年只有二十二歲。

一九〇三年青年之神鄒　容著「革命軍」一書，痛訴滿清政府的罪惡，鼓吹革命，發行以後，傳誦一時，影響甚大，在當年的五月，蘇報表彰「革命軍」一書時，為滿清政府所控告，翌年二月即死於獄中，這是青年志士為革命而犧牲的第三人。除了這幾位青年為革命而犧牲以外，我還要把中國青年第一、二、三次大團結的簡要事實，向各位介紹：

(一)第一次大團結：庚子惠州之役第二次革命起義失敗後，國內同胞都傾向　國父，贊成革命的主張，　國父感到非常高興。這時候各省正好派有留學生到日本，這些留學生都是頭腦新穎，志趣不凡，成為時代思想的主流。到了一九〇三年，　國父從越南河內參加博覽會以後，曾漫遊環球，由日本經檀香山到歐洲。在日本有廖仲愷、馬君武先生來晉謁　國父，表示贊成革命，　國父就託他們在東京物色有志青年結為團體，以擔當國事，這是同盟會的萌芽，也是中國青年第一次大團結的發動。所以　國父所到之處，凡是有華僑的地方，都表示歡迎。到了一九〇五年春天，　國父再度訪問歐洲，西歐各國的中國留學生，都贊成革命，並籌措八千多法朗作為旅費。　國父看到這些青年深受革命思想的陶冶，於是以三民主義、五權憲法相號召，同時在比利時京城布魯塞爾召開第一次會議，參加的青年有三十幾人；第二次在柏林開會，參加的有二十多人；第三次在法國巴黎開會，加盟的有五十多人；第四次在東京開會，參加的有數百人。這些青年都是青壯有為的僑胞，他們回國之後，馬上到各省去宣傳，並先後在各省成立支部組織。從這時候開始，革命的風潮便洶湧澎湃。尤其到了一九一一年（清宣統三年）三月二十九日廣州起義，黃花崗之役，更是我國青年犧牲最大，而且壯烈的一次，經檢收忠骸，一共有七十二具，葬於黃花崗，也就是今日人們所共知的黃花崗七十二烈士墓。這次起義雖然失敗，但是革命精神乃磅礴於全國，不到幾個月時間，武昌起義全國響應，不到百日，清朝敗亡而民國成立。從這一段簡要的革命史實當中，我們便可瞭解中國青年第一次大團結的結果，就是推翻了滿清，建立了民國。

民國雖然建立起來了，但是革命的障礙還沒有掃除，背叛民國的事件仍然不斷的發生，譬如袁世凱稱帝、段琪瑞毀法、陳炯明叛變和吳佩孚、孫傳芳等軍閥割據稱雄，殘民以逞等等，都是民國的罪魁禍首。幸好有賴於總統　蔣公的領導，在民國十三年創辦黃埔軍校，以五百枝步槍，完成了北伐、統一了全國。

當我們回顧這一段革命的歷史，便可知道無論推翻滿清、廢除專制、建立民國，一直到掃蕩軍閥，完成統一等等，都是由於中國青年第一次大團結的結果。

(二)第二次大團結：是從民國二十七年七月九日三民主義青年團正式成立之後，直到民國三十年總統發出「一寸山河一寸血、十萬青年十萬軍」的號召以後，全國有十萬知識青年熱烈響應從軍報國的壯舉。由於這一次的青年大結合，終於使抗日戰爭在艱難險惡的局勢中能堅持到底，並且贏得了最後的勝利，廢除了一切不平等條約，解脫了百年來帝國主義的壓迫與束縛，使我們中華民國躋於獨立平等的地位。這一切的一切，都是愛國青年數十年來可歌可泣的史蹟，實足以驚天地而泣鬼神。

(三)第三次大團結：是從民國四十一年十月三十一日中國青年反共救國團成立開始，我們的目標是希望能完成反共抗俄、復國建國的神聖使命。事實非常明顯，今天我們面對的敵人是蘇俄帝國主義和毛共，要消除這一危害世界和平與人類安全的仇敵，就有賴於我們愛國的優秀青年，繼續以往辛亥、北伐、抗戰的光榮傳統，再一次團結在三民主義的旗幟下來共同努力奮鬥。

四、預備軍官教育的宗旨

㈠一切知識用於軍事、一切智慧歸於戰鬥：

各位青年朋友都會知道，現代的戰爭，在實質上就是科學的戰爭，也是技術的戰爭。軍事科學是非常深奧的、精細的；而這種軍事科學的演進，不但可以決定戰爭的成敗，而且足以影響戰略和戰術觀念的改變。所以嚴格說來，現代化的教育，沒有一項不是屬於軍事的範圍，各種科學的知識和成果，都直接或間接的服役於軍事的需要。就以歐美各國的高等學府來說，不僅在戰時作充分的軍事利用，即在平時也要集中全部力量為軍事計畫而設計，特別是國防人才的培育，更顯得重要。所以我們預備軍官教育制度的實施，也就是把具有基本科學素養的大專畢業生，集中給予軍事的訓練和科學更深入的精密研究，一方面提高軍事學術的水準，充實反攻復國的軍事準備，而另一方面要使現時代的優秀青年，能深刻的了解現代戰爭複雜精微的全貌，把已有的純理論知識和軍事實踐聯繫起來，以適應現代國家軍事的新趨勢。因此，我們預備軍官的教育宗旨，第一個就是一切知識用於軍事，一切智慧歸於戰鬥。

㈡建立教育與國防合一的永久基礎，恢復我國固有的文武合一教育制度。

總統在另外一篇訓詞中指出，現代國家的生命力，就是教育、經濟和武力。事實上任何一個國家民族的盛衰、強弱，以及歷史文化的存亡絕續，和教育是有著密切的關係。我們檢討過去教育的失敗，是一切失敗的起點，而教育之所以失敗，就是因為知識脫離戰鬥，士大夫階級不服兵役，把享受特權、逃避責任視為榮耀，像這樣的教育，怎談得上與國防合一呢？所以我們要打破這一劣根性，糾正這種偏差，以求得教育的徹底改造。

談到文武合一教育制度的恢復問題，對於國家民族的復興更加重要。總統說：「須知我國古代的教育，是實施文武合一的教育，孔子所倡導『禮樂射御書數』的六藝教育，就是文武合一教育的具體內容。從這種教育制度中所陶冶出來的人，不但能文，而且能武。因此當國家遭遇外患時，人人都能起來執干戈以衛社稷，共同抵抗外來的侵略。可惜自文武教育分途以後，即漸漸演變成為重文輕武，養成文人不知兵，武人不讀書的惡習，其貽害國家至深且鉅。」

總統這番苦口婆心的訓示，無論對國家、民族，乃至於時代青年，都是非常重要的。在座的各位青年朋友！我相信大家都研究過我們中華民族的歷史，我們中國在漢唐時代的武功，其所以盛世，就是因為六藝教育的成效，也就是文武合一教育的實施；可是到了宋明以後，完全採用科舉教育，一般知識分子都跑到字紙堆裡去做工夫，只願意用腦而不願意用手，談心性而離開現實，講文治而輕忽武功，到最後所得的結果，是個人成了病夫，國家也就沒有力量了。從這一段簡要的歷史事實中，我們便可體會到，今後要完成反共復國、國民革命第三期任務，就必須要恢復文武合一的教育制度，以培養知識青年的戰鬥精神和戰鬥技能。

五、時代青年應具備的要件：踴躍參加軍事訓練，陶鑄成文武雙全、術德兼備的時代青年。

我們為什麼說時代青年應具備的要件，是要參加軍事訓練呢？因為惟有從軍事訓練當中，才能鍛鍊青年強健的體魄、堅定的意志、沉著鎮定的毅力、勇邁進取的精神、果敢堅強的決心、細察分析的頭腦、勤勞刻苦的習慣、合群互助的品德。所以　總統訓示我們，青年人不立大志、成大業則已，如果要立大志、成大業，就惟有專心一志、刻苦砥礪，努力學習軍事與戰鬥的技能，並且從軍事訓練當中，來學取成功立業的優良品德，以發揮青年人的雄才大志，為國家民族的前途而奮鬥，為國民革命的事業而努力。這一點個人認為對青年朋友們在今後做人做事、成功立業的基礎上，是最關重要的，我願和各位共同勉勵！

六、時代青年應負的責任：爭取反共抗戰的勝利，承擔建設新中國的重責大任。

我們要想知道時代青年應負的責任，首先就要認清今天是一個什麼樣的時代？處在一個什麼樣的環境？

今天是一個非常的時代，是一個革命的時代，是一個戰鬥的時代，也可以說是一個狂風暴雨、天翻地覆的時代。生長在這樣的一個時代，青年人的責任是非常艱鉅的，擺在我們面前的敵人——俄帝和毛共，是我們中華民族的世仇大敵。我們不忍讓這些遍身血腥的劊子手，繼續屠殺我們善良的大陸同胞，再也不忍讓來自北極的豺狼侵佔我們的國土，奴役我們在大陸的父老兄弟姊妹，我們要站起來，站在時代的尖端、站在戰鬥的第一線，肩負起反共抗俄、復國建國的重責大任。

總統在這篇訓詞中一再的訓勉我們青年朋友，當前反共抗俄戰爭的勝利，要靠青年來爭取，未來建設三民主義新中國的任務，要靠青年來肩負。各位！我們所承擔的責任是這樣的重大，所以我們要經得起時代的考驗，受得住環境的煎熬，以便承擔這項光榮的任務，寫下歷史更璀璨的一頁。

七、結　論

最後，我要把這篇訓詞用　總統所提示的兩句話作個結論：

第一、革命青年要發揮人生更崇高的價值。

第二、革命青年要創造人類更偉大的事業。

歷史告訴我們，青年是時代的先鋒，是時代的寵兒，任何一個時代的革新，無不以青年為主力、為核心。記得一七八九年法國大革命時，法國有一位很孚名望的人曾說：「十八世紀是一個偉大的世紀，十八世紀的青年是幸運的，因為他們能夠看到世界上的大事。」不錯，十八世紀是一個偉大的世紀，因為在十八世紀的時代，有美國的獨立戰爭和美國的獨立宣言，有法國的大革命和法國的人權宣言。可是現在的二十世紀，又是一個什麼樣的時代呢？我們可以直截了當的說，二十世紀的今天，是一個更偉大的世紀，也是一個更偉大的時代，因為在二十世紀，有空前大規模的第一次和第二次世界大戰，有原子彈的發展，有世界人類歷史空前最大的災難，那就是蘇俄帝國主義和國際共產黨的大變亂、大屠殺。我們生長在這樣一個偉大的時代當中，正如　總統所說：歷史上沒有任何一個時代的青年，能夠比我們這一代青年發揮人生更高的價值，創造人類更偉大的事業。因此，我們要趕上這一偉大的時代，站在時代的尖端、精誠團結、淬礪奮發、踴躍參加軍事訓練、學習戰鬥本領，擔負起驅逐俄寇、消滅毛共、拯救大陸同胞，完成青年對國家、對民族、對時代的神聖使命。

各位青年朋友！讓我們共同勉勵！共同努力！祝福大家健康快樂！暑期訓練圓滿成功！

五、發揚誠摯純潔精神再創辛亥革命史蹟

——闡揚總統　蔣公民國六十年元旦文告的精義——

（民國60・2・1在陸軍步兵第二十六師擴大主官會報講）

師長、各位長官、各位同仁！

總統　蔣公在今年元旦文告中，曾昭示我們：「今天的大陸形勢，其有目共睹的事實，乃是中共內訌了十年之久，仍然搞不成一個偽『人代會』的開鑼戲，亦無法使其鬥臭鬥垮了的『政權』有一個沐猴而冠的偽『主席』出現，更無法使它各地的偽『革委會』恢復其砸爛了的黨、政機器。並指出民國六十年代乃是為實現正義自由與和平，造成中國新局面的年代」。我們深信　總統的昭示，是針對當前的革命情勢，啟迪我們再集中、再革新、再戰鬥、再建設的努力方向。所以在此舉世徬徨迷惘之時，他的訓示是成功的保證，在動盪不安的世局中，是光明的前導。

然而面臨此一新年代的來臨，我們應如何困知勉行，淬礪奮發，以順應時代的趨向，開拓復國的機運，謹將研讀文告的心得報告如後，敬請各位長官、各位同仁批評指教：

一、珍惜過去的光榮歷史、認清當前的兇狠敵人：我們在此六十年代之初，回溯過去，展望未

來，雖然是有不少的感觸，亦心懷無限的興奮。　國父倡導國民革命，推翻滿清，建立了亞洲第一個民主共和國，導致了亞非各民族獨立意識的覺醒，與反侵略、反極權思潮的出現，這原本是一項偉大的貢獻，但時至今日，辛亥開國的光榮歷史，不僅未能全部保存，且大陸七億同胞，復因中共禍國殃民而陷於水深火熱之中，這是何等淒涼的景象，又是何等悲慘的局面，在此迎接六十年代來臨的今天，我們首先應認清當前的敵人——中共所追求的，並不是有限度的資源、市場，甚至某些海外的殖民地，乃是企圖對整個自由世界的赤化與囊括。其在國際外交上所要獲致的，並不是國際均勢或集體安全，更不是平等互惠或和平共存，乃是以暫時相持為手段，進行其永無止境的滲透和蠶食。正因為當前的敵人是如此的陰險狡詐，窮兇極惡，所以我們要站在反共的立場，呼籲全世界的國家早日覺醒，一致為自由世界全面性的反共戰鬥而努力，並正告世界人士：如果說我們過去的辛亥革命，是與亞洲各民族的自由獨立相攸關，則我們今日反共復國的戰鬥，乃是全世界人類反奴役、爭自由的號角。

二、正視國際局勢的發展，堅定復國必成的信念：在這國際正義的旗幟不夠鮮明，姑息妥協的氣氛瀰漫滋長的今天，我們須要透澈的認識，更須要堅定的信心和奮鬥的勇氣。須知，世界局勢無論如何混亂，姑息主義無論如何囂張，但「正義公理，必不因罪惡偏私的滋長而障蔽」。民主自由終必戰勝極權奴役，這是必不可或爽的歷史法則。正如　總統在文告中所示：「任何對匪賣好獻媚的承認，都無異是承認中共與其附從份子對其自己國家社會之造反顛覆！任何對中共接觸、搭橋的幻想，就無異是對共產思想病毒觸媒自殺的行徑。」毛共對外侵略和對內奴役的政策，已明列於偽「憲」之中，這一政策的本質，無論現在或將來，決不會為任何姑息主義者所能改變於萬一的。不過，我們深信當這一本質發展到極限之時，即為民主國家合力反擊與鐵幕內人民群起合圍，亦即毛共獨夫瀕臨死亡之日。因此，在此時此地，我們對於反共復國大業更須要有堅定的信心，用我們的信心和熱忱來克服所有困難，迎接一切挑戰，並以此去感動別人放棄成見，鼓舞勇氣，共同參加反共的行列，進而阻止當前的姑息逆流，粉碎國際共黨的罪惡暴戾，促其早日覆滅。

三、發揚誠摯純潔的精神，再創辛亥革命的史蹟：　總統在去年國慶文告中，以　國父「從事革命者，皆以誠摯純潔之精神，戰勝其所遇之艱難」的訓示勉勵國人，復在本年元旦文告中再度昭示我們：「得道者原必多助，然而我們誠摯純潔的革命者，惟求自助為主。」我們應深切體認誠摯的精神，乃是一種永不屈服，永不動搖的毅力，亦就是一種決不向暴力低頭的決心，而純潔的動機，乃是出自一種悲天憫人，無私無我的犧牲行為。這種誠摯純潔的精神力量，當是一種出自良知的自覺，以個人完全的奉獻，對民族歷史負完全的責任，以求得國家民族的永生。在面對六十年代的今天，祇要我們能發揮這一誠摯純潔的精神，踏著先烈的光榮血跡，勇敢的承擔民族歷史的重責大任，則第二個辛亥革命的義旗一舉，其成功之速，決不亞於第一個辛亥革命武昌起義之時。

各位長官、各位同仁，回顧我們過去六十年的光榮歷史，盱衡當前的革命情勢，革命事業雖有其艱難曲折的歷程，但是，堅決奮鬥，必能獲得最後的勝利和成功，韓非子有云：「安危在是非，而不在強弱，存亡在虛實，而不在眾寡」，當此畢革命全功於一役的關鍵時刻，雖然前途多艱，但是祇要我們精誠團結，淬礪奮發，仰體　總統公忠體國，悲天憫人的仁者襟懷，在磨難中踴躍歡騰，在困苦中接受考驗，則民國六十年代一定是造成中國新局面的年代。最後敬祝各位長官、各位同仁身體健康！精神愉快！事業成功！

六、我們對中日航線斷航應有的認識

——民國63．5．6在台南歸仁基地擴大週會講——

指揮官、各位同仁、各位同學：

四月二十日，是我國政府正式宣布和日本斷絕中日航線的日子，在當天下午四時四十五分，民航局長毛瀛初先生，在民航局的會客室，將斷航的通知書，遞交給日本航空公司副總裁齊藤進時，這位六十幾歲曾在二次大戰期間，駕著零式的飛機和我空軍英雄在空中較量過的齊藤先生，立即掩面痛哭，這就代表著短視、近利、膚淺、投機的政客們和田中政府的悲哀。

大家知道，日本是亞洲工業國家之一，戰後二十多年來，中共因內外情勢的窮困，傾全力和日本協商，過去佐藤榮作首相的立場尚稱堅定，所以中共的陰謀未能得逞，但從民國六十年以來，由於自由世界姑息主義和現實主義的交相囂張，導致田中角榮及大平正芳等政客，利用人心震盪及複雜情勢，奪得了政權，實行了媚共政策，旋即在民國六十一年九月二十九日，正式承認了中共，促成了日本外交政策的劇變。但是一年多來，中日邦交雖然斷絕，但兩國社會和民間的交往，卻更加密切，而日本和中共的關係，並沒有特別的進展。

日本和中共雙方為應付本身的危機，所以急需簽訂一項民航協定，中共為實現其危害我國的陰謀，於是要挾田中，以犧牲中日航線為條件，田中因日本民意難違，對我政府的凜然正氣不敢冒犯，乃以兩種手法欺騙日本人民，於今（六十三）年一月十七日提出一份所謂「處理日華航線問題」六點方案，送交日本自民黨內討論，經整理折衷其要點，為依據日中「聯合公報」與中共簽訂航空協定，中日航線由民間訂約方式，繼續推持，日本政府以其他方式表明對中華航空公司社名及旗幟的性質，今後稱「中華航空公司」時，改稱「中華航空台灣」，中華航空公司在日本的營業，以及地面勤務站，委託代理商及其他事業機構代辦。這一方案遭到自民黨反共議員的堅決反對，沒有得到結果。

中共在這種狀況下，惟恐夜長夢多，於是加強對田中的壓力，並授意只要日本否定我中華民國的存在，其他技術問題，可稍微放寬。如此這般，田中政府一面積極和中共進行談判，希圖在日本國會獲得通過，另一方面派員虛與我國週旋，經我嚴詞拒絕，而田中無可奈何，於是散布謠言，說「中日航線能夠繼續維持」、「和中華民國談判有進展」、「中華民國的態度已經軟化」等等說法，來欺騙日本國民，使不知情的日本國民，以及一向支持中華民國的日本國會「日華議員懇談會」及「青嵐會」的議員們發生錯覺，放棄對我中華民國的支持。到了上個月的二十日上午，「日本和中共航空協定」竟然在北平正式簽字。大平正芳並在東京發表談話，說什麼「日本政府不認為台灣所屬的飛機之旗號是代表國家的國旗，也不認為中華航空（台灣）為代表國家的航空公司」等等胡言囈語。我政府在忍無可忍之際，在同一天發布聲明，自四月二十一日下午四時起，與日本斷航。

這一事件對我們來說，實有著以下幾項意義：

一、維護國家的尊嚴，堅持立國的精神、原則，保持國家的國格，是永遠不容改變的。田中政府罔顧國際正義，辜負我總統（蔣公中正先生）在日本投降以後，對日本寬大為懷的德意，既片面撕毀中日和約與中共建交於前，現在又和中共簽訂「航空協定」，損害我國家民族的尊嚴與權益，並汙衊我國的國旗於後。這一事件，我們政府的態度，始終是光明磊落的，而最後所採取的措施，是堅持國家民族賴以生存發展的是非原則與長遠利益，而不是為了一時的得失。行政院蔣院長經國先生於四月二十日在外交部，聽取沈外長及有關首長處理中日航線事宜的報告後，立即表示：「日本政府嚴重損害我國的尊嚴和權益，我們不能為了一點經濟的利益而不顧國家的尊嚴，斷絕中日航線乃是必要的措施。」就是這個道理。各位都知道「國於天地，必有與立」的古訓。立，就是一種不為利誘，不為勢劫的至大至剛的立國精神。

二、中日斷航能激起日本人民的覺醒，進一步加強與我們合作。這次日本和中共「航空協定」的簽訂，完全是田中和大平用欺騙的手法而得逞的，但是日本政府的有識之士和廣大的民眾，都已覺悟到，反共與反田中政府的運動，已經風起雲湧，例如在國會方面的「青嵐會」、「日華關係議員懇談會」，以及在社會方面的「勝共聯合會」的二十幾萬會員，都是反共反田中政府的主力，還有其他自民黨的元老和福田派的有識之士，現在都不滿意田中的媚共政策，這些情形，各位在各大媒體，也許每天都可看到，假若中日斷航事件能激起日本人民的覺醒，進而和我們合作，那實在是具有無限的戰略價值，和深遠的歷史意義。

三、中日斷航可以產生經濟上的積極效果。這幾年來，由於我們經濟的快速發展，中日貿易往來、企業經營、技術合作等，都有顯著的增加，中日雙方的經濟關係甚為密切，中日斷航，對我們的經濟，當然不無影響。但是我國政府自民國六十一年九月二十九日，和日本斷絕外交關係後，已經採取了有效的行動，減少對日的貿易，改向美國、歐洲和中南美洲等地區，採取了多元化的發展。而華航業務也早有安排，在中日斷航的當天，華航班機立即經由關島前往美國的航運，將更進一步強化中美貿易關係；反觀日本，在中日航線斷絕之後，由東京、大阪到台北的班機，每週共有三十七班次，另由日本經台北到香港等東南亞各地的班機，每週計有二十班次，共有五十七班次之多，此外由日本飛越我國上空直飛香港、馬尼拉到東南亞、中東、歐洲等班機，每週共有三十三班次，現在中日斷航以後，我們當然不准日本的飛機飛來台北，或飛越我國的飛航情報區和航空識別區，不僅使日本損失獲利最豐的中日航線，每年損失達美金一億七千多萬元，而且經台北或飛越台灣上空至東南亞，以及中東、歐洲的每週五十三班次客機，必須繞道馬尼拉，再到香港等地，勢必延長一千公里的航程，多花一個多小時的時間，這不只是一種浪費，而且在國際航線的競爭中，也有很多不利的影響。如果再加上中日斷航後，連帶影響到日本對我國的貿易輸出額，那更加是無法估計的損失。所以中日斷航，對日本來說，是親者痛，仇者快，損己甚於害人；對我們來說，反而可以產生經濟上的積極效果。

從以上的各項分析，我們可以看出日本和中共航空協定的簽訂，是在日本和中共雙方同病相憐，臭氣相投的情況下完成的，對於這件事情，我們應有以下幾項認識與努力：

第一、我們必須認識田中政府的卑劣手法，和中共的惡毒用心。對我們來說，都是一種落井下石和謀我日亟的陰謀行動，我們應該奮發同仇敵愾的決心，以粉碎一切的挑戰。

第二、我們應該認識中日航線問題的爭執，所爭的不是航線的利益，也不是經濟上的利益，乃是堅持國家民族的尊嚴。舉凡有益於國家尊嚴的事，我政府無不斷然為之，凡有損於國家尊嚴的事，我政府無不斷然棄之。各位知道，國家的尊嚴，就是國家的國格，在個人來說，就是人格，人無人格，無以立足社會，國無國格，亦無以立於世界。這次，我們政府對於中日航線斷航的處置，是成功的而不是失敗的。所謂成功，就是維護了國家的尊嚴，使中華兒女，炎黃子孫都能夠抬起頭來，立足於天地之間。因此，我們必須擁護政府的堅定立場和明智的決策，砥礪精誠團結，同仇敵愾，刻苦耐勞，冒險犯難的精神，奮發憂勞興國的大義血忱，作「莊敬自強」的奮鬥，把我們的智慧和力量貢獻給自己的工作，貢獻於自己的國家，以便湔雪國恥，開創新局，謝謝！

七、如何砥礪生活修養

——民國63・5・28在台南歸仁基地主持朝會講——

各位同仁、各位同學早安：

蔣總統中正先生在主持　國父一〇二歲誕辰紀念會時，曾特別指出，要想復興倫理文化，必須從內修自律上去下功夫，尤其是要從「國民生活須知」和「國民生活規範」做起，把倫理道德涵泳於日常生活教育之中。

我今天要向各位報告「生活修養」的問題，看起來很簡單，可是做起來卻不容易；因為「生活」所涵蓋的範圍太廣泛，它包括著人生全部活動過程的總稱，也就是一個人從幼年到老年，在他一生所經過的全部過程，都屬於生活的範圍，舉凡工作、休息、娛樂、遊戲等都屬於生活的範疇。

至於「修養」，簡單的說，就是修身養性的複合語，其本意在於把一個人原來的氣質，加以有意識的鍛鍊。

若是把「生活」與「修養」合起來解釋，就是如何增進每一個人的生活知能，充實生活內涵，提高生活意境，從而擴大我們的生活領域。

一般所說的「修養」，也應該是多方面的，如品德修養、學術修養、才能修養。今天我們為什麼要特別注意到生活修養呢？因為，生活修養是全面的，每一個人的品德、學識、才能，都須透過於生活，表現於生活，從日常生活中顯現出來。因此，就修養來說，生活修養，是最重要的。

為什麼生活修養看起來容易，做起來卻難呢？因為生活修養不是知的問題，而是行的問題，不是理論問題，而是實踐問題。很多人在日常生活中，對於待人處世，應該全都知道，但知道未必能夠做到，為什麼不能做到？就是因為生活的範圍太廣了，天天都要這樣做，甚至於時時刻刻也都要這樣做，所以很容易被疏忽。培根說：「人類要改變他的天性，應該注意避免最難的工作，或注意避免最容易的工作。」我們知道最難的工作為什麼做不好？因為它很容易失敗，容易灰心，容易做不好。而容易的工作呢？也常常有疏忽，例如穿衣、扣鈕扣、理髮、刮鬍鬚等等，幾乎天天都要注意，你注意了就會成功，你疏忽了就可能失敗，會違背上級的規定，所以我們每一個人，幾幾乎天天都有成功，也天天都可能失敗。

我們不要以為生活修養問題，是個小問題，可是小問題對於我們的關係最大，對於我們的影響深遠。古人說：「其身之不治，將何以天下國家為？」一個人連穿衣、吃飯的小事情都搞不好，他還能談到治理國家的大事嗎？所以這個問題值得我們重視，也須要我們時時刻刻加以注意。謝謝各位！

八、堅定信心保持安靜的重要性

——闡揚蔣院長經國先生講詞的精義——

（民國63．7．19在陸軍航空訓練中心講）

各位同仁、各位同學、各位同志：

行政院院長蔣經國先生日前在國防部的一次檢討會中，曾發表過一篇講詞，其題目是「鞏固自己、求發展、求勝利。」在講演時曾列舉「谷中清泉」名著中的「信心」和「安靜」的修養問題。今天，我要把自己研讀的心得向各位分享，並請指教。

「谷中清泉」中的第一、二、三條，都是講信心的問題，說明「信心」是成功立業的基石，一個人如果失去了信心，便失去了一切。而信心是一把劍，但這把劍不是在閱兵時預備展覽的，而是用來割、用來刺、用來殺伐的。把這把劍掛在腰間時，當明白天地之間有戰鬥的意思。有了信心還不夠，最重要的還要實踐，惟有實踐才能品嘗勝利成功的果實。

「谷中清泉」的另一條是「生命中需要一個安靜的季節，冬天是春天的母親，夜晚是白天能力的泉源；安靜的泥土是產生蔬菜的根源，偉大的事業，是從靜候的時間中得來。」

蔣院長把這段話作了剴切的解釋，訓勉我們應如何使自己安靜下來，並指出今年是陸軍官校建校五十週年，在這五十年當中， 蔣公（中正先生）之所以能夠克服無數次的困難，打敗了無數的敵人，就是因為 蔣公在考慮問題時，能夠安靜下來，既不衝動，也不急躁，堅確操持，決不動搖，對任何問題，都是經過靜靜地考慮，然後才下定決心去貫徹執行的。

我們知道大學上的「知止而後有定，定有後能靜，靜而後能安，安而後能慮，慮而後能得。」這定、靜、安、慮、得，是我們應有的精神修養，也是我們科學辦事的順序。這五個字看起來是五大步驟，可是實際上，仍是一個「靜」字。

「偉大的事業，都是從靜候的時間中得來。」這裡所說的「靜」，絕對不是「寂然不動」、「守株待兔」的靜，而是在「動」之前的「靜」，中國古訓所謂「決勝千里之外」、「運籌帷幄之中」，諸葛孔明之所以能夠在軍事、政治上稱為奇才，全在於他能有「淡泊以明志，寧靜以致遠」的修養。

各位知道，人生的里程，並不是一條平坦的高速公路，而是荊棘叢生，曲折坎坷的羊腸小道。我們應如何披荊斬棘，開拓自己的康莊大道，除了學識、才能、幹勁以外，還必須具有堅定不移的毅力和決心，而這種毅力和決心，就是從安靜中得來。

談到安靜的修養，不是一蹴而成的，它須要一種耐心去培養，這種耐心，在我們平時的生活和工作中，也時常會遇見，現在列舉以下幾件事情向各位報告：

個人的階級，在停年太久沒有得到晉升的機會，很可能就不會安靜，這樣就會不耐煩，就會動氣，發怒，就會灰心喪志，甚至做出自毀前程的事情出來。如果你存有一種比上不足，比下有餘的心情，能夠看得遠，想得開，心中也就自然安靜下來了。

家庭的建立也要具有安靜的修養，如果抱著「饑不擇食」的心理去隨便找一個對象結為夫妻，那就很容易遭致失敗。

個人外出等車，也須要安靜的修養，當你在路邊等待很久，都沒有看到你必須要搭乘的汽車，於是在很不耐煩時，改搭別的交通工具離去，可是當你剛離開時，你原先想要搭乘的汽車，忽然來到，這就證明你的安靜修養不夠。

當然，革命事業更須要安靜的修養，因為革命事業發動以後，不可能不會遭遇困難、挫折，若是受到挫折，中途改變初衷，那就會一敗塗地，不可收拾。所以每一事件在沒有開始以前，都應該靜靜地深思熟慮，利弊得失及其一切可能的遭遇，都須事先詳加研判，預謀妥善處理、應變的對策。一旦發動進行，就要不折不撓，貫徹始終，才能獲得最後的成功。如我國在抗日戰爭前，曾經忍辱負重，積極備戰。當年　蔣委員長中正先生說：「和平未到絕望時期，決不放棄和平，犧牲未到最後關頭，決不輕言犧牲。」在那個時期，正是　蔣公靜候的時期，等到　蔣公號召全國軍民一致對日抗戰時，全國上下都能一德一心，朝向最後勝利的目標邁進，到最後我們終於戰勝了日本帝國主義。所以說信心、安靜的修養，是鞏固自己、求發展、求勝利的偉大力量。謹提出個人的讀書心得報告，供各位參考，請各位指教，謝謝大家。

九、中國國民黨的光輝歷史和偉大成就

——民國63・11・22在台南歸仁基地講——

指揮官、劉廠長、各位同仁、各位同學、各位同志：

後天是　國父孫中山先生建黨革命八十周年的紀念日，就一般說來，這不是國定紀念日，應該是中國國民黨黨慶的日子。我們為什麼也以歡欣鼓舞的心情，來舉行盛大的慶祝大會呢？就是因為中國國民黨和我們中華民國是有著血肉一體，密切而不可分的關係。更進一步來說，中國國民黨是先中華民國而誕生，也就是由於中國國民黨的不斷奮鬥，才創造了中華民國，我們都是中華兒女、炎黃子孫、中華民國的國民、尤其是三民主義的革命鬥士，所以在中國國民黨舉行建黨八十周年紀念的前夕，舉行慶祝大會來紀念這一偉大的日子。現在我以「光輝的歷史，偉大的成就」為題，向各位作以下幾點報告。

壹、國父建黨的歷史背景

我們知道，人類的歷史推展到十七世紀，西方世界開始了一連串的民族革命、政治革命和產業革命。尤其是十八世紀的產業革命，促進了西方的近代文明，真可說是「百年銳於千載」，同時由於產業革命，使得航海事業和工商業同時發達。因此，一些強大的工業國家，便侵略工業落後的國家，因而形成了近代的帝國主義。在這些被侵略的落後國家中，首先有非洲各國資源的被掠奪、亞洲國家如印度的慘遭亡國。而古老龐大的中國，無疑的就是西方帝國主義者的主要目標。

在這個時代的中國，由於滿清王朝的「閉關自守」，一般朝野人士對於西方世界的劇烈變化和侵略野心，是一無所知，一個專制而腐敗的沒落王朝，面對著擁有近代工業和科技的西方帝國主義者，其處境的危險，是可想而知的。

帝國主義的侵略矛頭既已指向中國，於是先以工業產品，嘗試經濟侵略，接著用兵艦大砲公然向龐大的東方帝國挑戰，於是有一八四〇年的「鴉片戰爭」，這一戰爭的結果，使中國的虛實完全暴露在西方帝國主義者的面前，於是接著而來的是一八五八年的英法聯軍戰爭、一八八四年的中法安南戰爭、一八九四年的中日甲午戰爭、一九〇〇年的八國聯軍戰爭。這幾次戰爭結果，使中國喪失了屬地，割讓了國土，損害了主權。最重要的是使中國的民心由極度的自尊而趨於自卑，有志之士無不以此視為我國家民族危急存亡的重要關頭，這也就種下了 國父領導革命的火種，同時又開拓了中國國民黨成為國民革命主流的契機。

自鴉片戰爭以後，中國展開了一連串的自救運動，諸如太平天國運動（一八五〇——一八六四）、洋務運動，這些運動，先後都宣告失敗了。在洋務運動失敗以後，中國的自救運動中，又進入到一個更複雜的新境界，在這一新境界中併列著三條道路，一條是維新變法的道路，另外一條是反維新變法的道路，另外一條就是革命的道路。

國父在這時候，看透了滿清政府的昏庸腐敗、西太后的愚昧專權、光緒的軟弱無能。如果說要跟滿清政府談維新變法，無異於對牛彈琴。因此認定若要救中國，非得創造新的生機，打開新的局面不可。所以在南下之後，重新回到檀香山，於一八九四年十一月二十四日，創立了革命團體（那就是興中會），同時發表宣言，號召有志之士亟起團結，共同挽救國家的危亡，這是中國近代史上第一個革命組織，也就是中國國民黨的前身。

貳、中國國民黨的光輝歷史

自興中會成立到今年十一月二十四日，恰好是八十週年，在這八十年的悠久歲月中，中國國民黨雖然歷經了無數次的艱難與挫折，但是由於全體黨員同志有著三民主義的思想作前導，有著卓越的領袖（先有　國父孫中山先生，後有　總統蔣公中正先生）相感召，所以能夠抱持「成功則創造莊嚴華麗的國家，不成功則同拚一死，以殉吾黨之主義」的大志節，大勇氣。因而屢仆屢起，再接再厲，愈挫愈奮，終於完成了各革命階段的神聖使命，為中國近代歷史寫下了光輝燦爛的史詩。

讓我們回憶從興中會（一八九四）到一九〇五年八月二十日改組的同盟會，這中間的十一年，經過了十次失敗的教訓，才有武昌起義的成功。到了中華民國建立，　國父於民國元年元旦就任臨時大總統，為了實現團結建國的主張，於民國元年八月二十五日，由同盟會、統一共和黨、國民共進會及國民公會合組為國民黨，以「鞏固共和、實行平民政治」為宗旨，這也就是將革命的秘密政黨，改為公開的普通政黨的開始。

國民黨成立之後，　國父為謀求國家的統一，於民國元年二月十三日，向參議院辭去臨時大總統的職務，並推舉袁世凱接替，沒料想到袁某自私短視，妄圖遂行其帝王私慾而破壞革命，背叛民國、解散國民黨，　國父為挽救民國而展開其對反革命勢力的搏鬥，於民國三年六月二十三日在日本東京改組國民黨為「中華革命黨」，會中全體一致推舉　國父為黨的總理，九月一日制定「革命方略」，定「青天白日滿地紅」的旗幟為國旗。

到了民國八年十月十日，　國父以黨的總理身分，將「中華革命黨」改組為今天的「中國國民黨」，旋即公布黨章，以「鞏固共和、實行三民主義」為宗旨，從此以後，我們的國家就正式走上了三民主義的大道。民國十年五月五日　國父在廣州成立革命政府，就任非常大總統，發表對內對外宣言，以「地方自治、和平統一、開放門戶、發展實業」四件大事昭告中外。接著在民國十三年一月二十日，在廣州召開第一次全國代表大會，發表宣言，制定政綱，同時　國父手訂的「建國大綱」，也在這時候正式發表，以為建設國家的藍圖。同時於一月二十七日在廣州高等師範學校開始演講三民主義，以為國民革命指導的原則，並為建設新中國的理想與依據。計先後完成民族主義、民權主義各六講，民生主義四講，後來因為去韶關指揮北伐軍事，接著又赴北方謀求全國的統一及主張召開國民會議，廢除不平等條約，終因為國辛勞過度，不幸於民國十四年三月十二日病逝於北平。同年七月一日，國民政府在廣州成立。這是由興中會到中國國民黨發展的一段歷史過程，也是我們今天慶祝　國父革命建黨所應該知道的光榮歷史。

參、中國國民黨的偉大成就

以上是我們在慶祝　國父革命建黨應有的回顧，現在讓我們再來談一談中國國民黨的偉大成就。八十年來，我們在中國國民黨的主義感召之下，先後推翻了四千多年的專制政體，建立了亞洲第一個民主共和國。肅清了軍閥，完成了國家的統一。並經過八年對日浴血抗戰，獲得了最後的勝利，取消了一切不平等條約，收回了東北和台灣、澎湖的主權。偕同美、英、蘇三國制訂了聯合國的憲章。召開了制憲會議，完成了我國第一部以民為本的根本大法。到了民國三十八年（一九四九）因中共叛亂，大陸沉淪，政府播遷來台之後，中國國民黨從黨的改造開始，經過第七、八、九、十次全國代表大會的召開，無論是革新吏治、整軍經武、民生建設，以及最近數年來和國際姑息主義者的搏鬥，無一不顯示中國國民黨為民主盡忠藎，為國人謀福祉的苦心。尤其是最近一年來，由於世界性的能源危機和經濟恐慌的相繼衝擊，連世界上最富有的美國和日本都大起騷亂，然而由於我們的政府遵循中國國民黨的既定政策，採取了各種因應的措施，終於克渡了難關，這不僅顯示中國國民黨所奉行的三民主義能禁得起時代的考驗，也證明中國國民黨的成員中，的確是擁有優越的政治人才，更有著臨危授命、不畏艱難，敢於擔當大責重任的革命幹部。

當前我們中華民國在確保台灣和光復大陸這兩件大事的推動力和結合力上，沒有一件不期待中國國民黨的有所作為和勇於擔當。不過，這一神聖的責任，對中國國民黨的黨員來說，固然是理所當然的事，就是作為一個非黨員的中華民國國民來說，也必須要和中國國民黨黨員採取同樣的立場，以實現我們一己的全部願望。因為中國國民黨所代表的利益，是為全民的利益，所以無論是不是國民黨的黨員，都應該愛護國民黨，這是我們今天慶祝　國父革命建黨八十週年紀念應有的認識，讓我們大家共同為中國國民黨過去的光輝歷史和對國家的偉大貢獻，致以崇高的敬意。謝謝大家！

十、苦讀、苦學、共修、苦幹

——民國64．3．2主持陸軍航空訓練中心保養軍官班開訓典禮講——

王隊長、各位同學：

二月二十一日下午，行政院蔣院長經國先生和立法院倪文亞院長在台北三軍軍官俱樂部，以便餐款待各部會首長和全體立法委員時，在餐敘中講了一個寓意深長，而且饒有風趣的笑話。

這一個笑話是：在春節前蔣院長到花蓮去參觀一個牧牛場，曾遇到兩位養牛的工作人員，蔣院長以關懷的語氣說：「快過年了，你們辛苦了一年，也該休息兩天吧！」這兩位工人不以為然地回答說：「過年還是不能休息。」蔣院長感到很奇怪，所以又問這兩位工人，過年為什麼還不能休息呢？那兩位養牛的工人回答說：「因為牛不過年，牛不休息，所以我們也就不能休息。」蔣院長對這一笑話又作了解釋，他說：「做行政工作最重要的是要了解實況，對任何一件事情，如果不能親自去體驗，是無法有深入的了解和認識的。假如在沒有經過了解和認識之前，隨便作了決定，那是很危險的事情。」

今天，我之所以介紹這個笑話的用意，對各位來說，都已很愉快地過了新年，也很愉快地休了假，現在應該是高高興興地來開展工作和學習的時候了。特別是在各位舉行開訓典禮的時候，我要勉勵各位同學八個字訣，那就是苦讀、苦學、苦修、苦幹。

首先談到「苦讀」：國父 孫中山先生說：「革命事業在於高深的學問」。而高深的學問是來自「苦讀」，捨苦讀而談學問，那只是畫餅充饑，自欺欺人。不過苦讀，並不是死讀，而是有效把握公餘之暇的時間，選擇裨益於身心，有利於自己本職學能的書來讀，讀得愈多，懂得的道理愈深，對於做人做事的方法，自然有所長進，或是對於經時濟世的工作，也能夠有恃無恐，善於應付。

其次談到「苦學」，苦讀和苦學，看起來似乎相同，但實際上並不一樣。「苦讀」在求得高深的學問，「苦學」在鍛鍊工作的技能。前者屬於靜態，後者有靜態也有動態。這種學，有來自書本的應用之學，也有來自於長官、同事、部屬、民眾，甚至於敵人。就空間來說，有來自操場、野外、課堂、戰場，時時可學、處處可學。惟有這種「苦學」不懈的精神，才能增進處事的才能。同時「苦學」要能虛心，還要不恥下問，更要放下士大夫的身段和不可妒忌別人的心理。

另外談到「苦修」，苦修，就是砥礪奮鬥的毅力和勞怨不辭的精神修養。這種修養，是戰勝險惡、克服困難的堅強力量。

「苦修」，是一種存養的功夫，也就是做人的涵養。做人，要有理想，要有立場，更要有抱負，不是為做人而做人，乃是為做事而做人；為做事而做人，有時會容易得罪人。在這時候要容忍，所謂大著肚皮容物，立定腳跟做人，就是這個道理。

「苦修」，最重要的是存誠。心無妄念、身不妄動、口不亂言，故君子所以存誠；內不欺己、外不欺人、上不欺天，君子所以慎獨。不愧父母、不愧兄弟、不愧妻子、君子所以宜家。不負國家、不負生民、不負所學、君子所以用世。

「苦修」的要訣，就是要戰勝自己，而戰勝自己的方法，就是去人慾，存天理。把一切私慾邪念，克制得乾乾淨淨，特別是名利觀念要看得淡淡泊泊。孟子說，養心莫善於寡欲，就是這個道理。最後讀到「苦幹」：苦幹，就是力行實踐，也就是努力做事。今天談做事，最忌諱的就是徒託空言，好高騖遠，不務實際。要革除徒託空言，就必須苦幹、樂幹、實幹。從實實在在、不怨不尤的苦幹之中，去累積你的績效，累積你對國家的貢獻。而「苦幹」的要訣，是不計名利，是永不灰心。要做到計利當計天下利，求名要求萬世名的最高境界。

各位同學，春節過後，新的一年開始，很高興看到各位來到歸仁基地接受保養專業訓練。謹以「苦讀」、「苦學」、「苦修」、「苦幹」八個字訣和大家共勉，並向各位拜過晚年，祝福各位健康愉快！萬事如意！謝謝！

十一、效法 國父「為而不有、公而無私」的偉大情操（從幾個小故事說起）

——民國64・3・12在台南歸仁基地舉行 國父逝世五十周年紀念大會講——

指揮官、劉廠長、各位同仁、各位同學、各位同志：

今天是中華民國六十四年三月十二日，就是 國父孫中山先生逝世五十週年的紀念日，緬懷 國父畢生致力於國民革命，推翻二百餘年來的專制政體，創建中華民國的勳業，默察當前河山待復的現狀，相信我們大家都有說不出的感嘆。

可是感嘆只是消極的表現，我們應該用積極的行動來效法 國父救國救民的抱負和犧牲奮鬥的精神，為我們苦難的國家開創新的機運。在這裡我特別要提出幾點有關 國父「為而不有、公而無私」的節操，供我們大家力行實踐的參考：

第一、不私天下：當年辛亥革命成功，推翻滿清王朝時，有十個省的代表聯合起來去晉謁 國父，力勸 國父進帝位， 國父不以天下為私有，不求一家一姓的尊榮，馬上把「天下為公」與民主政治的真義，和創建民國的目的，曉諭各省代表，　國父不但不進帝位，連臨時大總統的職務，也讓給袁世凱。這種不私天下的偉大人格，為世人所共知、共仰。

第二、不蓄私財：國父致力革命，雖然掌握著領導權和支配權，但是全部財產和心力，都用之於革命事業，從來沒有為個人的資產打算過。　國父逝世後，除了留下幾萬冊的中西書籍之外，沒有任何遺產，這也是世人所共見的事實。

第三、不用私人：　國父當年在海外奔走，從事革命工作時，得力於其胞兄孫德彰先生的資助最多，當推翻清朝，成立臨時政府時，許多政府要員向　國父推薦孫德彰先生為廣東省的都督，可是不為　國父接受，認為德彰先生雖然是一位企業家，可是不懂政治，若是做官會影響政務的推展。另外又有政府官員向　國父推薦其執業裁縫師的外甥楊　坤先生給予政治職位，也沒有被允許，後來轉由馬超俊先生在廣州大南門創立一縫紉店，使楊先生得以安居樂業。這種不以私害公的偉大情操，時至現在只有　國父才能做到。

第四、不報私仇：當年　國父在南京就任臨時大總統時，有一名叫鄧廷鏗的來到總統府擬晉見國父，這是　國父在倫敦蒙難時誘捕　國父的主謀，被有些認識鄧某的人所識破，想立即把他逮捕，事為　國父知悉，命令予以遣回，所以沒有被認識他的人把他打死，這也可以看出　國父偉大的胸襟。

第五、不念私怨：　國父在法國為革命事業奔走時，所攜的黨員名冊，被當時留學英國的湯鄉銘、王發科等人所偷走，並向清廷駐法使館告密，事為欽差大臣孫寶琦所悉，飭湯鄉銘立即送回，當

時　國父並沒給予責備。後來　國父在南京就任總統，湯已學成回國，來到總統府想晉見　國父，被參軍黃大偉發現，當即予以斥責。事被　國父聽到，詢問湯是來晉謁求職的，第二天　國父即派湯為海軍部的次長，並且告訴黃大偉等人，說我國去英國學習海軍的人，不容易獲得，湯既然知道悔悟來歸，對過去的恩怨，就不必去計較吧！

第六、不徇私情：　國父有一位女婿名叫戴恩賽的，當時擔任梧州市政廳籌備會的主任職務，有一次在梧州一家旅社，因酒醉失態，侮辱了一位良家婦女，　國父在桂林行轅聽到之後，立即打電報給予撤職查辦。

以上雖然是　國父生平中幾件片段的小故事，可是從這些故事中，足以看出　國父人格的偉大。同時我們也可以想起在中國歷史上，自秦漢以來，起自於布衣，行仁義而得天下的，有漢高祖的除秦苛政，和明太祖的攘除胡虜，然而，這兩個人都是以求得一家一姓的尊榮，以帝位為世襲的。至於起自布衣，除暴行仁，為而不有，以「天下為公」的，只有　國父一人。這是我們在紀念　國父逝世五十週年的時候，應該要知道的，也是我們應該效法的。報告完畢，謝謝！

十二、放下士大夫的虛矯身段、放棄國際形勢的依賴心理

——闡揚　總統　蔣公紀念　國父建黨八十周年專文——

（民國64．4．10在陸軍步兵第九十二師司令部軍官連「莒光週」教育時間講）

各位同仁：今天我要把研讀總統　蔣公遺訓的一篇心得，向各位提出以下的報告。

去（六十三）年十一月二十四日，是　國父孫中山先生建黨革命八十週年的紀念日，也是中國國民黨第十屆中央委員會第五次全體會議開幕的一天。總統　蔣公以中國國民黨總裁的身分頒發訓詞，在訓詞中除了闡釋　國父領導國民革命的精義，歷述本黨救國救民的光榮歷史之外，並根據中國國民黨八十年來屢仆屢起，愈挫愈奮的史實，剴切昭告全體黨員同志，必須「放下士大夫的虛矯身段、必須放棄對國際形勢的依賴心理」。只要每一個人都有赴義爭先，蹈死不辭的志節，和奮發自強、忍辱負重的毅力，讓海內外以及大陸反共愛國的同胞志士，凝結為誠摯純潔的合成心力，就必能完成反共復國的大業，實現　國父和諸革命先烈創黨革命的遺志大願。

總統這篇訓詞，給我們提示了努力的方向，也為我們交賦了神聖的任務。現在讓我們回憶過去八十年來國民革命的光榮歷史，可從五個階段來向各位報告：

第一階段：是從一八九四年建黨到辛亥年革命成功，在這前後十八年當中，先是　國父倫敦蒙難，幾乎被清廷謀害，復經十次起義，十次失敗，終於完成了開國的壯舉。

第二階段：是從民國成立到北伐統一，前後共計十七年，在這十七年當中，我們曾經和北洋軍閥、帝國主義和共產黨作戰，所付出的犧牲代價，比第一階段更為重大。尤其是民國十一年陳炯明叛變，觀音山砲火和永豐艦事件，也幾乎使當年的革命領袖險遭毒手，在那險惡的境遇中，幸賴　國父孫中山先生和　總統蔣公（中正）先生的高瞻遠矚，先是創辦黃埔軍校，建立革命武力，終於在重重危難，處處艱險之中，奮力完成了北伐統一的大業。

第三階段：是從北伐統一到對日抗戰，在這一階段當中，我們始終是陷於中共叛亂和日本軍閥侵華兩面作戰的困境之中。而民國二十五年的西安事變，更是毛共一手導演的陰謀。在西安事變時，蔣公以凜然正氣，懾服叛逆，在事變中安然脫險，一時舉國歡騰，全民振奮，強烈地顯示出　蔣公受全民擁戴，一身繫國家安危，已自然形成了我們民族復興的領導中心。所以在「盧溝橋事變」後，蔣公為救亡圖存，毅然決然宣布全面抗戰，立即獲得海內外全體同胞的響應支持。

第四階段，是從對日本抗戰勝利，到政府播遷來台，在這一階段當中，中共一面勾結蘇俄，擴大叛亂，造成國家外來的壓力；一面偽裝和談，混淆視聽，加深政府內在的困擾。結果導致赤禍泛濫，大陸沉淪。

不過，在這一內外交困的階段當中，我們仍然制訂了中華民國憲法，召開了第一次國民代表大會，實行憲政。同時在大陸沉淪之後，我們的法統賴以不墜，民族賴以復興，也就是因為有這樣一部憲法和我們維護憲法的精神。今後我們要建設台灣、完成統一大業，也將要憑藉這部憲法和我們宏揚憲法的決心。

第五階段，是由黨的改造到現階段復興基地的建設。在這一階段中，二十多年來，我們生聚教訓，發憤圖強，一切努力，只有一個目標，那就是光復大陸，重建中華；只有一個願望，就是湔雪前恥，重振本黨光榮歷史，使國民革命再進入一個新的階段。

綜合以上五個階段，回顧八十年來我們國民革命的歷程，雖然飽受著無限的痛苦，但在痛苦中充滿了無限的信心和希望。因為，由於全黨同志和全國同胞的一心一德、犧牲奮鬥，創造了歷史性的無可改變的勝利，那就是：

辛亥之役，我們推翻了滿清，肇建了民國，締造了民權革命的勝利。

北伐抗戰，我們內鋤奸逆，外抗強暴，開創了民族革命的勝利。

建設台灣，安定民生，繁榮社會，證實了民生革命的勝利。

然而，這些勝利的獲得，並不是一種僥倖，更不是依靠國際關係的改變，而是憑藉我們革命精神的發揚，也就是心理建設和精神動員的成功。換句話說，我們可恃的是自己的力量，而不是對外關係，可信的是誠摯純潔的精神，而絕對不能有絲毫依賴國際關係變化的心理。但是，　蔣公訓示我們，這並不是要我們不再重視國際關係，而是要有突破國際關係的心理準備，和強化革命外交的手段與膽識。這是我對這篇訓詞第一點的體認，也就是說要放棄國際關係的依賴心理。

此外，就是要放下士大夫的虛矯身段。現在我先要把這幾個字來作一解釋。

士大夫：是有職居官的意思，士族的意思，將士的意思。南北朝時，士大夫和庶民是有分別的，士大夫謂之士族，庶民謂之寒門。

虛，即是華而不實，虛偽假冒的意思。

矯，枉以為直的意思。

虛矯，就是無實而自負的意思，也是目中無人，唯我獨尊，枉自尊大的意思。

身段，是指身體的大小、長短、高矮而言，也就是一個人的地位和資格而言，在這裡講就是當作「架子」解釋。

放下士大夫的虛矯身段，就是要放下：

一、特殊階級的落伍觀念，也就是與眾不同的觀念和有權勢的樣子。

二、高高在上的作風、高人一等的看法，譬如說：我是大學生、我的父親做過什麼大官，我的一切比你們強，比你們好。

三、特殊權威性的優越感，譬如說：這件差勁的事情，不是我做的。

四、自以為是、自以為知，自以為滿足的心理。
五、虛偽造假、矯柔做作、粉飾表面，敷衍塞責的惡習。
六、不真誠、不實在、不深入群眾，不接近群眾的做法。
七、陽奉陰違，奴顏婢膝、逢迎拍馬、阿諛奉承，唯利是圖、見利忘義的現實主義。

要知道革命是犧牲頭顱、鮮血的事業，參加革命的同志，死也不怕，辱也可忍，那還有士大夫的身段嗎？如朱執信、譚人鳳、喻培倫等先烈，他們在辛亥革命武昌起義時，那種冒險犯難、犧牲奮鬥的精神，就是放下士大夫身段的例證。

今天，我們要完成反共復國的大業，只要放下士大夫的虛矯身段，人人實事求是，苦幹實幹，存誠務實，去偽除虛，就有成功的希望。因此，　蔣公昭示我們：「只要大家對形於外者，能放下士大夫虛矯的身段，為了革命，即無復不可為之事；對誠於中者，能放棄對國際關係依賴的心理，堅忍奮發，則更何遲疑足畏之事之可言。」也就是這個道理。這是我讀訓的心得報告，敬請大家指教，謝謝各位！

十三、認識自我與貢獻自我

——民64・5・5在陸軍步兵第九十二師司令部向第二十四期預備軍官講——

各位青年朋友：

今天我以興奮、愉快的心情，歡迎各位來到九十二師，也恭賀各位穿上軍官制服，來到部隊為國家服務。各位現在所想像的，一定跟我二十二年前所想像的一樣，那就是我做了國軍的軍官，來到部隊以後，能夠為部隊做些甚麼？為官兵貢獻些甚麼？今後的工作究竟應該怎麼去做？如何才能善盡基層軍官的責任？回想起來，檢討過去，我可以說是想得多，做得少，想的太好，做的不夠。一直到今天，我才深深地體會到，自己的努力不夠，貢獻實在太少。為什麼會是這樣呢？因為過去我的年齡太輕，沒有體會出自己和國家的關係，也沒有體會到自己對國家、社會、部隊應負的責任，更沒有想到在工作中好好地充實自己。

今天我要以一個老兵，一個過來人的身分，將個人所體會到的，親身所感受到的，提供各位一點意見，作為大家今後努力的目標。

各位都是有理想、有抱負、有志氣的青年，我相信大家都滿懷希望，那就是要做天地間第一等人，做天地間第一等事，做一個堂堂正正的中國人，做一個光明正大的國軍軍官。究竟應如何才能做天地間第一等人？做天地間第一等事呢？我認為就是要不斷地站在時代的尖端，理智的前面，做國家、社會、部隊進步的動力；更加要不斷地充實自己、提升自己、警惕自己，進一步還要認識自我、貢獻自我。

美國大教育家杜威博士曾說：「教育就是不斷地成長，教育就是一連串的奮鬥。」教育就像是參加體能競賽，我們跑在後面的人，要比跑在前面的人更快，這個國家、社會、團體才會有進步。各位都是接棒人，接受了新的任務。我們如何走在時代的尖端，理智的前面，做國家、社會和部隊進步的動力？就要看大家過去所受的教育，是否真正能了解自己，認識自己，貢獻自己？是否做到連續不斷地奮鬥？

各位在今天下午就要到連隊去工作，我特別要提出如何來認識自我？貢獻自我？如何來創造我們共同的事業？我個人的看法是以下幾點：（僅錄講話要點）

一、認識自我：認識我們自己是人、是軍人，在年齡上來說，是青年，是知識分子。知識就是一種力量，是一種責任。知識來自社會，應該貢獻給社會。

二、貢獻自我：就是負起責任，今天下午各位要回到自己的工作崗位上去工作，就是要去貢獻。我們今天所做的事，是為事業而不是為職業。事業是需要加條件和貢獻。如果我們能針對需要提出本身的貢獻，那就是對的，否則，那就是錯誤的。貢獻是無分階級、地位和待遇的。貢獻是看你在人生的過程中，是否能夠善盡自己的職責，達成上級所賦予的任務？美國前總統甘迺迪在麻州議會上的四問：(一)你是不是一個有勇氣的人？(二)你是不是一個有判斷力的人？(三)你是不是一個有道德人格的人？(四)你是不是一個有貢獻的人？

甘迺迪總統說的四問，就是我們隨時隨地需要檢討、惕勵的。特別是第四問，更加是我們善盡自己的職責而作出貢獻的。

至於如何能創造大家共同的事業？我也要提出下列幾項和各位共勉（僅錄講話綱要）：

一、犧牲自己，拯救別人。

二、要求自己，寬恕別人。

三、要腳踏實地的追求理想，但千萬不可存有幻想、空想、夢想。

四、要勇敢地面對現實，但千萬不可逃避現實，放任現實，應面對現實解決部隊的問題，官兵的困難。

五、要以主動負責，積極進取的精神達成任務，當前部隊的主要任務是強化教育訓練、加強戰備整備、做好裝備保養、生活照顧和安全維護。

以上是就認識自我、貢獻自我的幾個要點，提供各位在做人做事方面的參考，請各位把握在部隊短暫的服務時間，貢獻自己的智慧和心力，以便報效國家，進而在將來留下美好的回憶。謝謝大家，祝福各位健康愉快、工作順利、事業成功！

十四、談一個有關交朋友的問題

——民國70・8・24在政戰學校政戰研究班講——

各位同學：今天我要利用朝會的時間，向各位報告一個交朋友的問題，這個問題，聽起來是很平凡的，講起來也人人都懂，可是要談到交一個好的朋友，那就要靠我們每一個人都有著明智的選擇，絕對不可以隨便。記得民國六十三年六月二十九日，台北市博愛銀樓發生的搶劫案，有三個人都已經伏法了，其中有一個沈姓的年輕人，就因為交錯了一個姓張的朋友而誤入歧途，後來也被槍決了，足見交朋友如果不謹慎的話，那就要成千古恨了。

行政院蔣院長經國先生在視察陸軍軍官學校時，曾訓勉在校學生要讀好書、用好人、交好友。足見交好友對於一個人的成功立業，是很重要的。現在我要把這個問題，就個人研究的心得同各位一起來分享。

首先要了解朋友的意義：

友的字義，是結交、親善、愛慕的意思。交友的動機，完全是出乎人的天性。古人說：「同類曰朋，同志為友。」從這一解釋看來，凡是人與人之間，能夠合群相處，意氣相投，休戚相關，成敗與共，都可以稱之為朋友。西洋人說：「人是合群的動物。」一般說來，人的感情生活就喜歡參加群體活動，交朋友便是一個開始。詩經上說：「或群或友」，是說獸三曰群，二曰友，只要是同類的獸，遇到一起，也會自然的交起朋友來。但人類的友誼，則不止於此，它至少會有以下幾種意義：

(一)相知相好：歐陽修說：「大凡君子與君子，以同道為朋，小人與小人，以同利為朋，此自然之理也。」君子相交，貴乎同道、知音，因而自然談得來，其中並沒有半點功利念頭。列子一書曾有解說：伯牙彈琴，鍾子期知道他的感情像高山流水一般，這是知音同道的最好例證。「人之相知，貴相知心。」交一個知心而親善的朋友，實在是人生最可貴的一件事情。

(二)相切相磋：求學、做人、治事，有賴於師長、朋友間的切磋琢磨，否則，很難獲得真知灼見，事業也不容易獲得成功。曾子說：「君子以文會友，以友輔仁。」就是指君子必須以文會合朋友，朋友也有相互切磋的必要。如此，才能輔正彼此的品德。

(三)相勉相助：孟子說：「責善者，朋友之道也。」朋友之間，以德業相勸，以過失相規為基礎。古人說：「三人同心，其利斷金，同心之言，其臭如蘭。」又說：「喜聞過者，忠言日至；惡聞過者，諛言日增。」俗話也說：「三個臭皮匠，勝似諸葛亮」，可見朋友之間，相勉相勸的作用，實在太大了。

朋友一詞，在我國一向是與君臣、父子、兄弟、夫婦併列，稱之為五倫，其中父子、兄弟、夫婦起於家庭，而君臣和朋友起於國家、社會。古人講倫理修養，都是在五倫之中下功夫，認為五倫的關係很好，沒有虧欠，個人的修養固然到了極境，而家庭、國家、社會也就穩固起來。不過，在五倫之中，朋友一倫的地位很特殊，它不像其他四倫，都有法律基礎，它起於自由的組合，沒有法律的力量來維繫，或予以限制，它唯一的基礎，是友愛與信義。如果離開了友愛和信義，那麼君臣、父子、兄弟、夫婦的關係，也都不能建立起來，這是我們必須要了解的。

此外，請各位了解友情的境界：友情是有好幾種類別的：

(一)世俗之友，又可分為：

1.點頭之友：也可稱之為「準朋友。」

2.遊樂之友：也可稱之為「酒肉朋友」，這種朋友平時在一起談談笑笑，吃吃喝喝，油膩非常，皆大歡喜，快樂時意氣相投，彼此稱兄道弟，可是稍有不樂意，或彼此利害有衝突，就馬上原形畢露，和平時判若兩人，所謂「有酒有肉多兄弟，急難何曾見一人。」這時不但不能希望他傾心相助，或仗義執言，甚至還要當心他落阱下石幫倒忙。

3.利害之友：這是因為互相有所利用而結交的朋友。

(二)道義之友，也可分為：

1.默契之友：也稱之為「君子之友」，就是彼此也很熟悉，內心也有好感，但平日很少交往，保持相當距離，但當別人談起你的時候，他會替你隱惡揚善。你遇有急難或不幸時，他會盡力幫助你，而且不希望你報答，這就是其淡如水的「君子之交」，如清朝公使孫寶琦當年善待　國父孫中山先生那樣熱情，就是「君子之友」的典型。

2.直諒之友：這種朋友，能開誠相見，具有真情實意，彼此都很關懷，你告訴他許多的心事，他不會光說「這很好呀！」還會幫你考慮；你做了壞事，他會勸你，糾正你的過失和偏差，這種朋友就是畏友。如唐朝的宋　璟和張　說是直諒的好友，有一次張易之誣告魏元忠造反，說這件事張　說知道，要張　說作證，這件事被宋　璟知道了，宋　璟馬上規勸張　說不要作偽證，不能陷害好人，結果為張　說所感動。

3.患難之友：這是志同道合的朋友，古人說：「志不同，不相為謀。」而志不同，就不會湊在一起，歷史上有名的「桃園結義」的故事，他們在患難中結的什麼義呢？就是為了共同的志願和事業，也就是為了復興漢室，後來果然創造了蜀漢王朝，實現了他們部份的志願。

4.生死之友：這是友情中的最高境界，不但可以托孤寄命，而且可以憂樂相關，榮辱與共。　國父孫中山先生贈給先總統　蔣公（中正）先生的一副對聯，所寫「安危他日終須仗，甘苦來時要共嘗」。世上只有極少數的兄弟，或夫妻的情誼，可以比得上。

以上四種友情，都是難能可貴的，人生在世，如果能得到上述的一、二種朋友，真是受用不盡。這類朋友，我們可統稱之為道義之交，這和利害之交的朋友，是大不相同的；因為道義之交的朋友，是勢窮情仍在，而利害之交的朋友，是利盡則義絕。據說有一次倫敦一家報館，懸賞徵求對於「朋友」的解釋，有一位應徵者的答案是：「不管世人都疏遠了我，而他仍在我身邊的人。」後來這個答案當選得獎了。這雖然是一則故事，但的確是「道義之友」的最佳解釋。我願把這點意見和各位分享，共勉，謝謝！

十五、以具體行動實踐校訓、用工作業績報答老師

——民國76・6・18以學生家長身分在國立台北商業專科學校致詞——

楊校長、各位老師、各位女士、各位先生、各位貴賓、各位同學！

今天是　貴校七十五學年度應屆畢業同學的畢業典禮，本人能以學生家長的身分，向各位說幾句話，內心感到非常的高興和榮幸。

我知道應屆畢業的同學們，是在民國七十一年踏進　貴校大門的，在過去的五年當中，承蒙各位老師熱心的教導，苦心的栽培，使一個剛從國中畢業的學生，經過五年來的薰陶，到今天不僅具有專業的知識和技能，更重要的是貴校的老師們，又為國家現代化的建設與經濟發展，培育了最有器識的中興人才。所以無論是站在學生家長的立場，或是一般國民的立場，對貴校老師所付出的心血，都應表示崇高的敬意和誠摯的謝意。

各位畢業的同學們，從今天開始，無論是繼續升學，或是馬上就業，都必須要以具體的行動來實踐貴校的校訓，用工作業績、力爭上游的精神來報答各位老師。現在我謹以貴校校訓——「公能弘

毅」四字，提出以下四點，和各位畢業同學共勉：

第一、要有大公無私的精神：所謂大公，對人來說，能大公則能無我，於是一切的想法都不為個人著想，而能為他人著想，為窮人著想，為病人著想，為殘疾人著想。對事來說，能公便能明，能公則不為個人的利害所惑，不為感情的衝動所擾，不為一時的意氣所困，而能理性地面對事物，這樣就不會犯錯，更加不會違法。

第二、要隨時追求新的知識：時代在進步，知識在爆炸，保持現狀，就是落伍，落伍就會被時代淘汰，所以各位離開學校以後，繼續升學的同學，固然是要讀書，而就業的同學，更加不要忘記讀書，惟有多讀書，才能追求新的知識，有了新的知識，就有新的觀念，新的工作方法，這樣就能充實自己的本職學能，開拓新的知識領域，創造自己不朽的事功。

第三、要以弘毅堅忍的胸襟，作盡其在我的努力：各位畢業的同學從今天開始，在人生的旅途上，有時候會一帆風順，有時候也可能會遇到艱難險阻，請各位記住，當你一帆風順時，你可不要得意忘形，當你遇到困難的時候，也用不著愁眉苦臉，你必須要以弘毅堅忍的胸襟，作盡其在我的努力，到最後勝利一定是屬於你的。所以論語上說：「士不可以不弘毅，任重而道遠。」就是這個意思。

第四、要鍛練強健的體魄，承擔重責大任：一個人要想成功一番事業，假若只有優異的本職學能，或擁有很多的財富，但沒有強健的體魄，仍舊是不夠的。所以必須要有強健的身體才行，而強健的身體，是建立在有恆的運動，規律的生活，樂觀奮鬥的基礎之上。有了強健的身體，才有奮發進取的精神，這樣才能承擔重責大任。

我的講話。除了代表畢業同學的家長，向校長和各位老師表示敬意和謝意之外，特別提出以上四點小小的意見，供各位同學回饋母校，報答老師的參考。最後祝福各位畢業的同學前程萬里，在校的同學學業進步，校長和各位老師身體健康！萬事如意！謝謝！

十六、當前老兵（榮民）的共同心聲和黃復興選票的取向

——民國84．7．4在國衛電視頻道「政論節目」發言紀要——

民國三十八年（一九四九）大陸淪陷之後，先總統　蔣公中正先生親率國軍固守台灣，經古寧頭大戰、八二三砲戰諸役，才使台灣的局勢得以穩定。這無疑是今日老兵（榮民）弟兄在　蔣公領導下，浴血奮戰，犧牲奉獻，所完成的保衛台灣疆土神聖的使命。

老兵（榮民）弟兄當年為保衛台灣，在戰場上犧牲奮鬥，義無反顧，固然是職責所在，可是在他們解甲退伍之後，仍一本退而不休的精神，有的投入政治改革、有的從事經濟發展、有的參加社會建設，更難得的是在交通方面，首先開創中部東西橫貫公路，這些都足以肯定老兵（榮民）弟兄對台灣

的貢獻。

近幾年來，有某些忘恩負義，數典忘祖，別有用心的人士，公然散播分離國土意識，推動什麼「台灣獨立」運動，甚至有人主張把老兵（榮民）驅離台灣本土，將老兵捍衛台灣疆土的功績，一筆抹煞。試問，若不是我們榮民弟兄在當年能保衛著這塊乾淨的國土，那還有今日繁榮富裕的台灣？那還有豐衣足食的生活享受？所以我要呼籲所有的榮民弟兄，以及榮民子弟們，大家要認清自己，肯定自己，珍惜我們在台灣的每一點奉獻。今天台灣的存在，只有我們的老兵（榮民）才有資格予以定位。絕對不可聽信那些有心人士對我們的汙衊、毀謗。現在我要將當前「老兵的心聲」和「黃復興選票的取向」，提出我個人的看法：

壹、當前老兵（榮民）的心聲

依據以往的觀察和體驗，每逢到了選舉的時候，就有人會想到老兵，關懷老兵，特別是執政高層和政府首長，都紛紛到眷村，或到榮家去探訪老兵，並開出許多支票，宣稱要加強榮民服務，改善榮民生活等等。

老兵年邁體衰，沒有工作能力，對他們多一點照顧，使他們多得到一點點安慰，當然是一件好事，但是物質條件真是他們內心唯一的企求嗎？恐怕是未必盡然，因為這些老兵從年輕時候，就過慣了節儉無華的生活，物質生活的享受，對他們來說，並不是特別重要的問題。

這些老兵，大多都是從對日抗戰開始，就以身許國了，再經過戡亂和捍衛台灣疆土，浴血奮戰，目的只有一個，那就是保衛中華民國。去年十一月當某一報系和TVBS電視台聯合舉辦選舉頻道時，談到國家認同的問題，有位老兵用電話叩應，聲稱他為中華民國站了多年的崗，所以他愛這個國家，愛台灣這塊土地，在現場的人聽到他的講話之後，都很感動。

當前國家意識的模糊，國家定位的詭異（搖擺不定），已到了匪夷所思的程度，從許多老兵的言談中，便可知道他們內心的苦悶和憂慮，是與時俱進的。如果要問他們在選舉時要支持誰？他們都會異口同聲的說，要支持愛中華民國的人，支持站在青天白日旗幟下引以為傲的人。更重要的是，他們不會支持在選舉前高呼「反共」、「反台獨」，而平時卻和那些建立「新國家」者勾勾搭搭的人，也就是國家意識模糊，國家定位詭異的人，這就是我所知道的老兵的心聲。

不只是這樣，全體榮民弟兄秉持傳統一貫的愛國志節，堅持與台灣兩千一百萬同胞同生死，共榮辱的感情，曾多次表明了他們堅定的立場，也抒發了我們共同的心聲：

一、我們堅決反對「一中一台」的荒謬主張，我們認為「一中一台」就是「台獨」，新瓶裝舊酒，無非是掩人耳目而已。而「台獨」不僅是斷絕我中華民國法統的叛逆行為，更會為台灣兩千一百萬同胞帶來立即而嚴重的災難。為了國家民族的命脈，為了台灣兩千一百萬同胞的幸福，為了後代子孫的生存，我們堅決反對任何變形的「台獨」主張。

二、我們堅決支持以「國家統一綱領」為依據的大陸政策，堅決反對國土分裂，因為分裂的中國，是民族的悲劇，也是全民的不幸。中國必須統一，國家才有前途。但是中國必須統一在自由、民主、均富的制度之下，而統一的步驟是漸進的，統一的方法是和平的，統一的過程，也必須是以台灣兩千一百萬同胞的安全、幸福為優先考量的。

三、我們所關心的是中華民國的前途，並不完全計較個人的得失，因為我們曾經在國家最危難的時刻，以責任和榮譽，以及鮮血和勇氣，捍衛了我們的國家。但是，我們並沒有以衛國的功臣自傲傲人。我們深切體認到中華民國和我們個人之間早已血肉相連，國家的興亡和個人的生死，事實上已凝為一體而不可分。今天，國家對我們的酬庸和照顧，我們當然感念在心，而國家處境的順逆和安危，我們也很關切。我時常說：革命戰士可以退伍，但是革命責任永不解甲；老兵的身體可以衰亡，愛國的熱忱永不稍減。榮民弟兄始終是忠黨愛國，永矢不渝的族群。

四、我們要向企圖分裂國土的人們說「不」：今天，國內有少數人士，他們從來沒有為建設台灣這塊土地流過一滴汗，更沒有為保衛台灣二千一百萬同胞流過一滴血，他們在國家的庇蔭下成長，在國家的培育下接受教育，他們不但不知道飲水思源，回饋國家，反而處心積慮企圖分裂國土、要將台灣二千一百萬同胞的幸福，陪葬在他們個人的政治野心之下。他們的這種想法和做法，絕不能見容於任何一個愛國家、愛同胞的中華民國國民。

貳、黃復興（中國國民黨國軍退除役軍人黨部）的選票取向

李主席登輝先生，在今（八十四）年三月十三日出席台北市議會黨團座談會時，曾指出：「台北市的政治生態，本來就是怪怪的，要想把黃復興的選票拿回來，不是那麼容易的事。」

市議員秦惠珠以「竹籬笆的消失」，提出她個人對黃復興票源流失的感慨。秦惠珠說：「她是眷村的第二代，她不是黃復興黨部提名參選的，去年台北市議員選舉時，黃復興提名了四位候選人，在三十六萬多的選票中，四位候選人總共只得到三萬多票，全部落選了。把黃復興的票找回來，是當務之急，尤其今年年底又要選立委了，鞏固黃復興的選票，是非常重要的一件事。」

記得去（民國八十三）年省市長選舉，中國國民黨籍的台北市市議員若干候選人，因為提名不當，被黃復興的黨員，用選票予以否決，造成敗選的奇恥大辱，當時黨中央，並未澈底檢討，依然認為黃復興黨員可以用情感去挽回出走的念頭，殊不知黃復興的「鐵票」，已不再唯命是從，如果黨中央的政策方向不加修正，黨的體制不加調整，黨中央的提名人選無法獲得基層黨員的認同，票源流失將是必然的結果。再詳細的說，在老兵（榮民）的心目中，並不在乎個人待遇的高低，只在乎曾為這塊土地奉獻過心血的人，不要因少數政客的不當言論和錯誤的政策而使其痛心。因此，國民黨要想爭回老兵的選票，並不需要特別的作法，也不用開出任何支票，最重要的是向榮民弟兄說明國民黨和政府對國家的體制、國家的定位和未來的立場，特別是要列舉具體的事實來印證。假若光是喊喊「口號」，那是沒有用的，甚至還會被別人認為是騙選票的。

真正能夠支配黃復興票源流向的心理因素，就是國家認同。在早期黨國關係密切不可分的時期，選舉就是效忠國家的具體表現，在那個時期黃復興的票源，自然能以高度參與和單一方向支持國民黨提名的特定對象，也很容易達成勝選的任務。

但是，隨著政黨開放及國民黨黨內不同流派的明爭暗鬥，加上眷村改建速度緩慢，眷戶自備款項的負擔較重、榮民第二代難在政壇發展、特別是對於國民黨政府對民進黨如此反民族主張的軟性處理非常不滿，因而使黃復興的選票面臨前所沒有的衝擊。其中最明顯的事實，就是第二屆國代選舉之後，國民黨內部公民直選和委任直選之事，和第二屆立委選舉後，郝前院長柏村先生為情勢所逼辭卸行政院院長等等情事，使黃復興黨員對黨中央有著不同的和明顯的評價，延燒到去年各媒體報導李總統登輝先生接受日本作者司馬僚太郎訪問一文，以及陸委會發表「外省第二、三代為中共利用」的言論，使黃復興的黨員更加意識到國民黨內部對於國家認同的立場，已到了非常模糊的程度，所以選票的流失，是國民黨自作自受的結果。

說得更透澈一點，對於親身參與台海戰役，為保衛中華民國曾經流過血汗的老榮民及其子女來說，國家認同和統獨立場，才是主導他們選票抉擇的關鍵因素。也因為這樣，所以當新黨高呼「中華民國保衛戰」這一口號以後，使得黃復興的選票，產生了莫大的吸引力。

十七、壽宴會場致詞

壹、恭賀周世斌將軍華誕

——民國87．10．23，中華電視公司董事長周世斌將軍歡度七秩華誕，應陸軍總司令湯曜明上將之邀，代表與會來賓致賀詞——

世公暨夫人、總司令湯上將暨夫人、各位大嫂、各位老朋友、晚安！

今天是我們的老長官世公將軍，歡度七秩華誕的壽慶，我們在座的各位大嫂和老朋友們，應邀來參與盛會，相信大家都感到很高興，尤其奉總司令指示，代表各位向世公表達敬愛和祝賀之意，內心更覺得非常的榮幸。

時間過得很快，我們追隨世公已是三十年前的事了。回憶當年在世公的領導下，無論是教育訓練、戰備整備、實兵演習、以及各種競賽等等都有著輝煌的績效。特別是世公雍容大度，平易近人的風範，和對官兵及眷屬的生活照顧，我們都有著如沐春風，至今仍舊記憶猶新的感覺。從這些點點滴滴，便可想到世公之所以屢獲層峰倚重，一直到今天仍在領導文化傳播事業，這絕對不是偶然得來的。

今天承蒙世公和總司令邀集各位大嫂和老朋友們來到這裡同祝嵩壽，感念世公和總司令還沒有忘記我們這些老戰友的情誼，表示誠摯的感激。一般人說：「利害之交的朋友，是利盡則義絕；道義之交的朋友，是勢窮情仍在。」今天應邀來的各位，都是已經退休，可說是無權無勢的老百姓，而世公和總司令都還沒有忘記我們，這就是情感道義的寫照，也充分證明總司令之所以能成為陸軍的最高領導者，都具有成功的要件。在這裡讓我們大家祝福總司令政躬康泰、闔家平安、事業成功、步步高升！同時以誠摯的心情，恭祝世公福如東海、壽比南山！並祝福各位大嫂和老朋友們身體健康、精神愉快、平安吉祥、心想事成！謝謝！

貳、恭賀梁孝煌將軍九十華誕

——民國92．10．31在政工幹校第一期本科班同學自願組成的週末俱樂部講——

樹公、各位長官、各位學長：

今天是先總統　蔣公一百一十七歲的誕辰紀念日，我們選定今天舉行派友聯誼會，一方面讓我們感念　蔣公所賜予的恩德，另一方面是為樹公老師今年的九十嵩壽，表示恭賀之意。同時我們早已預料宋玉棠學長在月底一定會返台，所以邀請他作為今天的特別來賓。說來今天的聯誼活動，比以往顯得更有意義。

樹公老師往昔賜予我們的教誨，使我們受益不盡的種種情形，以及他過去在黨、政、軍各方面承擔重責大任，為國家、社會所締造的功勳、事蹟，在座的各位都知道得很清楚，用不著我在這裡敘述，以免耽誤各位寶貴的時間。

但是，我今天要向各位報告的，是體認樹公之所以能歡度九十大壽的要因，不外乎下述兩點：

第一、是樂天知命：至聖先師孔子當年五十而知天命，我覺得知天命的人，自然就會洞澈人生，所以能達觀、樂天，也能保持身心平衡。樹公常說：「生、老、病、死，是人生必經的過程，要生得長、老得慢、病得少、死得快。」這就是樹公對人生的一種正面的看法，也給予我們莫大的啟示。

第二、是養生有道：樹公既然是一位樂天知命的長者，他的一切就是順天應人。所以他除了心胸開闊，永保生理健康以外，更能注意到心理的健康。正如他常常提到：「活動！活動！要活就要動。」常常活動，就是一種養生的要訣。特別是在心理方面，他也以「自得其樂、即時行樂、與眾同樂、知足長樂。」來自勉勉人。像這些都是長生不老的養生秘訣，值得我們效法。

最後我謹代表派友們恭祝樹公之壽，猶如石之堅、如土之厚、如天之長、如地之久、如日月之恒照、如松柏之長茂、如川水之永、如東海之福、如南山之壽。

我還記得上個星期四，也就是十月二十三日，樹公在我們舉行畢業五十週年的聯誼會上，曾公開宣告：當我們將來舉行畢業六十週年慶的時候，他一定要去參加，這一堅定的信心，使我們非常感奮。所以我也要祝福各位學長永遠健康，當樹公百歲華誕之慶時，我們在座的每一位學長，都要一同參加，一個也不會少，這是我對各位的祝願，謝謝！

十八、恭賀黃邦宿先生長孫彌月之喜

——民96．8．5在基隆昱帝嶺大飯店講——

黃學長、黃大嫂、各位貴賓、各位女士、各位先生、大家午安：

今天是黃學長和黃大嫂長孫承裕寶寶的彌月之喜，有緣能和各位一同來參加這次盛宴，感到非常的高興，尤其還有機會來講幾句祝福的話，更覺得很榮幸。

大家都曉得黃學長和黃大嫂期待長孫誕生的美夢，終於成真了，我們期盼承裕寶寶將來成為允文允武、出將入相的美夢，也將會實現的。因為寶寶雖然出生在台灣宜蘭，可是祖籍是江西，江西是文風鼎盛，人才濟濟的好地方，在歷史上有所謂「文山疊山之氣節，盧陵雙井之文章。」文山是指文天祥的正氣，疊山是詩人謝仿得的愛國情操。盧陵是指歐陽修，雙井是指曾　鞏，這幾位都號稱為唐宋八大名家，再加上王安石，更媲比蘇　洵三父子。就武將來說，撇開歷史上的名將不談，只就近六十年來到達台灣，晉任二將上將和一級上將，當過參謀總長的江西人，也大有人在。再就承裕寶寶出生的家世來說，他的祖父在文史方面的素養，一向受人肯定，道德文章，更受識者所欽敬。他的祖母王太夫人是受人尊崇的為人師表。所以承裕寶寶的基因（血統）是很優質的，將來繼繼繩繩，發揚光大，是有所期待的。

不過，要成為允文允武、出將入相的人才，不只是口中講說就可得來的，必須要付出許多心力去培植才行，這個責任要落在國屏賢侄兩夫婦的肩上，也就是要在承裕寶寶的養育和教育方面，多下功夫，使寶寶將來有健壯的體魄，有高度的智慧。健康和智慧是成功一切事業的根本。因為有健壯的身體，才能擔當重責大任。有高度的智慧，才能發展成超強的記憶力、敏銳的觀察力、豐富的想像力、縝密的思考力、正確的判斷力，和鍥而不捨的實行力。這幾種能量和我國中庸一書所提出的「博學之、審問之、慎思之、明辨之、篤行之」的道理，是很接近的。我們常說某人很聰明，但是聰明不足以概括智慧的涵義。惟有記憶力、想像力、思辨力、判斷力、觀察力，加上篤實踐履的精神，才稱得上是真正的智慧。也惟有強健的體魄和高度的智慧，才能真正為國家社會做出偉大的貢獻。

以上是我對承裕寶寶未來的期許，也是對黃府誠摯的祝福，請國屏賢侄兩夫婦繼續努力！加油。最後祝願承裕寶寶健康快樂的成長、黃府子孫滿堂、瓜瓞綿綿！祝福各位貴賓、各位女士、各位先生身體健康、家庭幸福、平安！謝謝！

十九、保健專題講演比賽全文

壹、我如何克服糖尿病

——民國88．6．12參加台灣糖尿病協會第四屆演講比賽獲第一名之講稿內容——

林主任、各位評審委員、各位病友、各位女士、各位先生：

今天我要報告的題目是「我如何克服糖尿病？」現在依據我個人的體驗和做法，提出以下四個要點，就教於各位。

(一)罹患糖尿病的經過

民國八十六年四月，接受健康檢查時，發現了「疑似糖尿病」的癥狀，當時的空腹血糖值為141毫克，因為沒有異常的感覺，所以也就並不在意。到了同年的七月，我的脖子後面出現了幾個紅點，於是去台北榮民總醫院皮膚科求診，醫師說我有罹患糖尿病的跡象，給了我一個星期的消炎藥，服用之後，那些紅點也就被消除了。接著去新陳代謝科求診，經先後兩次飯前血糖檢測，都在140至150毫克之間，醫師斷定我罹患了糖尿病，從此使我再也不敢掉以輕心了。

(二)治療糖尿病的情形

從民國八十六年八月到現在，每月來榮總新陳代謝科一次，每次帶回降血糖的藥劑六十粒，每日早、晚飯後各服一粒。到今年三月，增加擴張心臟血管的藥物九十粒，每天三餐飯前各服一粒。一年多來，曾先後接受心電圖、視網膜、24小時尿液、腎臟、糖化血色素、自律神經等多項檢查，我的身體狀況都還正常，現在的空腹血糖值在120至140毫克之間。這一穩定的情況，應感謝林主任、各位醫師、護理，以及營養師的熱心照護和指導。

(三)我如何克服糖尿病

一、**從學習中紮根**：今天是一個資訊的時代，也是知識爆炸的時代，我對於各種平面或立體的媒體，所傳播防治糖尿病的資訊，都很用心的加以閱讀、研究，使我充實防治糖尿病的知識，增進自我照護的能力，的確有著相得益彰的效果。

二、**從生活中著力**：

(一)飲食保持均衡：

1.基本原則：

(1)澱粉類和蛋白脂肪類的食物，各佔總熱量的一半。

(2)少肉多菜，少吃多餐，但應注意保持體重。一切照著醫囑和營養師指導的方針進食，就不會有錯。

2.自我要求：

(1)定時定量，避免甜食，可是水果宜適量的攝取，不可矯枉過正。

(2)儘量避免食用動物性油脂，也不吃油炸、油煎、油酥的食物。為了慎重起見，家中炒菜，是使用橄欖油。

(3)儘量減少應酬，對於無法減免的應酬，用白開水取代果汁和酒，飲食方面也是儘量節制。別人問我為什麼吃那麼少？我說「少吃一點，多吃幾年。」

(二)服藥必須謹慎：照著醫師的處方，準時服藥，為了不誤時效，凡預判不能回家用餐時，把藥物帶到口袋，以便保持服藥時間的正常。同時我也做到了不見異思遷，不信任偏方，並將服藥的情形和治療的狀況，適時向醫師反映。

(三)鞋襪穿著舒適：為了預防體幹神經病變，我所穿的皮鞋或布鞋，無論硬度、長短、大小都要合腳；襪子以棉毛製品為佳，穿著不應太緊，以免影響血液循環，或傷害腳部。

(四)運動持之以恒：今年三月四日美國醫學協會雜誌，報導了哥倫比亞南卡羅來納大學梅爾·

戴維斯醫師所主持的一項研究報告，他為了分析人體胰島素的能力和運動的關係，在四座城市中就四十歲至六十九歲的男女一、五〇〇人進行調查，發現定期和有適量運動的人，比懶得動的人，不會出現胰島素利用量減少的現象。所以適度的運動，對於控制血糖是相當有益的。

我在運動方面，早晚各做「內八段錦」一次，甩手、氣功、太極拳（限早晨練習）、散步，合計四十分鐘。下午六時至七時散步四十分鐘，一天合計兩小時，除特殊情況外，通常是風雨無阻的。

三、從檢驗中掌控：節制飲食，準時服藥、適度運動，固然是克服糖尿病的要訣，可是忽略了定期性的追蹤檢查，那還是不夠的。我所做的檢驗是：每日早晚各檢查足部一次，每周血壓、血糖、體重各一次，每兩個月眼睛一次，每半年腹部超音波一次，每年體檢與運動心電圖各一次。其餘的各項檢查，都照醫師的安排辦理。

(四)結　論

總括來說，糖尿病是一個複雜而多種形態的癥狀群，除用飲食、藥物和運動控制以外，到今天為止還找不到可以完全根治的良方。連續十年來，被醫學界列為十大死亡原因的第五名，這是值得大家警惕的。它的癥狀是「三多一少」，也就是「多尿、多飲、多食」，一少就是「體重減少」。而我克服糖尿病的方法，也覺得是「三多一少」，那就是「多學、多動、多查」，一少就是「少吃」。只要我們能好好地控制血糖，提升自我照護的能力，預防合併症的發生，也就能夠確保生活的品質，享受幸福的人生。

我的報告完畢，敬請各位多多指教。謝謝！

（本文原載於民國八十八年九至十二月「糖尿病拾問」期刊第四輯第三冊）

貳、糖尿病人如何做好足部保健

——民國89．5．27參加台灣糖尿病協會第五屆演講比賽得第一名的講稿全文——

林主任、各位評審委員、各位護理師、營養師、各位病友、各位女士、各位先生，午安：

今天我要演講的題目是：糖尿病人如何做好足部保健？這是關係病友最重要的一個議題，依據我自己蒐集到的資料和研究的心得，謹提出以下幾點意見向各位求教：

(一)糖尿病人為什麼要做好足部保健？

一、從學者、專家的論點來說：

(一)台大醫學院內科教授林瑞祥醫師認為，糖尿病人如果血糖控制不佳，極容易發生末稍神經或血管病變，造成血液循環不良，或感覺變差，足部受傷而不自覺，傷口也不容易癒合。依據台大醫院復健科的統計數據，因截肢而裝義肢的病人當中，糖尿病患者，約佔三分之一。

(二)國泰醫院皮膚科主任全鳴鐸醫師指出，台灣屬海島性氣候，濕度很高，一般人在高溫多濕的季節裡，罹患「香港腳」的足癬患者，經常可見。足癬會常常出現水泡、靡爛的現象，嚴重的症狀，併發細菌感染，引起發燒與足部腫痛，糖尿病人更應提高警覺，加強足部保健，以免走上截肢的命運。

二、從一位糖尿病病友截肢的慘痛教訓來說：距離我家不到一百公尺的何先生，今年六十七歲，是本地的農民，罹患糖尿病已有十八年。去年十二月因右腳小趾旁裂開三厘米的一個小洞，引起細菌感染，致使高燒不退，先到台北市立陽明醫院求診無效，轉到台北榮總感染科來診治，經骨科、皮膚科、心臟內科、血管科、麻醉科等醫師會診結果，決定施行截肢手術，原先以為切除傷口一小部份，將可見效，事實證明第二次開刀截肢二十公分，仍沒退燒，等到第三次開刀，把整個小腿鋸掉，從膝蓋起只剩下十七公分，才使高燒退掉。何先生雖然保住了生命，但內心的痛苦，是無法形容的。

(二)糖尿病人應如何做好足部保健？

從上述學者、專家的論點與何先生被截肢的慘痛教訓，我們便可體認糖尿病友加強足部保健，是多麼的重要。但應如何做好足部保健呢？

一、隨時注意衛生：每天用溫水和中性的肥皂，清洗足部；洗完澡或流汗後，應盡快把腳和趾縫擦乾，並以綿羊油，或其他潤滑油脂擦拭皮膚，以防止過度乾燥，或用含有抗黴菌的粉劑，散布到趾縫內，去除過多的濕氣。

二、定期檢查足部：每天應檢視足部有沒有生長雞眼、厚繭、水泡、或摩擦發紅、受傷、發紫的現象，如果有，應立即妥善處理，或請醫師診治。

三、小心修剪趾甲：趾甲應平剪，防止受傷引發甲溝炎；趾甲內長、變厚、或易於撕裂，應謹慎處理，必要時請醫師診治。年歲大、視力欠佳的病友，由家屬或請朋友幫忙修剪。

四、謹慎穿著鞋襪：鞋子的大小、長短適中，質料要柔軟、通風、散熱；穿鞋前應檢視鞋內有沒有別的東西，防止傷害；穿鞋須穿襪子，外出應穿包頭鞋，勿穿尖鞋或高跟鞋，以防壓力產生水泡、厚繭、擦傷；穿新鞋時，最初以兩小時為宜。襪子以棉、毛織品，且能吸汗為佳，穿鞋子不宜太緊，免得妨礙血液循環，所穿的襪子，每天至少更換一次。

五、其他注意事項：腳底按摩必須謹慎，避免摩破皮膚。寒、暑、雨季，勿將足部長期暴露、浸泡在寒冷、酷熱或雨水中；外出旅遊，最好帶兩雙舒適的鞋子和多幾雙襪子；平日居家多備幾雙透氣的鞋子，以便交換穿著；患病期間穿過的襪子，應消毒後再穿，鞋墊也須定時更換，以根除黴菌的侵害；平常居家或外出旅遊，勿穿著拖鞋，更不可以赤腳在地板、沙灘，或公共浴室行走，這樣才能免除受到感染的機會。

(三) 結論

預防勝於治療，謹請各位病友，對自己的病情要勇敢的面對，並以積極、認真的態度，來控制血糖。假若血糖沒好好地控制，很容易引起合併症的發生。尤其糖尿病人和正常人比較，被截肢的機率多出五倍，這是值得我們警惕的。報告完畢，敬請各位指教，並祝福各位健康、快樂、平安。謝謝！

二十、專題研究報告

壹、怎樣健全官兵心理從而建設軍中倫理觀念

——民國50．5．10在政戰學校專科部專題報告——

班主任、各位長官、各位老師、各位同志：

近幾年來，國民革命軍在總統　蔣公的領導下，大家都能茹苦含辛，奮鬥創造，使國軍的戰力一年比一年增強，這是誰也無法否認的事實，也是誰都感到欣慰的成就，但這僅就一般而論，並非一切毫無瑕疵的存在，亦非從此沾沾自喜不再追求進步。換言之，目前的國軍並不是沒有阻礙進步的問題存在，而此種存在的問題，從表面看來，好像千頭萬緒，然而仔細研究結果，卻只有一個癥結，那就是官兵心理的不健全，由於心理不健全，因而使行為失去常態，由於行為失去常態，軍中倫理觀念也

就自然淡薄，這可說是我們心理和倫理建設的一個缺口，也是妨礙我們整個國軍進步的絆腳石，對於我們整個反共復國的革命大業而言，當是一個不可忽視的重大問題。現在我就這一方面的問題，提出以下幾個要點向各位報告：

(一)健全官兵心理與建設軍中倫理觀念的重要性

大凡對軍事心理有研究的人都會瞭解，士氣的高低，最能表達軍中整個心理狀態，因為軍事的組織與活動，均以人為主體，至於裝備及其他的物資，都不過是適應軍事作戰的需要而已。因此，人的心理活動與意向，對於軍事有著密切而又重要的關係。所以　總統在「說士氣」這篇訓詞中指出：「人的行動，往往由心理而決定其動作，人的精神也常為心理所支配而表現出來。」又說：「心理的反應，往往可以決定其(部隊)戰力，亦常常可以左右其戰役的成敗。由此，可知心理就是精神的力量，我們應如何發揮此一精神力量，以強化軍事的效能，進而鼓舞士氣，增強戰力，惟有從健全官兵心理著手，深入心理方面去研究，才能獲得正確的結論。」

其次對整個國民革命的事業而言，心理建設，乃是革命、建國的基礎，正如　國父在「革命的基礎在高深的學問」中說：「要做革命事業，先從自己的方寸之地做起……要在政治上革命，便要先從自己的心中革起，自己能夠在心理上革命，將來在政治上革命，便有希望可以成功。」凡此均足以顯示健全心理對於整個革命大業是何等的重要。

再就倫理建設來說，我們認為倫理是人與人之間的行為標準，是說明人與人之間的正常關係，也是安定社會，繁榮種族的基礎。就當前的客觀環境來說，更是我們光復大陸、復興民族無限潛力的根源，因為當前反共抗俄，復國建國的革命戰爭，不但要救國救民，而且要恢復我們中華民族高尚的倫理（八德）與傳統的文化（四維），祇要我們能發揮此一無比的潛力，一則可以鞏固部隊的團結，增強部隊的戰力，再則可號召大陸同胞，感化共軍共幹，同時對於今日不良的社會風氣，更可收移風易俗之宏效。

(二)當前國軍官兵心理狀態的分析

如上所述，我們既要健全官兵心理，以振奮國軍士氣，增強國軍戰力，進而改造社會風氣，那就先要瞭解當前國軍官兵的心理狀態如何？然後對症下藥，始能獲得藥到病除之效。經研究所得，當前國軍官兵的心理狀態，可分為下列幾項：

(一)年歲日長，老大悲觀的心理：事實不可否認，當前國軍官兵，除了台籍充員戰士外，大多都來自大陸，此其間經過十二年的艱苦奮鬥，幾乎都已接近中年，在我們一般人的觀念中，所謂「人到中年萬事休」，在此天涯淪落，海角漂零的境地，既是無家可歸，又是無產可守，至於婚姻問題，更是不易解決，而且認為有家者生活負擔過重，無家者感到精神空虛，因而部份官兵難免產生憂慮與疑懼的悲觀、消極心理。

(二)離家日久，思鄉心切的心理：家對於每一個人的關係是最為密切的，所發生的情感也最濃厚的，若非鐵石心腸，誰也忘不了家庭的溫暖，誰也不願抛棄家庭的幸福，儘管我們大聲疾呼「反攻大陸，重整家園」的有力口號，然而時至今日，仍然只是一個希望，所以每當佳節良辰，一經刺激，便抑制不住思鄉情感的衝動，因而使正常的心理，也就失去了平衡。

(三)反攻無期，久等無奈的心理：反攻復國固然是我們堅定不移的國策，然而反攻問題，由於諸種因素的限制，迄今仍只是一個理想，儘管希望未來，但總覺得反攻遙遙無期，由於此一心理的變化，因而產生了久等無奈的心理。

(四)升級不易，久役厭煩的心理：希望是生命的火焰，人生的一切痛苦，往往因有希望而消失，但相反的，希望的幻滅，會使人生陷於沉悶的境地。今天國軍的人事制度，固然早已建立，但是並無常規可循，尤其一切制度規章，朝令夕改，花樣翻新，更使進取向上的官兵，深感個人事業前途已失去了人事的保障，而埋頭苦幹，缺乏人事背景的官兵，更因升級不易而產生久役厭煩的反常心理。

(五)待遇菲薄，自卑苦悶的心理：近年來政府對國軍官兵的待遇，雖然不斷地在改善，然而以目前的生活指數，一般官兵的所得，確不足以維持其基本生活之開支，尤其是有眷官兵，子女眾多，負擔較重者，更是入不敷出，困難重重，類似此種情形，不僅使部份官兵無法安心工作，且由於自卑苦悶，因而影響整個部隊士氣。

(三)怎樣健全官兵心理，從而建設軍中倫理觀念

由於上述五種心理潛伏在每一官兵的意識中，所以表現在言行方面，則為牢騷不滿，放蕩浪漫；表現在觀念方面，則是悠悠忽忽，得過且過，諸此不僅使部隊管教困難，且對整個部隊士氣的維護，以及戰力的發揮，都受到嚴重的考驗，這是值得我們重視的問題，如要及時消除軍中此種不健全的心理，以加速完成反攻復國的一切準備，應該從健全官兵心理與建設軍中倫理觀念做起：

(一)祛除心理痼疾，建立公正實信：　總統在「反攻作戰指導要領」一訓詞中昭示我們：「關於革命軍人舊習染的檢討，我雖經指出，在根本上大家所受的，是大陸民族習性和農業社會習性的薰染；而表現於心理上，則為私偏欺疑……像這樣的一種老觀念的心理，如不及時痛改，徹底根除，那就是　國父再起來領導我們，也無法產生任何預期的革命效果。」在此我們也就可以明瞭健全官兵心理與建設軍中倫理觀念的第一步驟，即祛除心理痼疾，從剷除私、偏、欺、疑，到建立公、正、實、信做起，只要每一官兵在心理上坦坦盪盪，才能在行為上確守其倫理規範。

(二)一切歸向誠實，力求光明磊落：這是指我們的精神修養而言，因為心理上之所以有私、偏、欺、疑四大惡德的存在，是由於虛偽不實的習性所產生，亦即由於不誠的習性所造成。只要我們能「存誠務實」，徹底做到一切歸向誠實，則心理自然光明磊落。但是如何才能歸向「誠實」？我們認為須先從「不自欺」入手，因為先要能不自欺，而後才能不欺人，惟有「不自欺欺人」，然後才能表

現其高尚的品德和真實的人格。

(三)樹立中心目標，確立倫常關係：我們應了解建設倫理觀念的主要目標，就是在「以軍作家」運動的實踐，這所謂「以軍作家」，當指我們傳統家庭觀念的擴大而言，在這一個大家庭之中，我們的官與兵雖沒有小家庭的血緣關係，但卻有大家庭生死相依的生命關係，和成敗與共的事業關係，在這兩大關係中，我們更可以劃分為長官與部屬的關係，官兵相互間的關係，軍民相互間的關係，男女相互間的關係，這四種關係也就是父子有親，上下有義，官兵有序，軍民有信，男女有別的關係，由於此等關係的密切，所以必須培養倫理道德的基礎，然後才能發揮軍中的倫理精神，使官兵生活在革命的大家庭中，感受到親切、溫暖，且能達到守倫常，愛榮譽，同生死，共患難的地步。

(四)厲行新的武德，發揚傳統精神：國父在「軍人精神教育」中告訴我們，中國軍人固有的道德，是智、仁、勇三達德。總統在「革命軍人的哲學」中也曾指出：「我們固有的武德，就是智、仁、勇，再詳細的講，就是智信仁勇嚴這五種固有道德的精神」。又說：「我們所說的倫理觀念與精神教育，就是今日所指新精神與新武德的基礎」，至此我們確切領悟新的武德，就是我們革命軍人的倫理觀念。我們如能厲行此一新的武德，發揚傳統精神，並以「仁」字為出發點，則不僅能貫通「四維」、「八德」的倫理德目，而且也必能發揮智者不惑，信者不貳，仁者不憂，勇者不懼，嚴者不私的功效。

(五)展開實際行動，實踐「以軍作家」

1.各級部隊應策畫建立軍中倫理教育方案，並針對實際需要，積極推行「以軍作家」運動，對官兵福利和保健各種工作，均應建立互助中心，如官兵婚喪、養育、保險等，應迅速建立互助制度，並透過行政組織貫徹執行。

2.各級政工部門應推行眷村睦鄰工作，並透過婦聯會主辦眷區倫理教育，以減少官兵子女不良行為的發生，尤應積極輔導眷屬獲得充分就業機會，減輕有眷官兵生活負擔，培養優良風氣，提升官兵士氣。

3.各級政工部門應擴大文化、康樂、服務工作，並運用各種方式加強倫理教育，培養軍中倫理關係。

4.各級部隊應加強政治教育及隨營補習教育，對優秀官兵應依序保舉推薦，或送訓深造，以啟發其新的希望。

5.各級主管應主動協助官兵解決困難，對重大疾病急難，或災害應迅速予以救助，以使官兵在情感上能凝為一體，進而鞏固部隊團結，促進國軍進步！

(四)結　論

如上所述，當前國軍士氣之所以不振，其根本原因，在於心理的不健全，由於心理不健全，因而倫理觀念也隨之淡薄，是故健全官兵心理，從而建設軍中倫理觀念，乃當前建軍的重大課題。但如何建全官兵心理，從而建設軍中倫理觀念，除先要察覺當前國軍官兵的心理狀態，以謀求應有的對策外，最重要的是袪除心理痼疾，剷除「私偏欺疑」四大惡德、樹立中心目標、建立倫常關係、厲行新的武德、發揚傳統精神，進而以積極的行動，擴大推行「以軍作家」運動，使官兵真正做到患難與共，生死相依，成為戰必勝、攻必克、守必固的鋼鐵勁旅。報告完畢，謝謝！

貳、從政治作戰觀點研析英國和阿根廷福島之戰的影響和教訓

——民國71．7在政戰學校擴大校務會報專題報告——

(一)前　言

英國與阿根廷為了福克蘭群島的主權之爭，不惜大動干戈，先是阿根廷派遣一支海陸空三軍所組成的特遣部隊於今年（民七十一年四月二日）攻佔了福克蘭群島，後來英國也派遣艦隊去遠征，決心以武力奪回，至六月十四日，由阿根廷派任之總督梅南岱斯向英軍指揮官穆爾將軍簽署降書為止，接戰歷時兩個半月之久，雙方犧牲寶貴的人命數以千計，武器裝備和其他物資的損耗，更是難以計算。現在戰爭雖告結束，但未來的問題可能仍很複雜。謹就政治作戰的觀點，對這一戰爭提出綜合性的研析報告：

(二) 福島主權爭執由來已久

福克蘭群島位於大西洋，距阿根廷四百五十哩，由東、西福克蘭兩個大島及二百個小島所組成，面積約一萬二千平方公里，居民僅一千八百人，其中九百人居於首府史坦利港，絕大多數為英國人，通用英語。島上產羊，約七十萬隻，年產羊毛三百萬公斤。據美國情報估計，該群島有兩處蘊藏石油，其蘊藏量近六十億桶以上。

根據文獻記載，該島在一五九二年為英國海員發現，法國、英國曾先後佔領該島。西班牙和英國在十八世紀為該群島主權險起戰端，後來西班牙人被英國人驅走。一八二八年阿根廷在福島設省，但一八二九年英國對阿根廷提出「認定該島為英國人發現，應屬英國。」一八三三年英國攻佔該群島。當時英國宣布：「決不允許任何他國履行其來自西班牙的權力，英國也不承認西班牙有此權力。」而阿根廷始終拒絕該群島為英國人所有。

一九六四年至一九六五年，聯合國曾兩度決議要求兩國談判解決爭端，但未得到結果。此次戰爭的導火線，始於二月下旬，英國與阿根廷在紐約舉行關於該群島主權誰屬的談判，宣告破裂，三月上旬，阿根廷有四十名工人登上南喬治亞島，插上阿根廷的國旗，英國政府獲悉後，立即向阿根廷提出抗議，而阿根廷則聲明：「該島屬阿根廷的領土，阿根廷將盡一切措施保獲島上的阿根廷人。」因而於四月二日突然以四千名武裝部隊，攻佔僅有七十九名守軍的英屬福克蘭群島，使遠在英國倫敦的首相佘契爾夫人緊張萬分，立即召開了內閣緊急會議，決定派遣一支龐大的艦隊馳援，不惜使用武力奪回其屬地，而阿根廷總統加蒂瑞在強敵壓境的態勢下，亦表示決不退縮，因而使英、阿衝突的危機於茲昇高。

(三)福島戰爭中的政治作戰

一、英國方面的具體作為：

(一)運用外交策略，爭取聯合國安理會迅速召開緊急會議，通過五〇二號決議案，在輿論上造成多數的支持。

(二)利用英、美血濃如水的關係，使雷根政府不惜犧牲近鄰，亦不計其他後果，全力支持，使聲勢日益大增。

(三)犧牲部份利益，爭取歐洲共同市場國家的同情，同時譴責阿根廷用武之不當，並對其實施貿易制裁。

(四)發動大英國協的會員國予以聲援，如紐西蘭正式宣佈與阿根廷斷絕外交關係，新加坡對阿譴責，並促使立即撤軍。

(五)確認福克蘭島為英國領土的一部份，激發人民為保衛祖國疆土而戰，重振大英帝國的雄威。

(六)宣揚特遣艦隊的強大，並不斷發出英軍演習登陸作戰的照片，竭力造成一種心理攻勢和一種銳不可擋的政治壓力。

(七)如期遣送阿國俘虜，不利用其作為人質，以防止阿國反撲，收到了對敵心戰的效果。

(八)五月二十一日凌晨在登陸聖卡洛斯港前，以秘密行動採取欺敵措施，使阿根廷守軍陷於迷亂狀態，不知英國艦隊位於何處，亦不知英國究竟是否需要登陸，這是謀略欺敵登陸成功的戰例。

(九)由一家電話公司工程人員，截聽阿根廷部隊在福克蘭群島發給布宜諾斯艾利斯的最高機密消息，及高級指揮人員討論戰略的情形，而獲得了最重要的情報。

(十)對作戰陣亡的傘兵營營長瓊斯中校，擴大宣傳其英勇事蹟，以激發遠征艦隊官兵的士氣。

(十一)在聖卡洛斯港登陸成功後，於六月三日以獵犬式飛機在史坦利港上空散發傳單，呼籲阿軍指揮官投降。

二、阿根廷方面的具體作為：

(一)以「開拓疆土」為名，採取突擊方式攻佔福克蘭群島，引起全國民眾的熱烈歡呼，一時將因經濟危機與嚴重的失業問題所形成的壓力，置諸腦後，民心士氣為之提高，一時收到了思想戰與謀略戰的效果。

(二)強調福島與阿根廷同為西班牙統治，阿根廷獨立，福克蘭應隨之歸屬，製造一種師出有名的藉口。

(三)運用外交策略，爭取美洲國家組織會員國的支持，並宣稱如英國來攻，即視同對整個美洲國家的挑戰。

(四)暗中接受蘇俄的情報支援，造成一種有「投靠蘇俄的可能」，使美國對英國的援助有所顧慮。

(五)將殖民地主義一詞加諸英國，一方面在打擊英國，另一方面則在爭取國際輿論的支持與同情。

(六)戰爭開始後，不斷宣傳擊退英國的登陸行動，但又提不出英軍被擊斃或俘虜的佐證資料，這是一種以弱示強的做法。

(七)利用大眾傳播工具，激發群眾情緒，並糾合群眾遊行示威，使全國上下一致支持戰爭的呼聲達到頂點。

(八)注重福島民眾的切身需要，立即安裝電視，爭取戰地民眾的向心力，但因部隊紀律廢弛，發生負面效果。

(九)對外宣傳不接受共黨國家的援助，實際上卻和蘇俄、古巴、尼加拉瓜等國頻頻接觸，顯見這是一種謀略戰的運用，其目的在於壯大聲勢。

(十)在福島與英軍作戰期間，加蒂瑞總統曾誓言，即使英國奪回該群島，阿根廷仍將繼續為爭奪福島而戰。迨至戰爭結束，於六月十六日對全國播出的電台及電視廣播中，仍推崇阿軍官兵是為國家尊嚴而戰的英雄。

(四)福島之戰的影響與教訓

一、福島之戰的影響：

(一)雙方均在判斷錯誤與極端衝動的情形下，打了一場不宣而戰的戰爭，實為不智之舉，而阿根廷則因戰敗，導致加蒂瑞總統被迫下台，更使阿國的政治局面到了岌岌可危的情勢。

(二)因戰爭的破壞力太大，使英、阿雙方在經濟上都遭受到慘重的損失，戰爭結束後，國內經濟問題將更加嚴重。就英國而言，據統計已耗費了十八億美元，對佘契爾首相經濟復甦計畫中的減稅計畫勢將受阻。而阿廷廷之損失或有過之而無不及，這對原已通貨膨脹之惡劣情勢，如同雪上加霜。

(三)在英、阿福島之戰的過程中，蘇俄從中挑撥分化，使美國在中南美地區處境困難，並表示支持阿根廷，曾發射偵察衛星為阿國提供情報資料，這無非是在鼓勵共黨集團向南美滲透。

(四)阿根廷為南美反共的中堅，由於美國決定支持英國，背棄阿根廷，這是白宮當局處理國際戰爭的一大敗筆，美國此舉固能得英國的歡迎，但卻失去了中南美國家的信心。

(五)福島戰爭的結束，不僅造成自由世界的分裂與紛亂，對鐵幕內波蘭人民爭自由、爭獨立的運動，亦是一種無形的打擊。

(六)由於英國此次傾全力爭奪福島，雖贏得勝利，但阿根廷布宜諾斯艾里斯軍事執政團，至今尚未正式表示投降，並拒絕宣佈結束與英國在南大西洋之敵對狀態。因此，今後中南美洲拉丁語系國家對英國的長期對抗，恐怕難以避免。

(七)福島戰爭中新式武器的試驗，使開發中國家警覺到發展國防尖端科技之重要性，亦將等於鼓勵軍備競賽。

(八)英國遠洋作戰，戰略戰術的運用與新兵器的性能，完全爆露出來，並被蘇俄紀錄在情報機構的檔案中，這一無意中的損失，對蘇俄以及東歐共黨集團，都獲得了意外的收穫，但對民主國家的安全，將會產生不良的後果。

(九)阿根廷出兵攻佔福島模式，將使其他國家為爭領土主權起而傚尤，並將作為一種有力的例證和藉口。

二、福島之戰的教訓：

(一)無論阿根廷攻佔福島，或是英國登陸福島，都是出敵意表而奏效，我們應深切記取　蔣總統經國先生最近所提「毋恃敵之不來，持吾有以備之」的訓示，故應積極強化戰備整備的工作。

(二)國家的生存，有賴於堅強的國防實力，阿根廷的後力難繼，並招致慘重的失敗，即由於國力空虛之故。

(三)國際事務變化莫測，中共謀我日亟，因此我們要有長遠的打算，萬全的準備，始能維護國家的生存與全民整體的利益。

(四)阿軍攻佔福島後，未能立即建立與鞏固戰爭面，致使英軍的攻防戰術，能迅速而順利的完成三面合圍的態勢。

(五)情報不實與判斷錯誤，以及戰場洩密，極易使國家蒙受重大損害。是以爭取盟邦，加強國際情報的蒐集，提昇我國在國際間的地位，並加強保密防諜工作，是確保國家安全的有效作法。

㈥阿根廷在福島戰爭中之所以節節敗退，乃因指揮錯誤，及官兵缺乏必勝的信念與必死的決心所造成，如鵝坪之戰，阿軍一千二百人竟向英軍空降部隊六百人投降，實為不可思議之事，足資顯示阿國官兵思想模糊，戰志不堅。

㈦海島防衛作戰，必須貫徹「拒敵於彼岸，擊敵於水際，殲敵於灘頭」的戰術要求，若使敵人登陸，且在敵軍重武器尚未上岸前予以有效的逆襲，影響所及，勢必造成無法收拾的局面。

㈤我們應努力的方向

一、加強幹部教育與部隊訓練，特應磨練其指揮才能與戰技戰法。

二、繼續加強外島防務，鞏固官兵心防，尤其東沙、南沙諸島嶼應隨時防範中共、越共及菲律賓突襲。

三、我外島如一旦遭敵侵犯，我們應如何突破敵人的封鎖、孤困，持續運補工作？又如何在國際間進行聲討？應預謀週密可行的方案。

四、鞏固革命領導中心，強化官兵的思想教育與精神教育、堅定官兵五大信念，砥礪軍人革命氣節，實為增強無形戰力的根本之圖。務求在思想、精神、意志、心理上，均能透徹了解「敢死不死、倖生不生」與「我死則國生，我生則國死」的道理。

五、提高保防警覺，確保國家安全。阿根廷入侵福島後，因戰場洩密而遭到慘痛的失敗，這一活生生的教訓，可做為我們保密防諜的最佳教材。因為今日我們面對的敵人——中共和台獨，謀我之心，無所不用其極，所以我們應呼籲全民要隨時提高警覺，加強憂患意識，防止洩密事件，確保國家安全，只有在國家安全的大前提下，個人的生命、財產，才能得到確切的保障。

六、拓展基地政治作戰，特應健全全民聯戰組織，秉持「國防與民生合一」的政策要求，由各作戰區協調當地各有關機關共同檢討，策劃全民組訓工作，以建立基地綿密的戰爭面。

七、貫徹　蔣總統經國先生的訓示：在軍事上必須保持高度的警覺，並採取有效的措施，建立獨立自主的尖端科技體系，充實我們自己的戰鬥力量。

八、遵照　蔣總統經國先生「勤儉建軍」、「勤儉建國」的昭示，將一切財力、物力作最經濟有效的運用，以達成建軍備戰的目標。

㈥結　論

兵聖孫子說：「兵者，國之大事，死生之地，存亡之道，不可不察也。」我先總統　蔣公中正先生亦曾訓示我們：「真正的戰爭打在開火之前，最後的勝利，取決於準備之日」。英、阿福島之戰，由於雙方的失察與判斷的錯誤，以及彼此都在缺乏充份準備的狀況下進行，終於嚐到了損兵折將，毀機沉艦的苦果。今天我們所處的地理環境與福克蘭群島大致相似，但我們反共復國戰爭的本質卻與其不同，未來的這一仗，無論是中共武力侵犯，或是我們反攻登陸，都是決定國家民族命運，個人生死存亡的關鍵，只許成功，不許失敗。因此，我們既不能輕敵，更不可畏敵，而應審時度勢，創機應變，在貫徹建軍備戰的方針之下，做好幹部教育，精進部隊訓練，強固外島防禦，貫徹政戰制度，同時加強研究發展，建立獨立自主的尖端科技體系，把「勤儉建軍」與「勤儉建國」的各項工作，更向前推進一步，使有形的戰力和無形的戰力緊密地結合起來，深信必能達成消滅敵人，解救同胞，貫徹以三民主義統一中國的聖神任務。

附註：本專題是作者偕同政戰研究班「六大戰」老師集體創作，並經在訓學員研討後所提出的總結報告。

伍、書牘存真

一、致陳堅高上將函

堅公副總長　鈞鑒：

五月廿九日面呈所擬「政治作戰六大戰結合軍事作戰基本作為」，係本部重大管制專案，原定於六月三十日完成。嗣因　鈞座日理萬機，且須對本案認真審查，以求臻於至善，此種求精求實之任事精神，至感欽敬。

現本部十一月份業務會報，將於十三日舉行，屆時仍須提報本案執行進度，未諳能否於短期內賜予審竣擲還，俾便辦理結案。冒昧之請，恭請　諒察。

肅此敬請

鈞安

舊屬　陳國綱　敬上

民七十四年十月五日

二、謝陳忠曾將軍函

靜公主任　鈞鑒

日前賤辰，厚承　寵賀，並賜贈華視叢書——每日一字八輯，彌足珍貴。對啟迪求知慾望，增進識字能力，裨益至大。謹函奉謝，並頌

企安

舊屬陳國綱　敬上
民七十五年一月二十九日

三、致許歷農上將函

耕公主任委員　鈞鑒：

您「不為勢劫，不為利誘」的精神志節、您「擇善固執，雖千萬人吾往矣」的道德勇氣，將永遠為國人所崇敬。邇來對於本黨第十四次全國代表大會「擴充當然黨代表」名額乙事，舊屬有心緒不

寧、寢食難安之感。特撰「關於擴增當然黨代表勢必帶來負面影響的研析」隨函附呈，謹請　鈞參，如蒙在本黨中常會中摘要轉達黨員心聲，則幸甚焉！因未恭繕，欠週之處，尚祈　鑒諒。　肅此謹叩

安康

舊屬　陳國綱　拜上　民八十二年五月十八日

（按：關於「擴增當然黨代表勢必帶來負面影響的研析」一文，已載於拙著「歲月留痕」一書第三二四頁。）

四、覆趙宏吾先生函

宏吾仁兄　台鑒：　元月二十六日

手書與附件一一敬悉，承囑推薦吳柏如君加盟本部飛駝足球隊乙事，經交承辦單位，據其主管面告，極表歡迎。惟依照國防部74・7・19(74)弘弩字第三〇三六號令頒「國軍長期培育運動人才實施規定」，足球人才之培育，責由陸軍（陸光隊）與聯勤（飛駝隊）分別負責，本部僅能吸納陸軍以外軍種之球員。依吳君優異之球技，若被陸光足球隊發現，自當主動爭取，陸軍亦不會同意外調；況義

務役官兵調離軍種，已為法令所不容。謹實奉告，並將吳君有關資料隨函附上，請一併查收為感。

專此順頌

春釐

弟 陳國綱 敬上 民七十五年二月三日

五、覆王公軫同學函

公軫同學 荃鑒：七月十八日

大函敬悉，履新期間，承告佳況，至感快慰！工程單位之安全、紀律與風氣等事關重大，務望隨時警惕。閒時請加強進修、鍛鍊體魄，俾利未來開創光明前程，是所期盼！ 專此祝

時祺

陳國綱 敬覆 民七十五年七月二十五日

六、覆李流芳先生函

流芳主任秘書吾兄　勳鑒　元月五日

大函拜讀，欣悉　兄台榮膺新職，承擔重任，並已吉履。以　兄台誠正踏實之風範與有為有守之情操，前途展布，無可限量。弟自愧庸愚，年來雖蒙吾　兄之鼎助，猶覺進展依遲，無以為報。今後仍請時錫　教益，俾資長進是幸！

專覆　即頌

勳祺

弟　陳國綱　拜啟　民七十七年一月二十日

七、覆繆中銀同志函

中銀同志　台右

元月三日　大函披閱，欣悉榮退後業已適應環境，至感快慰。關於在台灣南部地區福利營站就業乙事，經洽詢主管部門，據悉將依序發布，請靜待佳音是幸。居家生活，仍請保持正常，運動更應持之以恆，期能永保健康。

特函佈覆，順頌

年禧

老工作伙伴　陳國綱　敬啟　民七十七年一月二十日

八、覆張錫嶺先生函

錫嶺吾兄　惠鑒：六月九日

惠書拜讀，驚聞大嫂辭世，在未接獲訃告而沒趨前祭奠的情形下，弟與內子同感哀悼。吾　兄夫妻鶼鰈情深，自　大嫂罹病以來，四處延醫，親侍湯藥，十年如一日，此種摯情，　大嫂自當含笑九泉，且對吾　兄與諸侄有所庇佑。

承　囑納令郎乃千為誼子乙事，既屬　大嫂之遺願，何敢推辭，惟一切習俗、禮儀從簡，蓋精誠所至，形式並不在意耳！

乃千聯考在邇，除勿增加其精神壓力外，尚請　兄台制情保重，是所切禱！　謹覆　即頌

大安

弟　陳國綱　敬上
民七十七年六月十四日

九、覆徐盛興同學函

盛興同學　英鑒：　五月九日　大函誦悉，在旗山軍團共事期間，對同學積極進取之精神，印象深刻。請繼續奮進，公餘尤應加強自我進修，鍛鍊體能，俾利來茲，毋任感盼！　特此覆謝，祇頌

時綏

陳國綱　手書
民七十三年六月十四日

十、致楊　煦先生函

楊創辦人煦先生　道鑒：

春節前代表軍團司令盧中將前往　貴院慰問院童，厚承熱忱迎迓，並簡介院務發展情形，深體創辦人與院長對社會和孤幼所作之偉大貢獻，至感敬佩。茲將當時所攝影片五幀，隨函寄上，請查收留念是幸。　謹函申謝　並賀

年禧

陳國綱　敬上　民七十三年二月十日

十一、覆賀泰斗鄉長函

泰斗鄉長　道鑒：

五月二十六日與六月三日　手書均先後拜讀敬悉。　令郎秀荃侄住院療養，已遵　囑於五月二十九日，先電請陸軍八〇二總醫院政戰室周主任惠允照拂。惟恐欠週，復於五月三十一日親自前往致慰，復健情況甚佳，請釋　錦注。以荃侄之健壯體魄和　兄台之忠厚誠篤，深信吉人自有天相，必能早日痊可。至弟前往醫院慰問，誠屬分內事務，實不足以掛齒耳。

謹此敬覆　即頌

潭安　並祝

大嫂健康

鄉末　陳國綱　謹上　民七十三年六月十四日

十二、致長男定輝家書

輝兒　知悉：

自你去復興崗接受預備軍官（第三十四期）訓練後，一個多月來因公務繁忙，未曾寫信提示你有關做人做事的道理。但願你在校接受長官訓誨和老師教導時，能虛心好學、積極進取、力爭上游。

近來余對於做官和做事的道理常作思考，　國父孫中山先生訓勉國人要立志做大事，不做大官，這是一般人不容易領悟的。做官和做事，在表面上看似乎是一體的兩面，也就是說不做大官，怎能做大事呢？實際上卻並非這樣。特別是在人事制度不夠健全的情形下，更加容易體會做官和做事的差異所在；那就是做官是成之於人，而且是短暫的，長官讓你做，你才有機會去做。長官不讓你做，縱使你有高尚的品格、淵博的學識，卓越的才能，也不容易獲得做官的機會。從另一層面說，一個只會做官，抑且喜歡做官而不會做事的人，為了達到做官的目的，就會想盡一切辦法，甚至無所不用其極地去犧牲別人，成全自己（這就是常人所說踩在別人肩膀往上爬的人）這是最不道德，為人所不齒的行為。而做事是操之在我，是有利於國家，造福於人群的，是可大可久，千古不朽的，尤其是能完成偉大的事業，以奠國家億萬年不拔根基的事業，在人們的心目中，是代代相傳，永遠不會忘懷的。

但是，事業的成功，不是一蹴可幾的，必須要憑藉堅強的毅力、遠大的抱負、崇高的理想、淵博的學識、堅忍的鬥志和鍥而不捨的精神，作持續不斷地努力。特別是在遭受別人嫉妒、打擊、侮辱、壓迫、挑撥、分化、汙衊的時候，仍要抱著「是非審之於己、毀譽聽之於人」的胸襟，不屈不撓地朝著既定的方向繼續奮鬥。

過去余甚感欣慰的，是你在清苦的家庭環境中，承蒙國家的恩賜，能從台灣大學法律學系完成學業，有著以兒為榮的感覺。但願今後本著自立自強、無私無我、至中至正、不忮不求的精神，展現自己的抱負，不計較一時的得失，不作損人利己的事情，為國家社會創造一番事業。

在營服役時間很短，務望把握機會充實本職學能，尤望服從命令、嚴守紀律，鍛鍊體魄，期能奠定事業的根基。

願你

健康快樂

進步成功

父字 民七十三年十月七日 于高雄旗山軍團

十三、致伍桂林縣長函

桂林縣長吾兄　勳鑒：

兄台榮膺新職，深信政通人和、勝任愉快為賀。按此間每月之額定經費，係長官發給私人之日常費用。兄台所留新台幣壹仟柒佰伍拾元，殊覺受之有愧。謹悉數隨函匯上，請查收為感。　專此

即頌

勳綏

弟　陳國綱　敬上

民七十三年十一月三十日

十四、覆蓋牧群同學函

牧群同學　英鑒：

大函披閱，藉悉自榮膺新職以來，在鍥而不捨，進取向上的自我要求下，能順利開展工作，殊值

佩慰。然事業有成，非一蹴可幾，惟有求真求實，任勞任怨之精神、毅力，始能創造光明之前途。「長勝一號」即將實施，務望憑以往考察部隊之經驗，用於今日親自策劃之演習，相信必能創造績效，爭取榮譽是幸。此間一切情況如常，承蒙　關注，至深感謝！

專此復頌

時綏

陳國綱　敬啟
民七十四年十一月廿五日

十五、謝董維惠學長函

董大律師維惠學長　硯席：

承寄「中國佛寺詩聯叢話」三冊，悉數敬收。拜讀之餘，深知楹聯是我國獨特，且為廣大民眾喜聞樂見之文學體裁。而佛寺詩聯，更是中華文化特有之寺廟文學，其文句之雋永，更能顯現江山佳勝與辭藻秀麗之多重美感。

學長於業餘時間，不辭辛勞，遍訪大陸各省名山古剎，將寺廟與詩聯凝為一體，彙集成帙，誠為宏揚中華文化前所未見之精心創作，殊值敬佩。承蒙賜贈全冊，特函申謝。歲序更新，大地春回，順

頌

潭第萬福

學弟　陳國綱　敬上民八十三年一月四日於台北北投寓所

十六、謝譚仁俠學長函（按：譚學長為前湖南省立二中先期同學，後畢業於北京大學外文系）

仁俠學長　硯右：

去（一九九四）年四月託譚雲漢學長轉交之巨著——世界華人霍英東專集乙冊敬領。拜讀後深知霍先生企業有成，乃在信心、智慧、意志、決心諸項潛能之發揮，亦為中華兒女、炎黃子孫刻苦耐勞、節儉樸實傳統美德之光大，深具啟迪意義。而　學長所展現之文學造詣和行雲流水般之寫作技巧，益增閱讀價值，誠屬前湖南省立二中校友所僅見，殊值敬佩。承蒙親署賜贈，特函申謝！　即頌

潭祺

學弟　陳國綱　敬上一九九五年四月三十日

十七、謝龐　雄先生函

龐理事長　雄先生　尊鑒：

承寄「中華人際」季刊三期，一併拜悉。　貴刊內容豐富、立論精闢，對加強國家建設、匡正世道人心、增進群己關係、促進社會祥和，均具積極意義，誠　先生精心擘畫之功也，欣甚！欽甚！另以郵政劃撥新台幣壹仟元，聊表補助　貴刊印製之需，請　莞納是幸。謹此敬謝，順頌

文祺

晚　陳國綱　敬上
民八十四年十月廿八日

十八、覆陳良玉先生函

良玉吾兄　惠鑒：

廿餘年未見，忽奉十月三十一日　大函，承告　令郎結婚喜訊，顯見老友情深誼重之一斑，欣甚！幸甚！

明（八五）年元旦，　府上大喜之日，若無特殊重大事務，當親自前來道賀。敬覆　並祝

潭第百福

弟　陳國綱　敬上
民八十四年十一月八日

十九、覆陳學文鄉長函

學文鄉長　台鑒：十月二十四日

大函誦悉。人世間常有苦與樂、幸與不幸的事情，也有順境和逆境的際遇，但這些都非絕對，終有時來運轉、否極泰來的一天，務請一本愛心、善心、誠心、安心的精神修養，妥為調適，深信必能戰勝橫逆、突破困境。

寒冬時序，敬請善為珍攝是幸！專此敬覆　即祝

健康

鄉末　陳國綱　敬上
民八十四年十二月五日

二十、謝譚其龍學長函

其龍學長　硯席：　承贈

「則靈隨筆」壹冊，靜心拜讀，深覺　大作行文翔實、蒐藏廣範、豐富。集政論、史記、藝文而成專輯，確具有振聾發聵、教忠、教孝之宏效。感佩之餘，謹械申謝。順頌

年禧

學弟　陳國綱　敬上　民八十五年一月二十日

二一、謝滕　川學長函

漁隱學長　文席：五月一日

手書暨「和平、奮鬥、救中國」所彙集之　大作，均經收悉、拜讀。對　學長凜然之正氣、宏觀之見識、雍容之氣度，以及條理清晰之章句，均甚感佩。拜領之餘，謹函覆謝。順頌

道安

學弟　陳國綱　民八十五年六月十七日

二二、覆李清正縣長函

清正縣長吾兄　勛鑒：二月八日

大函暨承贈「邁向八十年代的金門」乙本，均敬收悉。披閱後深知　兄台於執掌金門縣治期間，雖為時未及兩年，但各種施政均能結合時代脈動，抑且切合當地實際需要，尤其對縣政建設之強化與服務品質之提升，更具前瞻效能，殊值佩慰。

兄台忠誠勤敏，公正無私，向為長官倚重、同事讚佩、部屬敬愛。自金門回役後，未能奉派理想職務，可能是因主事長官一時失察所致。請一本逆流而上，盡其在我之精神，繼續奮進，毋怠毋忽。必要時可將數十年來之工作績效與主持金門縣政之作為，函報主事長官，請求主持公道，恕可獲得柳暗花明之契機耳。

專覆　即頌

時綏

老工作伙伴　陳國綱　敬覆　民八十四年二月廿三日

二三、致立法委員洪性榮先生函

性榮委員　勳鑒：

據媒體報導，　貴委員於本（十二）月二十二日在立法院國是論壇時間，豎起「安定——李登輝，敬請支持洪性榮」的旗幟，公開表示敦促李登輝先生競選下屆總統，以落實民主政治，促進社會安定。並宣告民間有百分之九十八的人希望李登輝先生競選連任。對於　委員的「高論」原想不便回應。但是，為了明辨是非、表達市民心聲、對委員的「高論」不得不提出一些具體的事實，敬請深思、指教：

洪委員說：「為了全民的安定，李總統應競選下一任總統。」這話除了李登輝先生對委員表示感謝和高興之外，一般民眾是絕對不敢苟同的。因為自李登輝先生就職第八任總統以來，由於他培植了一個不認同國家的反對黨——民主進步黨，所以街頭運動和群眾暴力事件層出不窮。洪委員！當您在立法院國是論壇時間，發表「支持李登輝先生競選連任」的當天凌晨，台北市警察局中山分局，動員了一千多名警察，強力驅散包圍統一飯店週圍長達二十八小時的全民計程車群眾時，曾遭暴民以汽油彈、瓦斯、木棍及石塊的反擊，警察和群眾各有十餘人受傷的事件，難道您不知情嗎？請問洪委員，自從李總統就職近五年來，全民計程車用無線電配合地下電台聚眾的滋擾事件，可說是不計其數的，今後如果仍由李總統競選連任，不僅李登輝先生當年「只做一任，六年後和李副總統元簇先生同時退休」的承諾背信於民，且因國家元首信用破產，導致社會道德淪喪、政治風氣敗壞、盜匪竊賊橫行，使民心陷於惶恐不安的情形，勢將難以避免。至於李總統「忽統忽獨」、「疑統疑獨」、「既統又獨」、「不明不白」的治國理念，將使全民心理不安，社會秩序陷於紊亂的窮境，那更加不用說了。

洪委員又說「李登輝先生競選連任，將有助於落實民主政治」。誠然，當國內外形勢隨著民主浪潮發生重大變遷的時刻，針對我國過去的憲政體制——動員戡亂時期臨時條款，作出必要的調整和改革，這是任何一位國家領導人應該承擔的重責大任，李登輝先生自就任第八任總統以來，從國是會議開始，到最近民選省、市長止，就表面看來，對推動民主政治，諸如「終止動員戡亂」、「廢除戒嚴令」、「廢除臨時條款」、「第一屆中央民代全部退職」、廢除所謂「黑名單」、「釋放政治犯」、「條訂刑法第一百條」、「廢除懲治叛亂條例」，並連續推動「三個階段的修憲」等等都是有目共睹的事實。然而，這些所謂歷史性的「創舉」，卻和「台獨」策略——「民主統戰」暗送秋波。當政府終止動員戡亂，厲行民主憲政，回歸民主常態之際，台獨份子卻主張制憲，曾先後於民國八十年八月召開第一次「人民制憲會議」，通過「台灣憲法草案」，公然主張建立「台灣共和國」；同年十月更將「台獨」條款列入黨綱，八十三年八月召開第二次「人民制憲會議」，通過修改「台灣憲法草案」，確定「新國名」、「新國旗」、「新國歌」，且先後在台北、高雄舉行升旗儀式。使台獨囂張勢力達到了最高點。不僅如此，他們在「民主政治的掩護下，已取得了部份地方政權，以及近三分之一的民意代表。如今將進一步再角逐第九任總統寶座，一旦當選，將使李登輝總統的美夢成真——生前要將政權和平轉移了。

洪委員：您知道「台獨」勢力日益壯大的原因嗎？市民可以毫不保留的告訴您，「台獨」發展快速的根本原因，要「歸功」於李登輝總統的「縱容論」和「奶水論」，也就是說「台獨」是利用李總統建立「政黨政治」的機會、利用民主改革的浪潮，才得以由地下而公開，由非法而合法，獲得壯大發展的機會。其影響所及，已使社會是非不明、道德沉淪、政商掛鉤、黑金氾濫、暴力橫行、風氣敗壞等惡質現象到了難以自拔的地步了。請問洪委員，在這種情境中，「民主政治還能落實」嗎？您還要支持李登輝先生競選連任嗎？敬請以天下蒼生為念，儘早打消您的主張吧！也讓李總統登輝先生實現他「退休後去山地傳教的承諾」好嗎！特此敬祝

健康快樂！問政順利！

台北市民 陳國綱 敬上

民八十三年十二月廿八日

二四、致親民黨主席宋楚瑜先生函

瑜公主席　鈞鑒：

去（91）年十二月十四日　鈞座與國民黨主席連戰先生達成國親兩黨共推一組人選參與明年總統大選的共識之後，凡熱愛中華民國的國民，無不興高采烈，額首稱慶。因為面對明年的總統大選，幾乎所有的人都肯定：國親合作大可一戰，國親分裂則必然重蹈覆轍，再度讓陳水扁先生漁翁得利。在連主席即將拜會　鈞座進一步商談兩黨合作的細節前，敬請以天下蒼生為念，力勸　貴黨少數同志勿以個人的政治權位，亦勿以上次大選的得票率視為明年選戰之實力，執意自推總統、副總統人選參預角力，妄圖讓選民自動棄保，而阻撓國親之間的合作。並籲請同根同源的　孫中山先生信徒，為達成「合力救台灣」、「把台灣的生機和願景找回來」的目的，奉獻自己的心力。

繼國親合作的議題之後，國民黨秘書長林豐正先生日前強調「連、宋配是國民黨最優先推動的目標。」為了展現和貴黨合作的誠意與決心，復於元月二十九日召開記者會，針對當年「興票案」的有關情節主動澄清，並將該案在上次大選時對　鈞座所造成的困擾與損害，表示遺憾與惋惜。此一舉措，使期望於國親合作的民眾大為振奮。

惟所慮者，由李登輝先生主控的「興票案」，雖經台北地檢署，於民九十年二月偵結以不起訴處分，國民黨亦曾宣布不會再議，向　鈞座表達了善意。但是，莊柏林律師曾向台灣高等法院檢察署又提出了所謂「新事證」告發，並將全案發交台北地檢署重新偵察，未來將如何發展？不無憂心。若連宋配成了定局，在明年大選選情激烈時，李登輝先生如果親自出面作證，並由其「死忠」台聯黨加以窮追猛打，在陳水扁先生掌控一切政治資源的情形下，為了達到連任的目的，勢必採取無所不用其極的手段進行打壓，其暴力更將遠甚當年，屆時對選民心理的影響在所難免。一旦選情發生突變，不僅造成　鈞座與國民黨的二次傷害，當陳水扁先生再一次漁翁得利，連任成功後，中華民國和台灣二千三百萬同胞自當陷於難以想像之困境。

因此，老兵以為「連宋配」既有隱憂，不如早作準備，將副總統人選由　貴黨張昭雄副主席和連主席搭配，以　鈞座主持省府勤政愛民的卓越治績，加上望隆務實，學驗俱豐的優越條件，榮膺閣揆，再由國親聯盟的傑出人才，籌組一個大有為的執政團隊，相信一定能解決台灣當前的困境和危機，也一定能還給人民幸福的生活。

十二月十四日當　鈞座和連主席達成國親合作的共識時，眷村許多鄰居與老友都催老兵撰文，並願連名呈報上述建言，惟恐衍生誤會，影響大局而作罷。迨至十二月三十一日閱讀中研院許倬雲院士之「勸國親兩黨書」後，始敢冒昧以呈，倘蒙賜允屈就，將揚名中外，流芳百世。至連主席曾任副總統與閣揆，當不宜請求回任原職。是否有當，恭請　睿察。不週之處，並請　鑑諒！

肅此　敬頌

鈞安　順叩

春釐

退伍老兵市民　陳國綱敬上民九十二年二月七日

二五、致國民黨主席連戰先生函

永公主席　勳鑒：

當大選決勝之日即將到來，謹掬誠恭祝　您高票當選。

「為者常成，行者常至。」回憶前年年杪與去年年初，當　鈞座和宋主席達成「國親合、連宋配」的共識之後，老兵即對五年前曾兩次以書面建議本黨中央推薦　鈞座與宋主席參選第十任總統、副總統乙事，仍感歡欣鼓舞（詳如附呈拙作「歲月留痕」第三四〇至三四四頁，請檢驗、教正）。

前（十四）日收看　鈞座與陳水扁先生之電視辯論，不僅對鈞座沉穩、宏觀、內斂、務實之風範、氣度致以崇高之敬意，且對勝選希望益增信心。國家的未來在　鈞座睿智之領導下，更充滿了光明的願景。

現大選決勝之日，日益逼近，承慈光五村數位鄰居之囑示，撰擬「總統大選與公投的幾點建言」隨函奉上（詳如附件），是否有當，恭請　睿察。　謹此敬頌

勝利成功

一生不求聞達的退伍老兵黨員　陳國綱敬上　民九十三年二月十六日

附件：關於總統大選與公投的幾點建言

一、在競選活動最後階段，請持續推出利多的民生經濟政策，突顯國親聯盟執政，人才領域的優勢，用以吸納中間選民，使原想不去投票的選民，願給國親聯盟執政的機會，以拉大藍綠選票的差距。

二、呼籲選民於三月二十日踴躍投票，但勿領取公投選票，期使公投的投票率，未達五十%的規定數額而被否決。

三、請動員國親聯盟的整體力量，加強三月二十日各投（開）票所的監督管理作業，防堵綠營作票、藏票，與唱票、計票時蓄意製造「張冠李戴」的錯誤，或故意製造熄滅電燈，在引起暴亂時，以混水摸魚方式，將有效票變成廢票，或將空白票改為有效票等等舞弊行為。

四、當選總統後，請儘速創建廉政官署，整飭政治風氣，做好肅貪防腐、約制「官場文化」的歪風，俾能弊絕風清，使民眾對新政府的執政團隊有耳目一新之感。

二六、謝荊瑞先先生函

瑞先吾兄　道鑒：

承贈「八十億舊」巨著，拜讀之餘，深覺篇篇精實，對　兄台誠摯的情感道義，勞怨不辭的奉獻精神，處逆境時之堅忍毅力，高深的國學造詣，嫻熟的專業知能，以及無私、無我、無畏的愛心和勇氣，特別是忠諫、極諫，反共、反獨的嶙峋風骨，對歷史的正確導向，以及國家未來的願景等，都具有深遠的影響。薰沐高風，至為欽敬。謹函申謝，並頌

春釐

弟　陳國綱　敬上

民九一年二月六日

二七、謝朱先淦學長函

先淦學長　硯席：

承贈巨著「征塵瑣記」乙冊，拜讀數日，愛不釋手。對　學長在艱困中成長茁壯、勤學苦讀、投筆從戎、齊家報國，以及造福社會之心路歷程，至感欽佩！

回憶五十年前　學長在復興崗之真誠樸實、積極進取、奮發向上、追求卓越之精神，特別是超群的表達才華，印象極為深刻。

拜讀全書，無論文學素養、寫作技巧，以及做人做事的高雅風範，無不躍然紙上、洋溢行間。厚承親署見贈，特函申謝。敬祝

闔府安康！平安吉祥！

學弟　陳國綱　敬上民九十二年一月十三日

二八、致立法院院長王金平先生函

金公院長　鈞鑒：　久違

道範，縈思殊切。每當見到　鈞院通過有關國計民生、國防建軍、或維護榮民（眷）權益諸法案時，即對　鈞座為國家所作之貢獻，深致崇高的敬意。

正當本黨下屆總統候選人提名，紛紛擾擾難以組合之際，諸多忠貞黨員對黨再度面臨分裂，深感

憂心之時，老兵願向　鈞座建言，雖屬冒昧，但為贏回執政、維護　鈞座崇高的德望起見，乃不得已掬誠稟報，請先予　諒察！

據國際媒體評估，我國明（二〇〇八）年大選，如民進黨落敗，二十年將難以執政，若本黨未能獲勝，則永遠無法翻身，足見明年大選的重要。

依目前情勢，民進黨之所以揪出馬前主席的「特別費」案，並迅速予以起訴，冀使其輸在大選的起跑點上；而力挺　鈞座參選者雖眾，其中除衷心支持者外，多出自民進黨的誤導，其用心之險，亦如去（民九五）年台北市市長選舉，謝（長廷）先生力勸宋（楚瑜）先生分散郝（龍斌）市長選票之模式一樣，事後證明當時力挺宋先生者，其選票仍然投給謝先生。此一導誤行為，敬請　睿察。深信　鈞座必以蒼生為念，不會讓我們再見到台灣無辜百姓燒炭、上吊、投水、跳樓自盡的悲劇發生，真誠地和馬英九同志攜手挽救台灣的頹勢，最好採公平競爭，參與黨內初選，憑票數高低決定正副搭配，展現黨內民主，幸莫甚焉！

鈞座約三十年之選戰經驗，深知勝選之憑藉，在候選人應具優越的基本條件、堅定不移的政治立場，和眾多的民意支持度。回憶民國七十二年增額立委補選時，老兵在旗山軍團率作業小組進駐衛武營，為　鈞座等五位候選人輔選（附鈞座與鍾（榮吉）副院長名片影本為證），高雄縣黨部伊（竑）主委評估當選名額為「坐三望四」，老兵分析即「坐四」，事後證明老兵判斷無誤。前（94）年　鈞座與馬前主席競選黨主席時，北、中、南、東諸多老友咸認馬先生一定勝出，老兵原擬函請　鈞座退讓，嗣經考量人微言輕而作罷，後來果真如眾所料，至感遺憾。對此恭請　鈞座應以精誠服輸的　雅量，並一本佛說「心有多寬，路就有多寬；量有多大，福就有多大」的襟懷，為黨的團結、勝選、中華民國的生存，和民眾的福祉而自制，以免親痛仇快是幸！老兵入黨已五十九年，對黨、國雖無駭人貢獻，但護黨、衛國的工作，自信已克盡職責。面對本黨目前內部不和、危機四伏，諸多同志阢隍不安之際，老兵不揣譾陋，掬誠向　鈞座建言，祈勿以人廢言為禱！　肅此　謹頌

鈞安　並順賀

春釐

一生不求聞達的退伍老兵（前聯勤總部政戰部少將副主任）陳國綱　敬上 民九十六年三月七日

二九、謝劉　凱先生函

玉恩鄉長　惠鑒：

欣逢新歲，倍懷　宿賢，頃接　大著，良深感佩。縱覽「詩詞名句研習隨筆」一六〇首，深體　鄉長國學淵博、想像豐富、體察細微。尤其對古代

詩詞能以幽默風趣、深入淺出之寫作技巧，詳作詮釋，更加引人入勝。惟對拙作「歲月留痕」之獎飾，殊覺愧不敢當。拜讀之餘，謹申謝悃。

並頌

春釐

鄉末　陳國綱　敬上　民九六年三月十二日

三十、覆曹尚斌先生函

尚斌吾兄　惠鑒：三月廿九日

手書與所附大作（影本）均敬收悉。拜讀之餘，深知兄台國學淵博，根柢深厚。自離軍職後，在學術鑽研方面之輝煌成就，極為欽羨！吾兄從童年、青少年至中年，雖屢受無數艱苦折磨，但只是接受上蒼「苦其心志、勞其筋骨」的考驗，經由兢兢業業，一步一腳印的奮鬥結果，不惟未給自己留下空白，抑且毋負　令尊、令堂的厚望、誠屬可貴。

五年前弟將一路走來的概況，向至親尊長與友好作了一次真情的告白，草創一本「歲月留痕」的小冊，殊有不揣譾陋之感，茲隨函寄贈如附件，請　兄台賢伉儷指教是幸！專此敬祝

潭安

弟
陳國綱　敬上
民九十六年四月八日
於台北松山寓所

三一、致長孫女俐瑛家書

爺爺奶奶最疼愛的阿孫俐瑛　如見：

從民國九六（二〇〇七）年七月二十一日（在台北健安新城餞行時日）分別以後，將近半年沒有見面了，爺爺、奶奶時常在惦念著妳，幸好現代資訊發達，可常常在電話，或從妳爸爸、媽媽轉述的訊息中，知道妳的健康情形良好、學業成績也很滿意、生活習慣都能適應在地的環境，因此，使我們全家大大地放心了。

爺爺、奶奶對於妳的出國求學，向來是感到很高興的，真好像是我們陳家最大的一樁喜事，尤其是妳年未及冠，信心滿滿地具有克服困難，願意接受挑戰的勇氣，不只是家人都以妳為傲，就是許多鄰居和親友，也都為妳鼓掌叫好喔！

俐瑛，妳出生於二十世紀的末葉，卻成長在二十一世紀的初期，而妳的茁壯和成就，將在這一世紀的重要時刻，那將是競爭最激烈的時刻，所以從現在開始，妳必須立定志向、確定努力奮鬥的目標，來充實妳在競爭的道路上獲得勝利、成功的要件。簡單的說，就是要充實妳的專業知識，也就是妳的本職學能、國際語文的溝通能力、（能精通多個國家的語文更好）、勤儉樸實、刻苦耐勞的生活習慣、終身學習、勞怨不辭的工作（服務）態度、謙卑有禮、互助合作、潔身自愛，與人為善的品德修養。只要妳能夠具備這些條件，將來無論去任何地方、任何單位工作，都會受到別人的歡迎，長官的倚重、同事的尊敬和屬下的欽服。

俐瑛是我們陳家第一個出國求學的孫輩，真像是一顆掌上的明珠，只要妳能憑自己的努力，在國外站穩腳跟，奠定良好的根基，有著亮麗的成就，不只是爺爺、奶奶覺得欣慰，妳爸爸、媽媽感到榮耀，就是妳的胞妹薇名，和妳最親的暐中弟弟，也都以妳作榜樣，將來在妳的照顧、指點、鼓勵下，會同樣為我們陳家爭光，到那時妳的成就豈不更加偉大，更加驚人嗎！這是爺爺、奶奶殷切的期盼，願妳在不增加（感受）壓力的情形下，記在心中，好好地努力就行了！

老祖宗告訴我們：「留得青山在，不怕沒柴燒」，這就是告訴我們平日要注意保健，因為身體是本錢，精神是事業，這是保持競爭力最重要的一環。一個人如果健康有問題，縱使具有優良的競爭條件，最豐富的專業知識和技能，到頭來將是英雄無用武之地的，一切也都是空空的。可是健康的身體，除了天賦的體質以外，最重要的是靠自己後天的學習和鍛鍊，那就是不斷地充實衛生、保健的知識，平常的飲食要有節制、持之以恆的運動，有規律的生活習慣，做到早睡早起、時時保持愉快的心情，盡量避免生氣、天天都有追求進步的理想和抱負，這一切都是構成事業成功的要訣，望妳好好地把握住。

農曆年即將到來，跟往年一樣，爺爺、奶奶各送給妳的壓歲錢，今年是美金貳佰元，合計肆佰元，另奶奶給妳的生日禮金美元壹佰元，總計美金伍百元。望妳懂得賺錢不易的道理，做到當用就用，該省要省，絕對不要愛慕虛榮，更加不宜揮霍無度。切記！切記！祝願

新年快樂！身體健康！並代向接待家庭的長幼致意問好！

爺爺、奶奶親筆手書民國九十七年（二〇〇八）一月十二日

三二、謝羅邦柱先生函

邦柱吾兄　台鑒：　承寄「誰說不能罵陳水扁」與「紀念古寧頭大捷」盛會報導等大作，均經收悉。深體　兄台盡忠報國，奉獻犧牲之赤誠，極為感佩。尤其對於「九六年國慶閱兵感言」更有迴腸盪氣之慨。厚承不遺在遠，特函申謝！

歲暮天寒，請善為珍攝。順祝

新春快樂！闔府吉祥！

老工作伙伴　陳國綱　敬上民七十九年一月十九日

陸、修身自省錄

民國八十二年賀年卡自省錄

※拂逆處要受得過；清苦日要守得過。
非理來要忍得過；忿怒時要耐得過。

民國八十三年賀年卡自省錄

※吉凶禍福，是天命的主張。
稱譏毀譽，是他人的主張。
忠奸善惡，是自我的主張。

民國八十四年賀年卡自省錄

※謙退，是保身第一法。安詳，是處事第一法。
涵容，是待人第一法。恬淡，是養心第一法。

民國八十五年賀年卡自省錄

※貧賤時眼裏不著富貴，他日得志必不驕。
富貴時意中不忘貧賤，一旦退休必不怨。

民國八十七年賀年卡自省錄

※多積陰德，福壽自至，是取決於天。
盡力耕耘，加倍收成，是取決於地。
善教子孫，後嗣昌大，是取決於人。

柒、附錄：「歲月留痕」一書的迴響

「歲月留痕」這本小冊子，是我一生真情的告白。沒想到自民國九十一年春節，開始分贈各有關尊長、鄉親、學長，以及至親好友之後，會激起那麼多的熱烈迴響，特別是在函札和電話方面的諸多慰勉和獎飾，使我有著愧不敢當的感受。現將函札和電話的重要內容，按照獲訊的先後次序，分別彙整如後，藉作永恆的紀念與誠摯的感激。讓我重複一句，這絕非給自己臉上貼金，而是勿忘感恩之意。

壹、函札迴響

朱長棟學長：拜讀巨著，令人欽仰，內容涉獵之廣，資料蒐集之豐，用字下句之精，實非一般人所望項背。

前裝一師政教組教官談嵩峰先生：大作「歲月留痕」奉悉，恭讀之餘，敬佩至極；不惟描寫生動，敘述精實，尤對各項問題之探討深刻，觀察細微，可謂已達到很高的境界，充分展露了吾兄在文學上的才華，那些崇高優美的批判，檢討與質疑，大力發揮了道德、正義的風範與勇氣，真正實踐了政戰幹部四大信條的要求，恢宏了復興崗的傳統精神。全書可以優雅、精美、樸實、責任與擔當來一總結，不知吾兄以為然否？

阮　鎮學長：全書行文順暢，敘事條理分明之外，更對所經之事，無論今昔，可說鉅細靡遺，軍事、政治……之外，文學的修養，更非一般人所能及。全書是可傳之言，學長更是可傳之人。願將讀後感想縷述數端如後：

一、忠臣出自孝子之門，從祭文中可資見證。

二、與弟妹相會於香港，親情感人。

三、晚輩均學有成，奉獻社會國家，此為程梅嫂夫人之功勞最大，真是一位了不起的賢妻良母，謹特向她致以崇高的敬意。

六、學長一步一腳印，如此的賣力勞心、祇當少將，深覺不平，但能升將軍，也是「命」不錯也。

八、學長退而不休，無論在朝在野，均對國家做了奉獻，無任敬佩，惟來稀之年已過的我們，宜多抽點時間回饋自己，不知吾兄以為然否？（按：阮學長大札中的四、五、七、九、十條，都非讀後感言的範圍，故未依次備載。）

彭　英學長：承賜大作，讀後令人感奮。人生的歷程，有苦也有樂，能在苦中嚐到樂的滋味，乃學長奮鬥中所獲之成果也。拜讀之餘，興之所至，特抒詩一首：歲月留痕讀再三，將軍歷盡苦和甘；湘江才子文章秀，綠崗拔翠政績傳。

前總統府政風處處長（退役中將）呂夢顯學長：謝謝賜贈的「歲月留痕」，這不但是一個政戰老兵的甘苦歷程，也更是這一個時代政戰工作的甘苦歷程。政戰工作所需要的，便是國老挺身而為標竿的方正、負責、不為利誘、不為勢劫，積極進取，面對問題，接受挑戰的奮勇精神。此由新訓中心的拒絕調離、裝甲部隊的解決問題、陸訓部的策畫文康工作、旅處長的特殊問題解決、陸軍總部各項專案的推動、陸航中心的政戰革新、師主任的建軍備戰、政戰研究班的提高行政效率，與積極研究發展、軍團副主任的堅守工作立場、政計會的完成六大戰結合軍事作戰的指導作為，以及在聯勤「把政治教育帶回員工的家去」、在台北縣改正「積重難返」的諸事可以看出，另國老手撰之文稿，尤為心服，本書行文流利，言之有物，為修業之書，亦為進德（指工作道德）之書也。故讀來忘倦，一氣讀完，收穫至大。

王福康學長：拜讀大著，倍增感懷，你我同鄉、同學，同時經歷這動盪的歲月，實非外人所能體會到過來的滋味。抗戰時期求學的艱難，兵荒馬亂離鄉背井的痛苦，在舉目無親的異鄉境遇中求生存，幕幕湧向眼前。在軍中受人欺壓，委曲求全的煎熬，我等總算堅定不移，未負先人厚望。

前中華電視公司文教基金會董事長（退役中將）楊培基學長：承贈大著，連夜拜讀，對學長之求學、治事、從軍與敬業之心路歷程，忠盡獻替與淡泊風範，亦深欽敬！印證黃少（谷）老名言：「明鏡止水以澄心，泰山喬嶽以利身，青天白日以應事，霽月風光以待人。」吾兄可當之無愧矣！

徐盛興同學：二月十二日賜寄之「歲月留痕」，已恭讀完畢。此間所述之經歷及吾師應變之機智真是復興崗後輩子弟效法之典範。

胡將軍清雲學長：讀罷大作，良深敬佩，學長一路走來，一步一腳印，像這樣的璀璨事蹟，吾儕有幾人能比？尤其是下述要點，是感受最深的：一、學長很幸運的有一位嚴父兼嚴師，在艱困苦中能促使完成中等教育。二、學長的學經歷至為完整，無論在任何階層歷練，都有傑出的表現，也深得長官的識拔與部屬的愛戴。三、陳學長的幕僚職務也很完整，幕僚作業極受肯定，無論在裝訓部、陸訓部、陸總部，都能接受嚴峻的考驗，獲得優秀參謀的榮銜。四、在私塾啟蒙這一章中，把四書的精句摘錄起來，使讀者也可視為修齊治平之學，值得鑽研。

前中華電視公司總經理（退役中將）周蓉生學長：大作「歲月留痕」，快如親炙。拜讀之餘，深感公忠體國之赤誠，耿正篤實之至性和手足親情自然流露之真情，躍然字裡，洋溢行間。全書二十五章四〇〇頁，字字珠璣，句句鏗鏘，對國軍政戰工作之傳承和世道人心之教化，都有極大的貢獻。幸承親署見贈，盍其榮焉！

台北市心理復健聯合協會理事長喬先生敬敏學長：承贈「歲月留痕」巨作，即日讀畢。您愛軍、愛民、愛黨、愛國之赤忱，躍然紙上，質樸感人。尤其軍公生涯，歷任各種要職，從基層到高司，處世光風霽月，立身玉潔冰清，殫精竭慮，鞠躬盡瘁，數十年一以貫之；雖迭遭謗妒，橫阻陞遷，承受奚落、折磨，仍動心忍性，堅貞不移，感慨系之！風骨典範，仰慕不已。

耶穌基督的大使保羅老年時曾說：「那美好的仗，我已經打過了；當跑的路，我已經跑盡了，所信的道，我已經守住了；從今以後，有公義的冠冕，為我存留。」您終底奮力的過程，可與媲美輝映。

宋將軍咸萃學長：接獲「歲月留痕」大作，仔細的研閱兩遍，也做了一些札記和心得，對學長的為人處事態度，非常欽佩。尤其全書敘事，簡明深入，文字流暢通順，特別是對人溫柔敦厚，對事積極負責，歷挫折不灰心喪志，經艱難而堅苦卓絕；對家庭以慈愛，對父母以孝順，這些都是值得師法和學習的。

南亞技術學院教師周　平學長：「歲月留痕」一書，是陳將軍國綱學長，在成長過程中所經歷的「家庭教育、私塾教育、新式教育、軍事教育，以及戎馬生涯時期的革命工作、社會見聞、人際關係」等各項體念，巨細靡遺的著述，也是一本真情告白的巨作。有承先啟後、移風易俗、淨化人心、振聾發聵的效益，令賢能者欣慰、邪惡者畏懼，有如「孔子」作「春秋」，好人振奮，壞人恐懼，功德無量也！

全書長達三九五頁，約二十三萬餘字，重要照相七十餘幀，鴻文二十五章，加上附錄「祭父母文，為先父新甲公百歲誕辰紀念文等五篇與編後感言」全部文稿，篇篇見解精闢，結構嚴謹，說理深入淺出，條理分明。個人在閱讀過程中，一直為其動人的情節所吸引，更敬服於他那生花妙筆，實話柔說，文情並茂，述事簡潔有力，有如行雲流水，舒暢無比。在字裡行間，散發出「真」、蘊含著「善」、展現著「美」。筆鋒流暢細緻、辭藻言簡意賅、結構練達柔雅、意境幽深崇高、情韻生動優美、遣詞用字雋永鏗鏘。內涵涉及家史、鄉史、國史、軍史、革命史，史史相繫，扣人心弦；親情、友情、恩情、袍澤情、鄉情、情情相連，真切溫馨；文學、儒學、詩學、兵學、革命哲學、高司作業學、領導統御學，博學浩瀚，美不勝收。集論說、記敘、應用、抒情、傳記等文體，交織成「童年、青年、壯年、求學、從軍、退休」等歲月中的「酸、甜、苦、辣、悲、歡、離、合」的點點滴滴，以感恩惜福的情義為經，以正本清源懷舊的倫常為緯，以「歲月留痕」為主題，動機誠正，追憶縝密，推陳出許多淒滄瑰麗的往事，令人嘆為觀止，引人共鳴！

「歲月留痕」一書的問世，自然呈現出陳學長文韜武略的傑出才華，真真實實的是一項非凡成就的告白。在他健朗身段正處於「人生七十才開始」的壯碩年華，生命樹上竟盛開著如此「萬紫千紅」般的學養成就！誠叫人欽敬與激賞，我也因此激發出心靈的潛能，而提出下列幾點感想，以見笑於諸多賢達與學優之仕！

(一)是一本「激濁揚清，宏揚道德」的經典之作：

能細讀該書者，必可收到「雖愚必明、雖柔必強、擇善固執、忍辱負重、積極進取、奮發向上、轉敗為勝」之功效。

(二)是一本「誠、正、修、齊、治、平」進德修業的範本：

陳學長對「論語、孟子、大學、中庸」，心性修養的章節均有深刻的體認，另對詩、書、易理、老莊哲學、古聖先賢著作，均能研讀涉獵，對　國父孫中山先生的思想全集，亦有深刻的研究，吾輩能效法其力學不倦的精神與情懷，中華民國（族）的光明前景可期也！

(三)是一本「敬業樂群、好學勵志、淡泊名利」啟迪向善的指南：

陳學長能具有如此特優的德性，無疑是歸功於他優質的基因遺傳，嚴父慈母庭訓的薰陶，完整的學校教育，復興崗革命教育「誠實」校風的洗禮，自己擇善固執本於「致良知」的自我修持，這些珍貴的德性資產，已在他的修身、齊家、學業、帶兵、高司作業、生活、言行、優異的績效之中，得到了檢驗和印證。

(四)像是一面「良知正義、揭發敗德亂行」的照妖鏡：

書中曾揭發一起擅於以權謀私、蒙上欺下、顛倒是非、敗德亂行，視黨國利益為無物的醜陋事件。這種私字當頭的「權貴」，常會無中生有，對一些不齒於與之同流合污的優秀幹部，則蓄意加以謀害和打壓；但對能俯首貼耳、逢迎拍馬、阿諛奉承，為其謀取非法私利者，則處處呵護提拔，以國家的名器換取對方的「忠心」，造成人事上劣幣驅逐良幣的反淘汰現象，腐蝕了國家的根基。陳學長的傑出才能，若不是適時被一位公正無私、一心為國為軍操勞的「化公」老師發掘，恐也難逃於提前被反淘汰出局的命運！

類似「一小撮」利益共同體的互惠小集團，如癌症細胞般隱藏於政府某些體質內，由於這些人慣於長袖善舞，利用國家資源做好相關的人際關係，而公忠體國，日理萬機的長官，實在無暇深入察知這些「外鬥外行、內鬥內行」敗德亂行的小人。　經國先生曾昭示國人：「中共統戰伎倆，是一種糖衣包裝的毒藥，人人應提高警覺，慎防上當」真是真知灼見。但不幸的是為國家勞心又勞力的長官，卻疏於體質內一小撮「卑躬屈膝、笑容可掬、凡事逢迎」偽裝的小人所侍奉的「糖衣包裝的毒藥」所迷惑，唉！誠如古諺所云：「外賊易察，家賊難防」的至理名言。徒乎浩嘆也！

星雲大師在「福報」迷悟之間談「因果」一文中告誡世人：人世間的「法律、是非、利益……」等，都很難得出一個絕對的公平。唯獨「善因得善果，惡因得惡果」的「因果」。是絕對會得到一個「公平」的結果的。國劇「奇雙會」結局中有幾句戲詞：「人間有善惡，日月有輪迴，不信抬頭看，蒼天饒過誰！」這則顛撲不破的箴言，不信？等著瞧！

陳學長那種「擇善固執」的精神，實叫人激賞欽敬。救苦救難的觀世音菩薩，在積德善良人的記事簿上，又為陳學長加上了另一項「福報」紀錄，阿彌陀福！阿們！

學弟本於天地良心，細心讀完這本巨著，加上多年與陳學長共事交往，對他的學識才德，耳濡目染，心領神會：所察、所知、所感、所思，所得出來的幾點真切感言，以聊表對他的敬意。個人由於學能有限，對精粹的內涵，「掛一漏萬」之處，在所難免。祁盼擁有「歲月留痕」這書的親友，對我所提的讀後感言，不吝補強和指教！以竟撻伐邪惡，闡揚良善的功德，則中華民國幸甚！中華民族幸甚！世界人類幸甚！

文將軍壽峰學長：收到大作「歲月留痕」，連夜拜讀，佩服吾兄細心和用心，和早已有計畫地為立傳作準備。讀到二六〇頁時，驚然發現還為弟帶了一筆，此對吾兄而言，雖然具有許多安慰作用，正說明在吾等同輩之時，有情有義，非現在一般年輕人所有也，尤其吾兄還長惦念在心，令人感動。

前預四師政治教官組教官魏守智先生：承贈大著「歲月留痕」，拜讀再三，感佩良深。人生不留白，將軍無憾矣！兄台志慮忠純，才華橫溢，無一時不盡職，無一事無良法，誠國之楨幹，政戰典範，理應更上一層樓，遽乃限齡退休，良堪痛惜。

前預四師政治教官組教官方木通先生：承賜大著，經詳細拜讀，至為敬佩。此不僅是將軍的甘苦回憶，更是政戰工作經驗的傳承，充分表現了將軍忠黨愛國，竭智盡忠的精神，且為坦誠忠恕，熱情負責的標準典型。夫人賢淑過人，相夫教子，培養子女學有專精，個個事業有成，實為幸福美滿的模範家庭，誠可敬可佩。

前連江縣縣長賴宗煙將軍：「歲月留痕」把我們帶回多年的軍旅生涯，印證政戰工作，就是聖人的工作，尤其將軍的甘苦歷程，更加令人欽敬與感佩。

前陸軍總部政戰部副主任陳忠曾將軍：收到大作「歲月留痕」，甚為敬佩；所敘所論，尤多卓見，且為誠樸、忠實之紀錄，讀後如晤當年老友，至為懷念。吾兄能經歷如許職務，且能勝任，並晉升將軍，係個人努力，盡忠職守之故也，欽佩之至。

周松卿學長：大作「歲月留痕」致謝！對吾兄數十年來經歷各類工作，人、事之點滴記述，感同身受。大作巨細無遺，用功之勤，毅力之堅，佩服！佩服！

湯可敏學長：承賜「歲月留痕」大作，已先閱綱要，當再細細研讀。叨在多年至交，深知吾兄品學為同窗楷模，任事為國家楨幹。今就平生懋績、事功藉筆端傳世，此可為後啟者循，亦為子孫者勉。吾兄可謂豐富人生，無忝斯世，感佩無已！

曹鴻慶學長：接奉「歲月留痕」巨著，經瀏覽之餘，覺學長將畢生戎馬生涯，留下深厚偉蹟，對啟發後生具莫大之助益。尤甚者能退而不休，仍關心國政時弊，提出高言讜論，使我等讀罷，實有盪氣迴腸之感，欽佩！欽佩！

老同事胡超宗同志：因為眼睛不適，正在醫治中，待情況好轉時，必定拜讀大作，您花了半世紀的心血，從大兵到將軍退伍，這種刻苦自勵與奮鬥不懈的精神，為後代子孫，或官兵、部屬，都樹立了優良的典範，真是可敬可佩！

裝甲兵老友謝同濟先生：承贈「歲月留痕」大作，不勝欣悅，拜讀兩日，如同看了一場五十年紀錄影集，閱讀精彩處，有如身歷其境之感。早年你我供職甲兵，深知將軍其為人也，言行謹慎，生活規律，儀態大方，工作認真踏實，好學不倦，對下屬有教無類，思維縝密，文情並茂，持之以恆，深得長官與部屬愛戴，尤以參謀業務見長，能在諸長官超標準的要求下，順利通關，確實少見；特別是將軍曾任軍、師幕僚職稍久，也是爾後勝任主官（管）之基石，是以工作得心應手；不假外求，歷任之職，均屬機要。將軍心懷大志，祇在做事，不在做官，無慾則剛，也是關鍵。

趙傳臚學長：承賜大作，不勝感激！「歲月留痕」，是吾兄一生奮鬥的歷程，更是心血的結晶。

吾兄家庭美滿，事業有成，退休後還能著書立說，為歷史作見證，實屬難能可貴。讀到書中自序：「忠心報國的熱忱，始終沒有懈怠。」不禁肅然起敬；特別是在艱辛而坎坷的旅程中，「受打壓而不動搖，遭挫折而不灰心，被侮辱而不沮喪，遇困難而不退縮」的堅毅鬥志，弟的內心深處，也有深刻的體會。希望能為後代子孫確立完美的標竿，更為現代青年作為奮鬥的準繩。字字珍貴，極為敬佩！

胡珍學長：承贈「歲月留痕」大作，拜讀之餘，敬佩不已。您在人生的旅程上，非常燦爛，尤其堅忍不拔的精神，公忠體國的情操，受到肯定，且對後輩定有激勵作用。回憶與您共事多年，您工作認真，為人謙和，同仁們有口皆碑。在國防部多次參加「復興」、「漢陽」演習，您在政治作戰方面的表現，有目共睹。在我讀後感覺中，您的人生歷程和為人做事，十分成功，在此謹致以萬分的敬意。

前空軍總部政戰部副主任金國樑將軍：接奉大著「歲月留痕」，感念至深。吾師文筆流暢，字字珠璣，令人激賞。吾師「政戰老兵」走過的甘苦歷程，因時空的交錯巧合，生也曾片段躬逢其盛，熟悉的人物和場景，彷彿就在眼前，產生了許多共鳴！學生在您政戰研究班任內，忝為受業，親炙教誨，深知吾師為人正直，重視是非，堪稱政戰楷模中的楷模。今以回憶錄方式寫下了奮鬥的歷程，為歷史作見證，更為後生晚輩留下了學習的典範，實足以媲美古人「立德、立功、立言」。

湯　重將軍：承贈「歲月留痕」大作，拜讀之餘，不僅欽佩吾兄之文學基礎深厚，尤感吾兄在人生旅途中，受打壓而不動搖，遭挫折而不灰心之堅毅鬥志，更令人效法與景崇！回憶在漁事處工作期間，凡本處仰賴國防部聯參支援事項，承吾兄不遺餘力，親自攜卷從中一一協調，為漁事處解決了許多實際問題，對下級單位之士氣鼓舞甚大。尤其吾兄平易近人，從不以上級指導單位自居，竭誠為下級單位服務之高風亮節情懷，令人永懷難忘，藉此聊表謝忱！

封惠南學長：拜讀大作，不勝感佩萬分，不僅於吾兄求學任事艱苦奮鬥歷程，獲得進一步瞭解，對於當年基層政戰制度、精神及幹部犧牲奮鬥績神，實有對歷史見證價值。涉及熟識之人與事，令人有著憶往事，嘆今昔之感慨。

裝甲兵老同事劉甫惠兄：深夜拜讀「歲月留痕」大作，使我深深感動落淚，所記歷程和我數十年來所見相似，這是我讀過的回憶錄當中，最真實的一本，尤其是在裝甲兵司令部政戰部的那些往事，歷歷在目，我和我們的老同事都有同感。

從回憶錄中，不僅可以瞭解你對孩子們的教導有方，也可以看出你對社會、黨國的貢獻，令人欽佩。我會利用空閒再閱讀一次。

前行政院國軍退除役官兵輔導委員會主任委員許歷農先生（退役陸軍二級上將）：承寄所著「歲月留痕」一書，當為珍藏，以茲拜讀，特先布謝。

大陸改革開放後第一代留美學人朱若浩小姐在美國華盛頓郵報發表書評（二〇〇二年十月十一日華盛頓郵報第十一版），其要點為：作為大陸改革開放後的第一代留學生的我，在返鄉途中，偶然結識了台灣的退休將領陳國綱先生，幾年來陳先生那種剛然不阿的浩然正氣，在言談、舉止中深深地感染了我。幾天前我收到陳先生的近作「歲月留痕」，我知道這是一本實實在在的自傳。由於陳先生在平凡生活中刻畫出一個政戰老兵的甘苦歷程，再加上細緻而生動的筆觸和原本如實的記述，使我一口氣把全書讀完，且愛不釋手。

陳先生是湖南茶陵人，眾所週知，湖南出了太多的才子和武將，而陳先生則是一個從小兵做起，一步一個腳印地集文武、德才於一身而登上將軍職位的人，在他過去歷練任何職務，都能交出漂亮的成績單，也到處表現出無私、無我、無畏的精神；因而無處不閃爍著陳先生在逆境中的永恆光亮。陳先生把他的氣節和成功，歸功於父母和師長的教誨。而他則始終兢兢業業地嚴格自律，從事業的顛峰走向退休之後，仍從來沒有忘記為我們晚輩樹榜立樣。我想大陸的領導階層，如果都能像陳先生那樣為官，朱熔基總理就少了許多的煩惱，「統一」也就不再是空談了。

大陸堂姐的孫兒段方毅君：拜讀「歲月留痕」一書，對舅公、舅婆在苦難環境中走過的人生之路，有著無限的感慨。一九六〇年代，是中蘇關係惡化的時期還要搞土法煉鋼，真是步履維艱。而您倆也在經濟不景氣的情況下，結為連理，足見您倆在苦難中所建立的感情，是何等的深厚！那個年代的薪資新台幣三三〇元，折合人民幣八二．五元，可說捉襟見肘，真是艱難歲月，這是我最忠懇的評價。

當時的舅婆既要做舅公堅強的後盾，讓舅公無後顧之憂，又要照管家務，撫育子女，還要用客廳充當工廠，賺取工資補貼家用，三重責任一肩挑，確實不簡單。

回憶「三反、五反」時代，兩岸隔絕，無法電話聯絡，又不能返鄉探親，連書信也不能往來，在雙方不知下落的情形下，大陸的親人又要說出舅公的下落，這樣的事情，也只能發生在那種特殊的歷史時代。不過，三十多年來的修持，終於求得正果，看到舅公、舅婆結婚四十週年的全家福照片，三代同堂之樂，就是福報的印證。

前國防部總政治作戰局局長鄧祖琳上將：日前承蒙賜贈大作「歲月留痕」乙書，銘感無已。素諗吾公學識淵博，歷任軍政要職，功成身退後，將數十年立身行事，奮鬥歷程最精實的紀錄，撰寫成書，留供後生晚輩學習之典範。尤其書中之照片，深富歷史意義，彌足珍貴。雲情高誼，敬領之餘，謹申謝忱。

政治作戰學校校長張立峰中將：蒙賜「歲月留痕」大作，迴環捧誦，快如親炙，有情有義，真切溫馨，質樸感人。

將軍在困頓環境中，秉承家傳庭訓，擇善固執，忍辱負重，艱苦卓絕，忠貞自勵，發憤圖強，得以榮耀門楣，衣錦還鄉；在軍旅生涯的艱辛旅程中，踐履「誠實」校風，篤行「吃苦、負責、冒險、忍氣」的幹部信條，不僅恢宏了復興崗的傳統精神，更樹立了政戰幹部戮力從公的優良典範，忠孝雙全，當仁不讓，實令後進感佩。

政治作戰學校校友會會長（備役中將）李麒麟學長：喜獲巨著「歲月留痕」乙書，立即展讀，對晚輩增益尤多，除第五章以前的家世與故鄉風物較生疏之外，其餘部隊經歷、工作績效、人事遭遇等項，無不感同身受。而鈞長皆能以「無愧於心、無愧於天地鬼神」之坦蕩心胸處之，並以「是非審之於己、毀譽聽之於人，得失安之於數」的理則，修己度人，更深喜晚輩曾奉行之同一理則焉。

拜讀瀝心鉅著後，才發現鈞長清正不阿的風範，並曾遭遇如此不仁之對待，實深深為鈞長抱不平！尤其鈞長退役後，仍對時局關切，上陳之卓見，鮮為當朝所納，更令人扼腕也。晚輩曾受贈「將軍傳記」四本，以鈞長巨著最具內涵與客觀翔實，獲益亦最多。尤以香港會親後，返鄉舉行報本法會，親撰祭父母文等，具見孝親仁厚本性，更令晚輩敬佩不已。

國立政治大學教授（也是名專欄作家）閻沁恆先生：承蒙賜贈大著「歲月留痕」一部，拜讀多日，受益良多。亦為同經此一時代的心中記憶，再一次動人的映現眼前而感興奮。許多的艱辛，沈重的挑戰，以及報國意志的實現，交織著血淚與煎熬，但是幸運的都走了過來。「歲月留痕」不只是吾兄個人生平的紀要，也反映了同儕的抱負與精神。為大著的問世而欣喜與慶幸。

朱蓉學長：承賜大著「歲月留痕」一書敬收，拜讀後獲益良多。大著中所述每一階段的經歷，均已付出不少的智慧、心血和辛勞，彷彿或多或少如我往日在工作中所帶來的艱難痛苦一樣，有其同感。正因為大學長懷有「受打擊而不動搖，遭挫折而不灰心，被侮辱而不沮喪，遇苦難而不退縮」的堅毅鬥志，加上瞭解「欲知過去事，今生受者是；欲知未來事，今生做者是」的「因果關係」，所以梅花結了果，將軍是也。欽佩之餘，敬表謝忱！

章玉奇學長：承贈「歲月留痕」收到，謝謝！拜讀再三，深感忠誠寫實，真情流露，特致敬佩之意。

前陸軍裝甲兵司令部同事唐家範先生：大作「歲月留痕」，資料豐富，文筆流暢，敘述真實，立論宏遠，充分顯示吾兄做人處世之準則，堪稱政戰典範，令人欽羨。

朱先淦學長：國事家事個人事，息息關連；如無三十八年的暴風雨，我們不會來到台灣，如無幹校的創立，我們不會任職政戰達四十年之久，如無超人智慧，力竟前賢，表現優異，就不會晉升將官，我們六隊亦失去光彩。

太好了！有緣拜讀「歲月留痕」巨著，深覺將軍自幼聰慧，好學知禮，於戰亂中完成高中教育，甚是難得。第六章「復興崗育我成長」詳確記載重要大事的日期與有關師長同學姓名、經國先生、校長的訓話要點，連專科教育時之作文題，都能一一列出，比校史較為詳實。每個環節都夾敘夾議，款款道來，生動活潑，感人肺腑。足見當年之日記非常完善，而編著時又記憶力過人，知所取捨，不顯繁瑣。第七章至二十章為歷任各單位、各階層職務的累積結晶，不同層次的工作，各連、營、團、高司，各有其特定任務與工作方法及績效表現，而能奮發上進，力爭上游，講求團隊精神，激發工作潛能。由少尉起步，逐次晉升少將實非偶然與僥倖，而其特殊作法與屢次創新，足為政戰人員之楷模與典範，也是一本成功的奮鬥史。

尤有進者，全書飽涵中國固有文化、儒、道、佛三家學說之菁華，將忠恕之道，動靜運行，因果三昧，交替融入於做人做事、工作生活之中，內容豐富，文詞生動，態度懇切，志慮純貞，一以貫之，忠於國，忠於長，忠於職，忠於事，勇於擔當，勇於革弊，勇於力行。層次分明，描繪細膩，充滿著情與淚，苦與難，愛與恨，道與義，智與慧，善與惡，將生平事蹟，以生花妙筆，婉轉表達，其佈局之周延，結構之嚴謹，陳述之巧妙，在在引導讀者進入各個情境，感同身受，喜樂相隨，有千錘百鍊，大文學家之功力。

是書既為個人之憶往光輝事蹟，留下寶貴實錄資產，使後人有典範可循。又為子孫知道在台開山始祖之豐功偉績。更可為此一時代之老師、長官、同學、同事、摯友架構一道友誼的橋樑。敬賀好書問世，洛陽紙貴，價值非凡，光輝史冊。謹申讀後心得，愚者淺見，以表崇敬。

馬得華學長：賜巨著「歲月留痕」，深知吾兄用功之勤奮，見解精闢，殊為感佩。

張備文學長：日前收受「歲月留痕」，首先令我感動者，厥為吾兄在軍中歷任要職，日理萬機；退役後的短短數年，就能規畫寫書，完成大作，不獨文筆流暢秀麗，而且涉及許許多多的歷史回憶及取證，實在難能可貴。

其次令人感動者，書中除了大部分敘述艱苦奮鬥和折磨之外，還提出了時下許許多多對本黨的建言，內容精闢，亦為關係本黨能否「東山再起」的良方。吾兄不愧為「一個政戰老兵」，我敬佩您。

您的「編後感言」第一句話：「書到用時方恨少」，我感同身受，所以近日我在書法研習班，特將這一名言，用毛筆、宣紙書寫，供作兒孫之警語。

王啟文學長（已於民九十四年辭世）：拜讀大作「歲月留痕」，不勝感佩，並此致謝。順祝新年快樂！萬事如意！

謝遠良同志：拜讀大作「歲月留痕」，受益太多、太大！大作編撰精彩，內容豐富，文筆流暢，的確是一本好書，謹謝！並祝新年快樂，羊年行大運！

前國民黨黃復興黨部書記長（備役中將）張人俊學長：你寄我的書，均已拜讀，獲益良多。新的一年，祝你萬事如意。

蒙義勇學長：大作「歲月留痕」收讀，吾兄赤膽忠心，功在黨國，令弟感佩萬分。

前戰地政務處同事韓正民先生：恭讀大著「歲月留痕」，這是一部血與淚凝聚而成的精心巨作，深為敬佩，並值得後生晚輩效法，且為做人做事的寶典。

前陸軍裝一師政治教官組總教官梁兆勤先生（已於民九十三年辭世）：拜讀「歲月留痕」大作，發現兄台國學基礎非常深厚，用字遣詞極為專注，就「昔時增廣賢文」的文句也都用上，足見吾兄少年時期對國學涉獵之廣且深；而在多篇內容中所表達之對人對事的一片忠心和摯誠，更加可以看出雖受委屈，但仍能達成任務來表明心志，這就是很了不起的地方。在此我以誠摯的心情，向您敬致千萬敬佩之意！不過也澄清了我這個糊塗蛋，真糊塗到了極點，過去同事多年，竟不曾發現這麼優秀的朋友，早該虛心向您請教。

茶陵縣籍劉　凱鄉長賦詩嘉勉：甘苦述歷程，傳記書留痕。從軍為報國，政戰立功勳。勤儉賢內助，才子配佳人。書香耀門弟，大著榮族群。（劉鄉長將詩句裱褙成中堂贈送，謹此致謝）

饒悅秋學長：承寄大著，拜讀之餘，感慰何似，「歲月留痕」內容精彩，結構嚴謹，篇章節目，令人一目瞭然，可謂傳世之作矣，謹此申致謝忱！

兄台能努力堅忍實踐，反省力行，獲得碩大成果，尤其令人欽羨者，即不卑不亢，謙恭待人的處世風範，非有高度之識養，曷能致此。

以學長之才識與奮鬥精神，早該脫穎而出，該任軍、軍團乃至總部主任，以軍團副主任而升少將，實在委屈了。反觀獲上位的學長們，其事功未必如學長也！感慨之餘，特此頌勵。學長一生，大忠大孝，榮宗耀祖，可謂心安理得矣！

前陸軍裝一師老友（砲四營第十一連副連長），亦湖南省籍鄉長鍾俊傑先生，以「讀完陳國綱大作『歲月留痕』後用姓名為詩、聯」頌賀：

詩（鍾先生謙稱打油詩）

湖南茶陵陳國綱，裝甲之友晉少將。
政戰優秀領導者，奮鬥歷程好榜樣。
騾子精神幹幹幹，犧牲奮鬥力圖上。
諺云無湘不成軍，建軍備戰史輝煌。
美滿家庭另一半，夫唱婦隨有義方。
子孝孫賢令人羨，湘水悠悠遠流長。

聯

陳國綱綱常倫理四維八德縱橫歲月留痕中

陳程梅梅嶺春曉忠孝仁愛經緯美滿幸福家

曹建中將軍：惠寄的大著「歲月留痕」收到了，拜讀之餘不僅覺得內容詳實，文字平實、親切、印刷裝訂亦十分精美，紅花綠葉，成就了這樣一本「平凡而不平凡」的傳記回憶，良深欽敬。並深感您的奮鬥歲月，在做人、為學、工作、齊家方面，都有不凡的成就；而賢侄們的俊秀傑出，更彰顯了您的不凡。五十多年來，您在各方面揮淚播種，如今已是含笑收割的時季。看到您理著光頭的少年照片，對照您將軍戎裝的玉照，令人格外感受「不經一翻寒澈骨，那得梅花破鼻香」那份苦盡甘來的欣慰。我為您的成就驕傲，也分享了您的榮耀和喜悅，並祝福闔府安康快樂，賢侄們青出於藍而勝於藍。

前三軍大學教育長岳　天中將：頃奉賜大作「歲月留痕」一書，拜讀內容，文詞洗煉，敘述生動，堪稱最佳的回憶錄之作。而得悉賢弟之身世、奮鬥的歷程、和為國家與國軍奉獻的成就，至感欽遲。尤其裝甲兵九年半的歲月中，由裝一師砲兵至司令部，有幸同僚共事，記憶猶新，倍感舊誼溫馨。

賢弟品行溫厚，誠敬自重，而思維細密，處事條理，應對有節；歷承艱巨任務，均圖滿達成使命，其間為蔣緯國將軍舊屬處理解困救難之幕僚作業，以我個人長時期擔任蔣將軍幕僚的經驗，能得其認可而倚重者，殊為不易；足證賢弟工作才能卓越，謹慎將事，誠如賢弟所言足以引為自豪，令人欽佩。

人生際遇，有順境，但坎坷亦所難免；先賢初唐裴立本有言：「名高則傷至，事成則謗來。」古今皆然！閱讀全書，受益良多；謹申致誠摯之謝忱。

國防部總政治作戰局局長陳邦治上將：承蒙賜贈大著「歲月留痕」乙書，披閱之餘，旨勝銘感。素諗吾公才識宏毅，歷任軍政要職近四十載，功成身退後，將戎馬生涯奮鬥歷程詳實記錄，並付梓成書，足堪後生晚輩學習之典範。敬領之餘，特修寸箋申謝。

中國國民黨國軍退除人員黨部書記長韋家慶先生（備役陸軍中將）：頃奉「歲月留痕」大著，睹書如面芝顏，對主任為國軍政戰工作竭智盡心，艱苦備嚐，終身以之，貢獻良多。今以數十年之珍貴經驗成此巨著，為後進者闢成功蹊徑有所遵循。有幸蒙賜一冊，除深感榮幸外，自當珍藏精讀。謹謝！

中華民國國家統一建設促進會副祕書長彭晉生先生：頃承惠贈大著「歲月留痕」一書，雖屬個人立身行事之紀錄，然內容涉獵甚廣，於匡正時弊，啟迪後進，至多裨益，拜讀之餘，欽佩無既。

前警備總司令部政戰部副主任劉恩祥將軍：「歲月留痕」是將軍豐盛的人生旅程，其間勤廉任事，行穩致遠，復加深仁厚德的風範，真可說是時代的忠臣良將，敬佩之至。

貳、電話迴響

譚其龍學長也是世界譚氏宗親會秘書長：二十幾萬字的巨著，是一部艱辛的奮鬥史，對於後代子孫，是最大的勉勵，書中的照片非常珍貴，均具有歷史意義和價值。從書中的字裡行間，便可看出你坦率的性格。本書內容豐富，真是值得一讀的好書。

劉新旭學長（已於民九十三年辭世）：「歲月留痕」一書，全是你一生努力耕耘、奮鬥創造的真實紀錄，也是你一生心血的結晶，充分展現出你生命的光輝。你是我們同學當中的楷模，我為你對國家的貢獻，有著與有榮焉的感懷。

余興漢學長：你的大作是寶貴經驗的傳承，就是對現職政戰幹部在做人的修養和工作的方法方面，都有著很大的啟示和幫助。

孫將軍俊傑學長：「歲月留痕」一書，我利用歡度春節的時間，從頭到尾閱讀了一遍，真覺得難能可貴。書中所指的那幾個人的行事風格，我也有所瞭解；可是你給他們還保留了不少，也可說給了他們很大的面子。書中所提的各種政戰工作，可供現職政戰幹部學習的樣本，特別是在政戰工作方面，有著很大的啟示作用。

蘇健哲鄉長：自接獲「歲月留痕」一書之後，從早到晚連續閱讀三天之久，連深夜也不忍釋手。當我讀到你為國家奉獻，為士兵服務的種種事蹟時，不禁感動得哭了起來。國家任你為少將，實在太低了，你太委屈了；如果國軍的每一個將領都像你一樣的負責盡職，有為有守，我們的國家和社會就不會有今天那種亂象。可是當我看到你所提的那些敗德亂行的幹部時，我便和你同樣的感到憂心、憤慨。

趙莫夏學長：你所寫的「歲月留痕」和我（指趙將軍）所寫的「靖園憶狂」，在方式上是類似的，因為我們都在同一個時代成長，讀書的時間也都一樣，由於我倆都讀過私塾，所以國學根基穩固，文辭通順，是一本極富意義，具有價值的著述。

賴曉萍將軍：讀完了「歲月留痕」大作，我領悟了下列兩點：第一、政戰工作是照顧官兵生活、解決官兵困難、鞏固部隊團結，增強無形戰力的重要工作，能為部隊帶來無比的安定力量。第二、副主任（按：陳國綱任第八軍團政戰部副主任時，賴將軍任工兵指揮部上校指揮官）從幼就受到令尊、令堂的照顧和栽培，從軍來台後，自知進取向上，憑自己不斷地努力和創造，由士兵到陸軍少將退伍，一路走來非常艱辛，不僅在事業上有著輝煌的成就，尤其在家庭方面，能使子弟獲得傲人的學位，並有其理想的事業，真是非常難得！可敬可佩！

王教授宗漢學長：昨晚（指三月十日）在宋玉棠學長長女公子歸寧的喜筵席上，我以先睹為快的心情，翻閱了「歲月留痕」好幾章，深感內容豐富，文筆流暢，對後代子孫具有傳承的價值，對現職政戰幹部，也是寶貴的經驗傳授。我很佩服你的信心、決心、恆心和毅力。你一路走來，對得起國家，更對得起經國先生往昔在復興崗的教誨！

林武彥教授：主任（按：陳國綱任政戰研究班班主任時，林教授任群眾戰專任教官）所作的「歲月留痕」，把家鄉和家世的點點滴滴，記載的那麼清楚，描寫的那樣生動，實在是難能可貴，我先只看了一部份和主任在政戰研究班為國育才這一章，韓英齡（林教授夫人）也以先睹為快，搶著看主任在總政戰部戰地政務處那一章。今後我還要從頭到尾仔細地閱讀，實在太寶貴了。

祝振華教授：承寄「歲月留痕」大著，謝謝！雖然只看過了序文，但可知道書中的內容是很精彩的。我們生長在這個時代，一方面是多采多姿，但另一面也是多災多難。當我看到你民國三十八年高中畢業的團體照片，和從士兵到陸軍少將各階的照片時，我更加覺得那都是極為珍貴的史蹟。把全書的內容和照片連貫起來，那就是一本使後代子孫不忘本的歷史讀物，恭喜！恭喜！至八月十六日再來電話，復稱「歲月留痕」內容充實，文筆流暢。惟有歲月留痕，才能彰顯人生的意義，光大人生奮鬥的價值。

前海軍總部政戰部主任李慕公（李中中將已於民九十五年辭世）：收到了你所贈送的「歲月留痕」，知道你在艱難困苦的境遇中，對政戰工作做出了很多的貢獻，同時也有許多的成效，就憑這些就可告慰你父母在天之靈，你一路走來確實沒有辜負你父母的期望。

金體文學長：收到「歲月留痕」大作之後，已拜讀過好幾章了，深知學長對政戰工作有過很多的貢獻。應將大作贈送復興崗圖書館與政戰學校校友會各若干冊，以彰顯學長的榮耀事蹟，也為母校增添光榮的史詩。

王耀華學長：承贈「歲月留痕」，業已拜讀。這不只是一個政戰老兵的甘苦歷程，也可以說是這個時代的甘苦歷程。讀過的內容雖然不多，但深知學長的國學根基穩固，非常敬佩。

張金聲學長：「歲月留痕」是你一生奮鬥過程最精實的紀錄，也是最榮耀的史蹟。從書中的內容便可知道你的文筆流暢，表達能力令人激賞，可敬！可佩！

陳文進學長：承贈「歲月留痕」大作，讀來感同身受，想當年我們從復興崗去部隊任職，曾受過不少的折磨，也曾受到很多人的排擠。從書中便可知道你對政戰工作貢獻良多，值得敬佩。

蔡振邦老師：感謝主任（按：陳國綱任政戰研究班班主任時，蔡老師任該班思想戰教官）賜贈「歲月留痕」大作，主任的文筆通暢，書中的內容豐富，讀來有著身臨其境的感受，真的受益良多，非常欽佩！

昔日長官李楓林先生（民九十七年十月辭世）：閱讀「歲月留痕」之後，對你所寫的內容，有著「文如其人」的感覺，書中充分顯示了你的誠心和在工作上的熱情，沒有半點虛假。所作「祭父母文」與「紀念先父百歲誕辰的追思文」，文體恰當，洋溢著孝思感恩的情懷。特別是「編後感言」，更加表達了你做人做事的風範。

往昔工作伙伴張宇高同學：副主任在前陸軍第八軍團為革新部隊風氣所作的一切工作，以前根本不知道詳細情形，如今看完了「歲月留痕」大作之後，才知道副主任艱苦奮鬥的經過，讀來非常感動，也深表崇敬。

前國大代表（退役中將）馬家珍學長（已於民九十四年辭世）：收到「歲月留痕」大作之後，一方面表示感謝，另一方面對你一生為政戰工作所做的貢獻，以及退休後還能找到許多寫作傳記的資料，深表欽佩！

前警備總部政戰部副主任熊仁義將軍：「歲月留痕」各章所敘述的事蹟，非常平實、細密，若不是平日寫作日記，那是不容易辦到的，這是本書最可貴的地方。從書中的各章言論，可以看出你的見解不只是透徹，而且非常深刻，對於各種問題的處理，也是非常恰當。

曾易之學長：讀完了「歲月留痕」深感你我在同一時代出生，所受的各種教育也都一樣；不過，在工作上你的境遇很苦，若是遇到我（指曾學長），可能會經常要和那些有權有勢而不能堅守原則的人打架，你能有這種耐心和毅力，真是難得。總之，讀後感慨多多，所定書名「歲月留痕」，比別人的傳記或回憶錄的命名好的很多，真是可喜！可賀！

劉泰階將軍：初讀「歲月留痕」，對於學長在工作上的艱苦奮鬥，至為欽佩！尤其是家庭幸福美滿，子弟進取向上的精神，更是一般人所羨慕的。

政戰先進荊瑞先先生（已於民九十三年辭世）：謝謝贈送大作「歲月留痕」乙書，深知你的文筆極佳，讀來非常通順，特別是「祭父母文」和「紀念先父百歲誕辰追思文」，以及「紀念先父百歲誕辰所撰寫的楹聯」，都能展現你的孝思和豐富的恩情，且文學造詣很深，具有湘江才子的美譽。關於歷練各種政戰職務，因工作態度認真，立場堅定，廉潔自持，所以能無私、無我、無畏，真正做到了富貴不能淫，貧賤不能移，威武不能屈，值得欽佩！也可使少數和稀泥的政戰幹部向你學習。因為你的心地純潔、善良，一本人饑己饑，人溺己溺的精神，主動幫助雙目失明的姪兒讀書，習得謀生技能，並予購屋安居，使其無後顧之憂，這一切的做法，足堪告慰令尊和令堂的在天之靈。也正因為你有顆善良、慈悲為懷的心，所以上天有眼，使你府上的子弟個個都學有所成，而且都有美好的事業和光明的前途。

劉應文學長：讀過「歲月留痕」之後，能提出下列幾點感想：一、你的國學基礎穩固，文筆非常通順，從字裡行間，可充分瞭解你做人做事的良好態度。二、事無分鉅細，工作極為認真、踏實，而且每一件事都能記得清清楚楚，實在值得敬佩。三、對國家的大事極為關心，充分表露了愛國的忠誠；特別是對國民黨和政府的建言，更是鏗鏘有力，擲地有聲。四、所撰「祭父母文」和「紀念先父百歲誕辰追思文」，確實能感動天地。

昔日工作伙伴宋北超先生：讀完了「歲月留痕」之後，再來回憶民國六十七年至民國七十年期間，副處長在工作方面所給予的指導很多，當年對於清稿的工作，雖然感到很辛苦，可是看到清過稿的文稿之後，卻覺得非常高興，因為得到了許多的收穫。副處長做人誠懇，做事實在，操守清廉，至今仍是銘記在心，感佩不已。

政戰學校校友會榮譽會長許明雄將軍：讀完了「歲月留痕」之後，才給你打電話，否則，無話可說。今天我確實讀完了你的大作，最令人感動的，是你數十年來在奮鬥的歷程中，能始終堅守原則，堅持立場，朝著正確的目標，永不灰心的誠誠懇懇地做人，實實在在地做事，特別是論是非，不論成敗的性格，是一般人不容易做到的，非常值得欽佩。至於書中所提到的那幾個特殊的人物，一看便可想而知其姓名，而且對他們有著深刻的瞭解和認識，那些人都是以欺騙長官的伎倆而幸晉得逞的，如今被長官發覺之後，長官始知受騙，可是為時已晚，後悔莫及。總括來說，讀完了「歲月留痕」之後，我確實也有感同身受的機會，實在太好了！也太令人感動了！

台北市茶陵同鄉會第一屆理事長譚衍慶先生（已於民九十三年辭世）：讀完了「歲月留痕」之後，我的感想是：一、令堂是姓譚，有著「與有榮焉」的感覺。二、你從士兵躍升到將軍，而且始終沒有忘記士兵的生活和工作情形，實在難能可貴。三、你對國家的貢獻很多，社會上的每一個人都像你一樣，國家就不會亂。四、你好幾次返鄉探親，所做的事情都很有意義，這就是感恩懷親的表現。五、書中「是非審之於己，毀譽聽之於人，得失安之於數。」這三句話當年也曾被譚伯羽先生（國民政府第一任主席譚延闓的哲嗣）寫成一副「中堂」掛在陳辭公（即陳　誠副總統）的大廳中，被　蔣公中正先生看見時，即要譚先生再寫一副送給蔣經國先生。六、你在茶陵同鄉會成立時所作的貢獻，留下了不可磨滅的功勞。

銘傳大學教授林大椿老師（已辭世）：翻閱你所作的「歲月留痕」，一看便知道你對國家作了許多的貢獻，你自己也有很大的成就，感到非常的高興。在家庭方面，教子有方，使孩子們都知道進取向上，事業有成，真是難得。特別是返鄉探親，能為祖先修墓立碑，這是報恩的具體表現。謝謝你親自把書送來，可是因為去台中探望親戚，沒有接待，甚感失禮。

前空軍總部政戰部副主任賀將軍德恆學長：收到你寄來的大作之後，立即拜讀。從你入伍到退役，數十年來你在工作上始終是鍥而不捨，奮鬥不懈，這種積極進取的精神，在整本書中無論人、事、時、地、物都記載的清清楚楚，特別是在陸軍第八軍團所作的真實紀錄，以及所發揮的堅忍不拔的毅力，都是難能可貴的史料。以你流暢的文筆，能完成幾十萬字的巨著，並為一生作了真情的告白，實在敬佩。

前陸軍步兵第二九二師副師長張鍾岫將軍：閱讀過你的大作「歲月留痕」之後，對於你在序文中所述「無怨、無悔、無恨」和「有情、有義、有知」的胸襟，結合書中所記載的一切事實，我感到十分的欽佩。因為你對父母孝感動天，所以你有美滿的家庭和優秀的子弟，尤其是在出版大作的那一年添了孫子，這就是一種福報，我也分享了你的喜悅。我和你都是同一個時代的人，在書中所提到的那些人，有許多都很熟識，你所寫的都是真實的紀錄，是一本很有價值的史料，應送給國家圖書館和國防部史政編譯局的軍史館保存才好。

前聯合勤務總司令部參謀長李其賢中將：拜讀大作「歲月留痕」一書，深深地感覺你所蒐集的照片、資料，以及所寫作的內容，都很珍貴、真實。對國家社會的貢獻，可從書中看得清清楚楚。這本書對於你府上的子孫，是傳家之寶，更加可作為後裔立身行事的榜樣。我有著「讀之恨晚」的感覺，內心至為敬佩。

韓將軍覺華學長：拜讀大作「歲月留痕」，對於有關人員所作所為的事實陳述，有著感同身受的體驗，真正做到了歷史的見證，當然富有歷史價值。學長平日記載的日記，儲存的資料和珍藏的照片，都是難能可貴的，也是一般人不容易做到的。

前教育部軍訓處處長趙本立中將：過去我對你就有很好的印象，現在看完了你所寫的傳記之後，更增加了深刻的印象，從書中能體會出你從理論到實際，從基層到高層，從苦難到快樂，都可以看出你是政戰工作的全才，在沒有人事背景，而且是有個性的人，還能升到將星，實在值得敬佩。至於你對故鄉各種事務的處置和對晚輩在極度窮困中的照顧情形，都非常恰當，我也深表肯定。

前陸軍預備第四師政治教官組教官李漢儒先生：你寫的「歲月留痕」，內容豐富，記載翔實，對軍中各種實際問題的處理，在作法上都很恰當，尤其對國家當前的處境及其未來的發展，更有著深遠的看法，至為感佩！

前陸軍步兵第二九二師副師長初國興將軍：承寄贈大作「歲月留痕」一書，業已收到，讀完「無愧於師政戰部主任一職」那一章，對你當年和師長有些不愉快的事情，連一個字也沒有提出來，這就可以看出你的氣度和雅量了。至於其他各章，我一定會好好地閱讀，謝謝！

前中華電視公司副總經理（退役中將）陳祖耀先生（從加拿大來電）：閱讀大作之後，深感你做任何一件事情都很細心，書中記載也很詳實，如同國軍的現代政戰史，值得肯定、欽佩。

張建岳學長：接奉大作，不勝欣喜，這部洋洋巨著，不只是文學上的成就，更重要的是紀錄了時代的軌跡。回憶我們共同走過的歲月，請讓我分享您的喜悅與成就。

參、結　語

友情是很珍貴的，以上這些書函或電話迴響，都非金錢能買得到的，這不僅使我領悟到過去的心血，並沒有白費，就是養育我的父母也堪告慰，對後代子孫，相信也有所啟示。至於在電話中僅僅賜予「謝謝贈書，並表示讚許」的至親好友，因語意雷同，未便一一記載，在此謹一併致謝！

捌、編後感言

——出版「一心文集」針對解嚴後二十年來國內政情演變的感慨——

去（民九十六）年元旦民進黨政府為了選舉，有意綁住深綠基本教義派的票源，竟宣布先總統　蔣公是「二二八事件的元凶」，並立即和「二二八事件紀念基金會」、「手護台灣大聯盟」擴大舉辦「二二八事件六十週年紀念」及「去蔣化」等等活動，及至十二月八日將紀念　蔣公的「中正紀念堂」和「大中至正」牌匾強行拆掉。十二月二十二日再把桃園慈湖　蔣公和頭寮經國先生兩處陵寢的衛哨勤務撤除，並立即封園，把「去蔣化」推到最高潮。正值人們對執政當局未能依法行政（按：中正紀念堂在法制及名稱上仍是合法的國家機構）如同流氓盜匪般的行徑，而痛心疾首的時刻，我把過去在動員戡亂時期崇敬　蔣公和讚頌中國國民黨的有關文稿和講稿彙為「文集」，有可能被有心人士指我是「擁護威權」的政戰幹部。可是，我一路走來，向來是一個不為勢劫、不為利誘、不計毀譽，有所為有所不為的退伍老兵，仍舊按照原定計畫，在我八十歲時把「文集」如期印製出來。

我之所以這樣堅持，一是針對民進黨「去蔣化」的荒謬，以　蔣公對國家民族的豐功偉業，和對台灣的許多貢獻，用事證予以反擊。另因民國四十至五十年代，我所寫的文稿和講稿，是肆應當年國家處境和建軍備戰需要所發揮的良知。自信對加強思想教育、增進全民共識、強化精神武裝、厚植整體戰力，盡到了國民對國家的忠誠和社會的責任。若用當今政客所謂「愛台灣」與「不愛台灣」的話來說，我的確是為「愛台灣」付出了自己的心力。

我們深知扣　蔣公是「二二八元凶」帽子的人，是一個忘恩負義，寡廉鮮恥的民粹獨夫，他的言談是毫無誠信的。根據二〇〇七年七月十日香港「亞洲週刊」四個版面的報導，兩岸三地，乃至日本數十位學者不辭辛勞，多次到美國史丹福大學胡佛研究所閱讀　蔣公自一九一五年至一九七二年，長達五十多年對外公開的日記，得知「二二八事件」時，　蔣公正忙於國共內戰，無暇兼顧，他在日記中怪罪台灣省政府主席陳　儀，主因是「人謀不臧」，且曾下令「勿濫殺無辜，除首惡者」。這些閱讀　蔣公日記的學者，包括大陸的中國社會科學院、北京大學和復旦大學、日本東京大學、台北中研院近代史研究所、國民黨黨史會等單位。這些背景和立場不同的學者專家，都異口同聲地認定　蔣公的日記，具有高度真實性及權威性，顛覆了國共兩黨過去的官方說法。（按：這項資訊是退休外交官陸以正先生於民九六年十二月六日在聯合報A19版登載的文章）各方面對歷史的認知，既有這樣的重大改變，連民進黨內部也有重量級人士知悉，為何不敢講一句公道話呢？甚至也同樣一派胡言，顛倒是非，混淆黑白。這還不是為了選舉而撕裂族群、製造仇恨、形成對立、騙取選票嗎？

我從民國三十八（一九四九）年來台，直到今天正好是六十個年頭，同時也晉入八十歲了，這期間一共歷經三個統治時期：即兩位　蔣總統的領導時期，也就是民進黨宣傳所謂的「威權統治」時期，和民國七十六年解嚴後李登輝總統的「民主轉型」時期，以及民國八十九年政黨輪替後，民進黨執政只要選舉不要治國的「選票優先」時期。在這三個時期當中，兩位　蔣總統的領導又區分為兩個階段：第一階段為　蔣公中正先生，後一階段為經國先生，這一階段已解除了戒嚴，開放了黨禁和報禁，啟動了政治民主化。這兩個階段我們有目共睹的，雖然是政治戒嚴，可是政風清明，經濟發展的成效，讓人民都有豐衣足食的生活，並為亞洲四小龍之首。社會安定繁榮，治安情形良好，民眾都能安居樂業，教育機會平等，看不出有特權階級。這都要歸功於兩位　蔣總統從「光復台灣、防衛台灣到建設台灣」所奠定的基礎。筆者在「論說習作」和「講演實錄」的有關文稿中，都曾有過闡揚，這絕非為「威權辯護」，更非「個人崇拜」，而是為歷史留下了見證。

依據民間的共同歷史記憶，台灣解嚴二十年後的日子，光是所謂「民主轉型」時期，從解除戒嚴、終止動員戡亂，到第一屆中央民代全面改選，使台灣步上自由民主的大道，這雖然是李前總統的治績，可是連續修憲六次之多，形成「一人修憲」，結果帶來了違法弄權。「黑金氾濫」，導致社會風氣每下愈況。「縱容台獨」，造成兩岸情勢緊張。深信全民對李前總統「民主轉型」的功過自有評斷。迨至民國八十九年政黨輪替，陳水扁總統扛著「斬斷黑金」、「政黨輪替」的旗號上台，很多人惑於陳水扁所說「有夢最美、希望相隨」的花言巧語而給予期待時，詎料他於執政後，時而「停建核四」、時而「振興農業」、時而「改革金融」，（且有十餘次高喊「拚經濟」），時而「積極開放，有效管理」、時而「積極管理、有效開放」、時而「四不一沒有」、時而「四要一沒有」、時而「正名、制憲」……等等顛三倒四，翻來覆去的說詞，我們實在看不出他完整的治國理念，卻聽過他說的一句「中華民國是什麼碗粿？」近乎汙衊中華民國的話，這就更加使我們不明瞭陳水扁要把我們的國家帶到哪裡去了？正因為這樣，所以從解除戒嚴到政黨輪替的兩個時期，二十年來憲政體制被破壞了，族群感情被撕裂了，經濟衰退使人民的生活苦不堪言了，貪污腐化的官員和A錢的事件，日益增多了。總括來說，因執政者貪腐無能，造成國家退化、政府腐化、社會惡化，導致民眾生活陷於絕境。在走投無路時，演出燒炭、上吊、投水、跳樓、舉家自殺以求解脫的悲劇，也就層出不窮地上演了。這樣的情景，難道是我們當年所想像的「解嚴」嗎？又是當年所追求的「政黨輪替」嗎？

從民間共同的現實認知，民進黨執政八年來，台灣在許多重要層面，都不斷地向下沉淪，因主政者的倒行逆施，已使台灣在精神和道德上儼如人間地獄。正因其無德無能、惡行惡狀，無法和　蔣公與經國先生「大中至正」的風範媲美，在惱羞成怒，而且為了騙取選票，達到繼續執政的目的，所以用莫須有的罪名，把崇敬　蔣公的「中正紀念堂」和「大中至正」的牌匾拆除。這種野蠻、粗暴、無法無天（未完成修法，即拆除牌匾）的行徑，我們能不痛心疾首，揮淚呼天嗎？

緬懷　蔣公當年領導北伐，完成統一，歷經八年艱辛，孤軍奮鬥，抵抗日本侵略，贏得最後勝利，廢除一切不平等條約，於光復台灣、澎湖後，立即推動土地改革，從三七五減租、公地放領、耕者有其田政策的執行，奠定了台灣經濟發展的基礎。民國三十八（一九四九）年因國共內戰，大陸局勢逆轉，帶領二百餘萬忠黨愛國、誓死反共且具有高素質的軍民同胞，以及八佰多萬兩黃金來台。中共欲乘勝追擊，消滅中華民國，曾先後爆發民國三十八年金門「古寧頭大戰」、民國四十二年的「九三砲戰」、民國四十七年「八二三砲戰」，國家情勢陷於風雨飄搖、動盪不安的危險局面，幸賴　蔣公堅定沉穩、英明睿智的領導，一一贏得勝利，使台海情勢獲得穩定。繼土地改革使許多貧苦佃農成為自耕農後，　蔣公不以此自滿，接著在台、澎、金、馬實行地方自治，讓民主制度從地方基層紮根。推行九年國民教育，讓窮人子弟都有接受教育的機會（如陳水扁自稱是三級貧戶之子，當年能先後考取台南省立一中及台大法律系，就是最好的見證）培養了許多人才。創建加工出口區，讓台灣經濟從進口替代轉為出口導向，使台灣成為世界貿易之島。這一切的動業，難道　蔣公不是國家的救星，台灣的恩人嗎？也許　蔣公對「二二八事件」的處置，在當年「國共內戰，無暇兼顧」的情況下，其中也可能稍有錯咎，但執政者不能以偏概全，完全抹殺　蔣公對國家的功勳和對台灣的貢獻；客觀而論，今日台灣兩千三佰萬人，哪一個不是因　蔣公的英明領導而能免於赤禍。如果硬用放大鏡來看　蔣公是「二二八元凶」，是「專制」、「獨裁」、「威權」的領導者，不但有失公道，而且有失厚道；不但不是「轉型正義」，而更加是「正義被糟蹋」。願主政者以元首的高度來面對歷史，面對台灣，面對　蔣公的功過，不能如流氓黑道般的那樣野蠻和粗暴，並請受惠於　蔣公恩德的同胞，為　蔣公討回一個公道。

前事不忘，後事之師。國民黨在台執政五十多年，至民國八十九（二〇〇〇）年失去政權的重要原因之一，是「政商掛勾，黑金氾濫」，由於少數官員權力腐化，導致民心普遍厭惡唾棄。未料「政黨輪替」，民進黨上台八年來，其貪腐程度較當年的國民黨，有過之而無不及，這是一般民眾最感失望和難以接受的事實。我們期盼國民黨於今年立委選舉和總統大選贏得勝利，實現全面執政的願望時，寄望於總統與副總統當選人馬英九先生、蕭萬長先生能澈底實行其崇高的理想和遠大的抱負，最重要的是堅持清廉治國，檢肅貪贓枉法。改善兩岸關係，開放三通直航，實施經濟全面鬆綁，挽救台灣的經濟危機，搞好民眾的生活。修補被撕裂的族群和對立的社會，促進祥和的氣氛，使全民都能團結在中華民國的旗幟下，為開創國家嶄新的局面而努力奮鬥。在人事政策方面，絕對做到「用人唯才唯德」，突破人情和權力的包圍，根絕逢迎拍馬、鑽營奔走，約制「官場文化」的歪風。找回禮、義、廉、恥和誠懇、務實、勤儉、刻苦的傳統美德，復興中華文化，重建倫理道德，還給全民幸福快樂的生活。幸甚！幸甚！

陳國綱　抒感中華民國九十七（西元二〇〇八）年二月二十九日於台北市健安新城寓所